资源环境审计研究

王海兵 段绪坤 ◎ 著

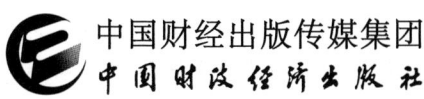

·北京·

图书在版编目（CIP）数据

资源环境审计研究 / 王海兵，段绪坤著. -- 北京：中国财政经济出版社，2025.3. -- ISBN 978-7-5223-3667-1

Ⅰ.F239.6

中国国家版本馆CIP数据核字第20253ZF125号

责任编辑：马　真	责任校对：张　凡
封面设计：智点创意	责任印制：史大鹏

资源环境审计研究
ZIYUAN HUANJING SHENJI YANJIU

中国财政经济出版社　出版

URL：http://www.cfeph.cn

E-mail：tianmh@cfemg.cn

（版权所有　翻印必究）

社址：北京市海淀区阜成路甲28号　邮政编码：100142

营销中心电话：010-88191522　编辑部门电话：010-88190666

天猫网店：中国财政经济出版社旗舰店

网址：https://zgczjjcbs.tmall.com

涿州汇美亿浓印刷有限公司印刷　各地新华书店经销

成品尺寸：170mm×240mm　16开　17印张　268 000字

2025年3月第1版　2025年3月河北第1次印刷

定价：80.00元

ISBN 978-7-5223-3667-1

（图书出现印装问题，本社负责调换，电话：010-88190548）

本社质量投诉电话：010-88190744

打击盗版举报热线：010-88191661　QQ：2242791300

前 言

随着工业革命的推进，人类经济活动的规模和强度不断增加，对自然资源的开发利用和对环境的影响也日益加剧。20世纪中叶以来，一系列重大的环境污染事件频繁发生，伦敦烟雾事件、日本水俣病事件、苏联切尔诺贝利核泄漏事件等，以及2023年日本福岛核污染水排放，这些事件引起了公众对环境问题的高度关注和强烈不满。公众开始要求政府采取措施保护环境，加强对企业环境行为的监管。在此背景下，政府和相关机构开始思考如何对资源利用和环境保护进行有效的监督和评估，为资源环境审计的蓬勃发展奠定了社会基础。各国家、国际组织纷纷出台相关政策法规，美国在20世纪70年代颁布了《清洁空气法》《清洁水法》等一系列重要的环境法律。联合国环境规划署（UNEP）、世界银行等国际组织积极倡导各国开展环境审计，并提供技术支持和培训。最高审计机关国际组织（INTOSAI）将环境审计作为重要的工作领域，制定相关的审计准则和指南。系列举措推动了资源环境审计在全球范围内的发展。生态兴则文明兴，生态衰则文明衰。党的十八大以来，生态文明建设一直作为中华民族永续发展的根本大计。党的二十大报告指出："必须牢固树立和践行绿水青山就是金山银山的理念，站在人与自然和谐共生的高度谋划发展。"2024年8月，我国发布《自然资源部关于保护和永续利用自然资源扎实推进美丽中国建设的实施意见》，落实"双碳"政策、促进高质量发展成为时代的主旋律。加快发展方式绿色转型，是党中央立足全面建成社会主义现代化强国、实现第二个百年奋斗目标，以中国式现代化全面推进中华民族伟大复兴作出的重大战略部署，具有十分重要的意义。

为适应时代需求，本书聚焦资源环境审计领域，深入探讨其理论基础、评价体系以及实践应用等问题。对资源环境审计进行全面剖析，以期为关心资源环境问题的各界人士提供有价值的参考，共同为构建绿色、可持续的未来而努力。本书在环境资源审计体系的引领下，从资源环境的形态出发，围绕固、液、气等开展研究。同时，根据资源环境的不同类型，结合草原、森林、沙漠等形态开展审计研究，深入探讨能源管理、非物质文化遗产保护的绩效审计。此外，紧随时代变革，高度关注乡村振兴背景下田长制、路长制等的发展，并分析了数智化环境下ESG审计面临的挑战与对策。

《资源环境审计研究》由重庆理工大学会计学院教授、博士生导师王海兵和重庆医科大学附属第二医院副院长、正高级会计师段绪坤担任主编，负责全书的框架内容设计和总编撰工作。全书内容共包括15篇专题文章：我国环境资源保护审计体系构建研究，由王海兵、赵李丽、杜娟执笔；垃圾分类专项资金绩效审计体系构建研究，由王海兵、张明翔执笔；河长制水资源管理绩效审计体系构建研究，由王海兵、周垚执笔；大气环境治理绩效审计框架构建研究，由王海兵、张蓉莲执笔；林长制森林资源管理绩效审计的实践困境与对策，由王海兵、张雅婷执笔；我国能源管理绩效审计框架构建研究，由王海兵、薛孪琴执笔；数智化环境下ESG审计面临的挑战与对策研究，由王海兵、张思刚执笔；非物质文化遗产保护绩效审计框架构建研究，由张蓉莉、王海兵执笔；草原资源资产离任审计评价指标体系构建研究，由王海兵、胡圣杰执笔；乡村振兴背景下田长制管理绩效审计体系构建研究，由王海兵、李红梅执笔；乡村振兴背景下路长制审计框架与路径研究，由王海兵、孟晨阳执笔；我国沙漠治理绩效审计的实践困境与纾解对策，由王海兵、周君艺执笔；我国沙产业管理绩效审计初探，由王海兵、姜天水执笔；基于BSC的土壤污染防治资金绩效审计评价指标体系构建研究，由王海兵、杨林、秦弦执笔；核与辐射安全管理绩效审计理论框架构建研究，由王海兵、袁赫执笔。业界多位专家学者参与了本书的工作，参与的人员名单如下：湘南学院审计处处长邓胜军、重庆财经职业学院副教授张倩、大自然家居（中国）有限公司财务经理胡上刚、广州中医药大学第一附属医院重庆医院（重庆市北碚区中医院）审计科科员於铃蓓，担任本书调研咨询和主审工作。重庆商务职业学院副教授李文君、广西柳州市城市建设投资发展集团有限公司审计部副总经理梁丽娟、安徽中瑞华税务师事务所集团有限公司税务经理沈培玲、安阳市京然税务师事务所有限公司所长顾吉梅、新疆维吾尔自治区传染病医院（自治区第六人民医院）审计科主任李红霞、重庆市正日旭财务咨询有限公司总经理李万香、许昌职业技术学院审计处科长安娜、山东交通学院徐伟博士，担任本书部分章节整理校对工作。

　　《资源环境审计研究》是一部集理论性、实践性和创新性于一体的学术专著。它不仅为我国资源环境审计事业的发展提供了宝贵的理论支撑和实践指导，还为广大读者了解和研究资源环境审计提供了丰富的资料和参考。我们相信，在本书的引领下，我国资源环境审计事业将迎来更加广阔的发展前景和更加美好的未来。本书的出版是重庆理工大学审计学重庆市一流专业建设成果，同时受到重庆理工大学智能会计与审计校级优势特色学科方向项目资助，以及中国财政经济出版社樊清玉女士的指导支持，由衷感谢！

王海兵

2024年12月于重庆

目 录

我国环境资源保护审计体系构建研究 …………………………（1）
垃圾分类专项资金绩效审计体系构建研究 ………………………（19）
河长制水资源管理绩效审计体系构建研究 ………………………（35）
大气环境治理绩效审计框架构建研究 ……………………………（53）
林长制森林资源管理绩效审计的实践困境与对策 ………………（73）
我国能源管理绩效审计框架构建研究 ……………………………（94）
数智化环境下 ESG 审计面临的挑战与对策研究…………………（106）
非物质文化遗产保护绩效审计框架构建研究 ……………………（124）
草原资源资产离任审计评价指标体系构建研究 …………………（139）
乡村振兴背景下田长制管理绩效审计体系构建研究 ……………（160）
乡村振兴背景下路长制审计框架与路径研究 ……………………（179）
我国沙漠治理绩效审计的实践困境与纾解对策 …………………（195）
我国沙产业管理绩效审计初探 ……………………………………（213）
基于 BSC 的土壤污染防治资金绩效审计评价指标体系构建研究……（230）
核与辐射安全管理绩效审计理论框架构建研究 …………………（246）

我国环境资源保护审计体系构建研究

摘　要：环境与发展是密不可分的，环境问题具有负外部性，要求企业在追求经济效益的同时，积极承担相应的社会责任。构建环境资源保护审计体系对推动环境资源审计极具理论意义，对助力环境资源保护具有现实意义。本文对环境资源保护审计体系构建的影响因素、涵盖内容等进行探析，从政府、企业两个视角考量环境资源保护审计体系构建的要求与意义，并从我国资源环境保护现状出发，分析构建审计体系存在的问题，结合实际情况提出相应的对策，以期能够通过建立健全环境资源保护审计体系实现社会经济的绿色可持续发展。

关键词：资源；环境；审计体系

一、问题的提出

目前，我国环境资源约束与工业化进程迅速推进的矛盾尤为突出，社会可持续发展之路任重而道远。随着工业化进程的加快，社会经济得到极大发展，然而环境问题却日益突出，越来越频繁的沙尘暴、雾霾、气候变异等灾害，对民众的日常生活造成诸多不良影响。"重GDP，轻环保"的传统发展观正逐步改变，经济发展不再单纯关注效率而是更加注重效益，现代发展观要求正确权衡经济与环境资源之间的利弊联系，不能关注短期利益而给环境资源带来深远的负面影响，因此环境资源保护成为社会新焦点。自1992年以来，以世界审计组织环境审计委员会为代表的国际性的环境审计组织不断致力于促使各国审计机关通过审计工作在环境保护领域发挥作用[1]。各国最高审计机关积极承担帮助政府提升审计绩效的责任，通过审计环境政策助推相关政策的执行与实施；学者们开始对环境资源保护审计领域进行初步探索，通过研究文献提出审计工作在保护环境资源板块发挥作用的路径等。政府、学术界和各方利益相关者对环境资源保护的关注使得环境资源保护审计体系的建立健全有其自身的理论基础和现实动因，为了更好地实现经济、社会和生态协调发展，环境资源保护审计体系的构建亟待系统研究。

二、文献回顾

生态经济建设的新时期，环境资源保护逐渐受到社会各界重视。将审计的相关方法技巧与环境资源保护理论有机耦合，不仅是审计领域尚待深研的模板，还是促使社会各界积极承担环保责任的助推器。

（一）环境资源保护审计的概念

受片面重视经济增长效益的传统发展观制约，我国对环境资源保护审计理论探索研究起步较晚，相关概念和理论于21世纪初期才逐渐被阐释清楚和了解认识。但是在经济转轨的新时代，裴森林和张容海（2011）指出，为了更好地适应经济发展新阶段，审计机关要牢固树立正确的环境资源保护审计理念，深刻认识环境资源保护的重要性。首先，要明确环境资源保护审计的概念，商思争、易爱军、骆阳（2016）对环境资源审计的相关概念进行辨析，并根据各个概念之间的内在规律提出了环境资源保护审计与环境资源治理之间的联系。环境审计是对环境管理的某些方面进行检查、检验和核实，环境审计既是环境管理系统的组成部分，也可以对环境管理系统进行监督和评价。李雪和杨智慧（2004）提出，环境审计是为了确保受托环境责任的有效履行，由相关权威机构对被审计单位受托环境责任履行的有效性、公允性和合法性进行审计。综上，环境资源保护审计的定义可以被阐释为：环境资源保护审计是指为了服务生态文明建设和促进可持续发展，审计机关依法对政府及相关主管部门和相关企业、事业单位与资源环境有关的财政财务收支及其相关管理活动的真实性、合法性和效益性，进行审计监督。

（二）环境资源保护审计的影响因素分析

基于经济对环境资源保护审计的影响，刘洪海（2016）强调经济发展方式的转变影响环境资源的质量，从而影响环境资源保护审计实施的范围和深度。刘长翠、张宏亮、黄文思（2014）提出要从转变经济发展方式、完善对被审计人员的考评机制、改变审计模式等方面优化审计环境。聚焦于制度对环境资源保护审计的影响，陈艳（2013）提出缓解社会可持续发展与环境资源保护之间的矛盾，环境政策的制定落实和环境管理体系的有效运转发挥着至关重要的作用。而目前环境法律体系中有关环境资源保护审计立法还很欠缺，现行审计法和环境保护法之间未能建立良好的衔接和配合，不健全的环境资源保护审计立法使其发展受限，严峻的环保问题要求进一步完善相关审计法律制度。徐建芳（2013）和闫天池、张庆龙（2009）对我国环境资源保护存在的问题进行深度思考后认为可以通过完善环保审计立法、审计人才专业培训等措施予以解决。着眼于文化对环境资源保护审计的影响，王海兵（2017）认为企业的可持续发展与企业社会责任的履行情况和环境审计的有效性高度正相关，各部门积极承担其社会责任推动环境资源保护审计的发展与完善，环境资源保护审计体系的健全助推社会各部门践行其环境社会责任，加快落实国家资源环境保护政策和敦促企业承担社会责任，强化"人本"理念。

（三）环境资源保护审计的实施

环境资源保护审计在实施层面上包括认知理念、审计目标和范围等。李然（2010）认为我国对环境资源保护审计的认识不足，审计环境亟待优化。邢祥娟等（2014）指出审计机关应重视环境资源保护合规审计，开展包括排污费审计、废物管理和污染预防在内的环境治理审计，进一步探索环境资源保护与生态文明建设间的互推作用。唐洋（2014）强调生态文明审计纳入领导干部绩效审计范畴是必然趋势，但目前大多都是离任审计，使得绩效审计缺乏连贯性，未来应该延伸审计长度，明确每个责任人的权责范围。

(四) 研究述评

从宏观角度分析，影响环境资源保护审计的因素有经济环境、制度环境和文化环境。经济发展方式的转变、干部的绩效审计等都有利于环境资源保护审计的发展和完善；有关环保审计立法的健全有效推动了环境资源保护审计的实施；经济发展新时期，社会责任强调履行环保责任为环境资源保护审计发展提供了文化支撑。从微观角度分析，环境资源保护审计体系的构建要重视环保合规审计和绩效审计，从排污费、污染物处理等方面加以管控，构建合乎国情和现实所需的高效运转的环境资源保护审计体系迫在眉睫。但是由于我国对环境资源保护审计理论的研究尚处于初级阶段，对环境资源保护审计的影响因素的研究还停留在表层，层出不穷的环境问题对环境资源保护提出了更高要求。本文重点分析环境资源保护审计体系的内容构成，以及对环境资源保护审计体系的构建原则、影响因素进行了初步探索研究，探寻审计和环境资源之间的契合点，推动经济健康发展，落实国家建设资源节约型和环境友好型社会的基本国策。

三、影响环境资源保护审计的宏观因素分析

经济发展与环境发展密不可分，为了实现经济腾飞，必须重视环境资源保护。在此背景下，2014年中央经济工作会议明确指出，为保证我国经济向更高级、分工更复杂、结构更合理的阶段转化，势必要注重环境保护，针对环境资源价值评估核算的会计和审计领域研究日益受到人们关注[2]。目前，我国环境资源保护审计研究尚处于初级阶段，研究的深度和广度还未达到预期，但是分析众多学者的研究和现实情况可知，政治环境、经济环境以及制度环境均会对环境资源保护审计造成不同程度的影响。

(一) 政治环境对环境资源保护审计的影响

政治环境对环境资源保护审计的影响主要体现在我国的政治体制以及环保领域对政府人员和企业负责人的考核机制上。我国的国体是人民民主

专政,政体是人民代表大会制度,重视环境资源保护有助于实现最广大人民的根本利益和社会的永续发展,而环境资源保护审计体系是保护环境资源强有力的武器。到目前为止,我国已经建立"离任审计"制度,在政府领导干部的离任调任之前进行审计,主要包括经济责任审计、自然资源资产审计、环境绩效审计等;对企业主要负责人的考核是评价企业对社会的贡献以及是否积极承担环境保护的责任、是否贯彻落实环保政策等。但是,这些考核机制强调的重点仍然是经济责任,并没有强化环保绩效的重要性。这样可能导致政府主要负责人难以重视资源环境审计、企业领导在配合资源环境审计中产生"道德风险",使资源环境审计难以向纵深发展(刘长翠等,2014)。

(二)经济环境对环境资源保护审计的影响

受传统粗放型经济发展模式的影响,企业家们过于关注短期利益而忽视长远发展,在经济发展中片面追求"数量",导致生态环境与经济发展呈现负相关关系。经济与科技进步加快了城市化进程,产业结构调整使得第二产业和第三产业所占比重迅速提升并占据主导地位。为了发展工业,人们索取更多的环境资源,使得生态系统遭到破坏,环境问题日益突出。现实状况要求我国大力开展资源环境审计,以审计推动环境治理,通过监督、评价、信息公开、宏观调控等职能,促进经济转型与经济结构调整,使环境污染的拐点尽快出现[3]。在创新发展的新时代,社会发展不能再以牺牲环境资源为代价,"保质保量"的经济发展才能顺应时代需求。开展环境资源保护审计,保护生物多样性和生态系统稳定性,提高经济发展质量,为实现美丽中国梦提供良好的发展环境。

(三)制度环境对环境资源保护审计的影响

我国从 1979 年先后制定了以《环境保护法》为核心,由《海洋环境保护法》《水污染防治法》等环境污染防治法和《森林法》《草原法》《矿产资源法》《水法》及《野生动物保护法》等自然资源保护法所组成的较健全的环境法律体系[4]。在环境保护法律体系中,大部分的法律法规过于注重"原则性",大量的法律条文分散在各单行法律之中,缺乏系统性和配套性,使得其实际操作性大打折扣。虽然这些法律法规为保护环境资源提供了制度支持,但是这些法律法规的覆盖还不全面,在现行有关审计的法规政策中,没有与环境资源保护相关的内容和具体实施办法,缺少针对排污权处理、绿色信贷和生态补偿等专门性政策,这就限制了环境资源保护审计"免疫系统"效用的发挥,也使得环境资源保护审计缺乏法律机制支撑。规范环境资源保护审计立法,建立健全环境资源保护审计体系,可以有效协调资源、环境保护与经济发展之间的矛盾,为社会可持续发展提供助力。

(四) 文化环境对环境资源保护审计的影响

文化是企业内部控制的重要环境因素,在企业内部控制规范体系已经实施的前提下,政府审计开展内部控制审计、参与文化治理很有必要[5]。中国讲究天人合一的文化,儒家的"天人合一"大体上就是讲的人与义理之天、道德之天的合一,道家的"天人合一"就是讲人与自然之天的合一。"天人合一"的思想更多的是强调人与自然和谐共处,人敬自然、尊重自然发展规律,不用自我意愿强行改变自然发展轨迹。中国传统文化博大精深,"天人合一"的思想在环境资源保护领域主要表现为环保社会责任的承担和履行。社会责任是现代企业应尽的职责,结合企业社会责任问题探讨利益相关者关系管理、公司治理、风险管理、内部控制与审计,是社会责任落实于企业微观层面的基本途径[6]。受传统思想的影响,社会公众应把环境资源保护内化为自觉行为;企业应当把社会效益和经济效益同时放在发展首位;各级政府更应该积极履行环境责任,起到表率之用。随着社会进步,文化环境对环境资源保护的影响效用显著增加,良好的文化环境有利于促进环境资源保护审计的发展和完善。

基于政治层面,环境资源保护审计体系构建必须立足国情,将经济责任审计与环保绩效考核并重;基于经济层面,我国现代经济发展观强调"保质保量"的可持续发展,这就要求构建环境资源保护审计体系必须考虑经济发展现状和难点,以期通过环保审计助推经济向更高质量发展;基于制度层面,现行环境法律体系缺乏系统性和配套性,建立完善的环境资源保护审计体系,可以有效规范大众行为;基于文化层面,优秀的传统文化应积淀于环境资源保护审计体系中,以人为本,重环保促发展。

四、影响环境资源保护审计的微观因素分析

随着环境问题的日益突出,可持续发展、绿色发展等观念深入人心,环境资源保护越来越成为社会大众的自觉行为和关注焦点。这就要求对环境资源保护审计影响因素的探究不能停留在宏观层面,还必须深入分析至微观层次,进一步探析人才、环保审计信息化体系、资金等对环境资源保护审计的影响。

(一) 环境资源保护审计人才匮乏

环境资源保护审计对审计人员的职业胜任能力要求较高,要求其不仅要具备过硬的会计、财务和审计等专业知识,还要了解环境管理、环境政策和环境治理等方面内容。但是目前审计人员的知识结构较为单一,对环境资源保护领域的专业知识了解得不够,还不能将审计专业知识与环境资源保护完美融合,这就导致审计人员在从事环境资源保护审计时更容易出现重点关注被审计对象的经济责任而忽视该项工作所应带来的社会效益和环境效益。虽然可以聘请相关专家参与审计工作,但由于受到审计取证的规范性与外聘人员独立性和地域性的双重限制,他们的意见只能作为佐证和参考,无法作为依据,且单纯地采用他们的意见往往会加大政府审计的风险(闫天池等,2009)。为了弥补审计人才知识结构单一的缺陷,可以建立环境资源保护专家库,鼓励环境资源保护专家协助审计人员完成审计工作。

(二) 环境资源保护资金投入不足

我们党有"两个一百年"奋斗目标,其中之一是到2020年全面建成小康社会,在2035年基本实现社会主义现代化。为实现高质量发展,必须加大环境资源保护力度。但是,不少地方政府仍然没有将环境资源保护的目标、任务等纳入本地区的经济发展规划中,社会公众环保意识不够强烈,最终使得环境资源保护的社会地位薄弱。分析近几年环境经济政策年度报告可以看出:2013年以来,我国环境污染治理投资总额在柱状图上以先增长后下降的趋势呈现,环境污染治理投资总额及占GDP的比重都有所

下滑,"低头"效应明显(见图1),说明生态经济的建设尚待加强,公共财政还应加大对环境资源保护的投入。此外单一的环保资金来源,使得环境资源保护的形势更为严峻,不但在很大程度上增加政府财政负担,还使得社会现实所需不能得到满足。所以,在"十三五"规划纲要结合实际需求在财税体制改革部分指出,资源税要实施从价计征改革,逐步扩大征税范围,开征环境保护税,扩大资金来源,根据需求加大环境资源保护资金投入。

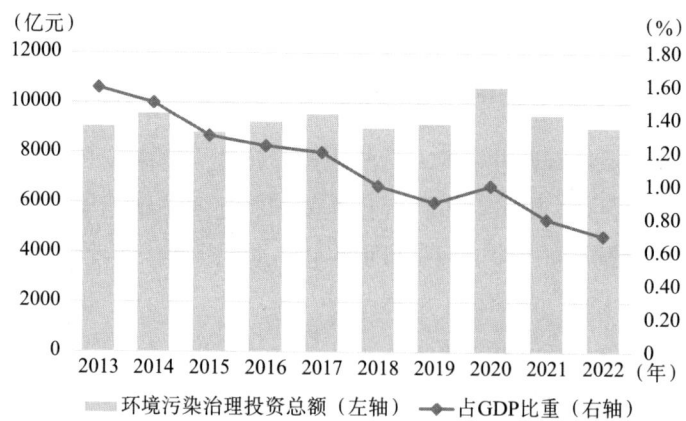

数据来源:中国生态环境统计年报。

图1 2013—2022年我国环境污染治理投资总额及占GDP比重

(三)环境资源保护审计信息化体系建设不足

环境资源保护审计信息化体系建设不足主要体现在:目前我国资源环境审计信息化建设统一规划、设计、指导的力度不足,使得各类审计信息资源无法进行优化配置、实现信息的高度共享[7]。全国各地之间未能建立环境资源保护审计大数据共享中心,使得各地之间的数据孤立且难以对比分析。由于相关信息化建设欠缺,使得各地无法建立相应的防范环境污染应急预案,更无法形成联动防范机制。如果环境资源保护审计信息能够动态远程共享,环保审计信息化建设取得成效,各类信息能够得到有效整合,那么环境资源保护审计体系构建的难度与复杂性将在很大程度上降低。此外,对各地政府官员和企业负责人的环保绩效进行考评的时段主要是在任期间,当在位者离职或调任之后就停止,使得环境资源保护审计缺乏动态连贯性,应当建立终身追踪问责制度,在环境资源保护审计大数据中心详细记录责任人的权责范围，随时可供审计人员查验，提高政府官员和企业负责人对环保和环境资源保护审计的重视。

人、财、物三者合理搭配，环境资源保护审计体系的效用才能实现最大化。因此，在构建环境资源保护审计体系时，综合考虑现实状况，加大对环保专项资金的审核，切实做到专款专用，提高环保资金的使用效益；强化信息体系化建设，做好任中、离任以及后期绩效审计，实现审计信息跨地区和跨时段共享；为了增强环境资源保护审计体系的实操性，必须加快培养环保审计高素质人才。

五、构建环境资源保护审计体系原则

由点到面，从局部到整体构建环境资源保护审计体系，可推动审计和环保事业同时发展。一个完善的环境资源保护审计体系，必须具有战略性以达到引领整体的作用；必须具有系统性，是一个可以有效运转的整体；必须具有适应性，能够满足现实所需；必须具有合规性，符合相关政策法规；必须具有效益性，能够推动绿色健康发展。

（一）战略性原则

环境资源保护审计的过程就是社会经济活动中各种与环境资源保护密切相关的信息不断收集与传递的过程。审计获得的数据是原始数据，但是经过了具有职业胜任能力的审计师与专业的审计机构的验证与核实，具有可靠性和客观性。环境资源保护审计体系的构建，为进一步规范国家审计行为和社会政府相关活动提供了体系支持。完善合理的环境资源保护审计体系可以起到监督约束、预警纠偏的作用，在环境资源保护审计领域起着统领全局之效用。

（二）系统性原则

整体由局部构成，整体对局部起着支配、统领和决定作用，整体协调着各局部向着统一的方向发展。因此在构建环境资源保护审计体系的过程中，要特别重视体系整体效用的充分发挥。为了实现环境资源保护审计体系的最佳效应，综合考虑财务因子、合规性因子、绩效因子这三个对体系构建有着重要影响的因素,还根据现实所需分别在各个因子下设置了相应针对性的小指标。财务审计包括对环境资源保护专项资金筹集和使用真实性审计和环保支出合理性审计;合规性审计涵盖了排污费审计、污染物运输、储存和处理审计、污染预防审计等内容;绩效审计则从政府和企业两个视角进行分析。

(三) 适应性原则

传统的发展观是片面关注经济活动对 GDP 的贡献而对环境资源保护的重要性视而不见,但是随着社会进步和经济发展,社会公众不再单纯追求短期利益,大众环保意识日益强烈,环保问题逐步走进公共视野并成为社会各行业领域关注的热点问题。在构建环境资源保护审计体系时要考虑适应性原则,充分辨析环境问题的多样性和复杂性,使得环境资源保护审计体系能够适应于不同环境类型,因此要制定出符合发展要求的环境资源保护审计体系必须结合我国未来政治环境和经济转轨时期的新要求,使其能够关注到各个发展阶段所面临的不同问题,尽可能满足利益相关者的诉求。

(四) 合规性原则

自 20 世纪 80 年代以来,我国开始对资源环境开发利用进行立法保护,先后制定了多部自然法律、环境保护法律和各项环境保护行政法规及部门规章和政策性文件,形成了我国资源环境保护法律体系的基本框架[8]。环境资源保护审计体系的合规性是其他原则发挥作用的前提,只有体系满足合规性,其建立健全才具有实践意义。构建环境资源保护审计体系是积极响应"环境保护"这一基本国策的体现;环境资源保护审计体系中的每一个指标都符合环境保护的相关法律法规。

(五) 效益性原则

环境资源保护审计体系的效益性原则体现在:完善的环保审计体系,能够推动我国生态文明建设,促进工业经济向生态经济建设的转变。结合效益性原则构建环境资源保护审计体系,从经济效益和环境效益两个视角分析设置审计指标,可以充分发挥其在构建环境友好型与资源节约型社会过程中的建设性作用。因此，在建立环保审计体系时有针对性地设计了审计政府绩效和企业绩效的不同指标。审计政府绩效的指标主要关注点在环境资源保护领域政府的权力运用是否得当、财政是否透明；审计企业绩效的指标则聚焦于企业有无贯彻落实环保政策、环保专项资金的管理有无得到完善管理与合理分配。

六、我国环境资源保护审计体系的构成

构建环境资源保护审计体系旨在推动转变经济发展方式，将环境风险控制在社会可承受度之内，实现经济绿色发展和社会的可持续。适度的环境风险可以刺激经济发展，环境资源保护审计体系的构建可以将环境风险控制在一定范围之内，同时带来社会效益和经济效益。环境资源保护审计体系包括合理性、合规性、效益性等多方面（见图2）。

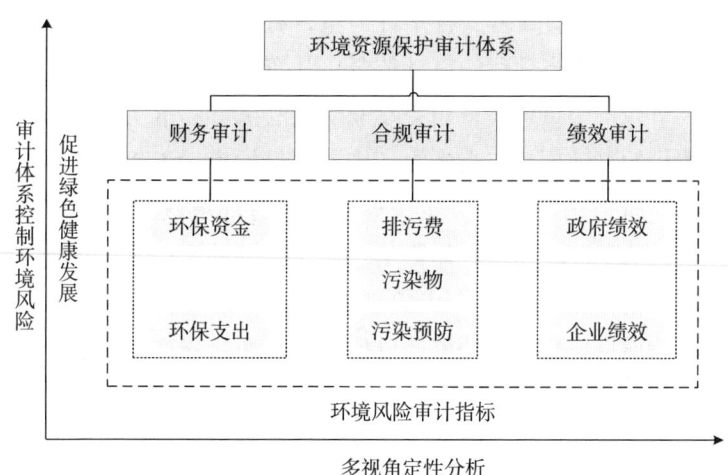

图 2　环境资源保护审计体系

（一）环境资源保护财务审计

1. 环境资源保护专项资金筹集和使用的真实性

专项资金是由财政部、上级单位拨付的，具有指定用途、专款专用的、单独核算的资金。加强环境资源保护专项资金的宏观调控、合理安排专项资金的拨付、严密把控资金流向、提高资金使用效益，是环境资源保

护财务审计的重要内容。规范环境资源保护专项资金的筹集与使用，有助于落实环境保护基本国策，为实现经济发展与生态保护协调发展提供资金支持。环境资源保护专项资金的主要来源有三个方面：一是根据"谁污染，谁治理"原则征收的排污费；二是各级财政预算计划的环保补助支出；三是企业自筹环保专项资金。在审计环境资源保护专项资金的筹集与使用时，可以通过调查分析法，重点聚焦于环保资金筹集渠道是否合理、筹集方式是否合法合规、环保资金的使用是否按照规定流程进行审批、分配是否科学合理。

2. 环境资源保护成本支出的合理性

我国目前的环境资源保护审计以财务收支审计为主，重点关注环境资源保护成本支出的合理性。环境资源保护专项资金主要应用于：天然林资源保护、退耕还林、重点流域水污染防治、管控大气污染等方面。在安排项目时把资源环保资金的审计工作作为重中之重，在把握财政资源环保资金投入情况的基础上，统筹安排审计力量，有计划、有步骤地搞好环境资源保护重点资金、重点项目的审计监督，从资源环保资金分配、拨付、使用的主要环节入手，重点检查相关政策措施的执行和落实情况[9]。环保资金分配与拨付的审计项目应当作为环境资源保护审计工作关注的焦点，可综合使用资产价值法、实地考察法等方法进行环境资源保护成本支出审计。资产价值法把环境质量看作影响资产价值的一个因素，例如，气候变异可能会缩短房屋使用寿命、火灾破坏森林资源、地震导致的财务损失等，都是环境质量恶化造成的资产价值减损。通过资产价值法定位出造成该项资产价值减少的环境因子，然后审计该单位是否有针对性地拨付环保资金对相关因子施加管控。通过实地考察法查验被审计单位购置的环保资产是否账实相符，有无挪用环保专项资金的情况。

（二）环境资源保护合规审计

1. 排污费审计

2003年1月2日中共中央、国务院发布《排污费征收使用管理条例》，其中第四条规定，排污费的征收、使用必须严格实行"收支两条线"，征收的排污费一律上缴财政，环境保护执法所需经费列入本部门预算，由本级财政予以保障。进行环境资源保护财务审计时，可以从以下几个方面展开：

（1）政策执行方面。重点审查取得排污费用款和贷款单位是否按照批准的计划合理使用款项，是否存在造假、挪用等情况。

（2）资金方面。综合使用实地考察法、抽查法、查阅法等方法查验排污者是否按规定足额缴满排污费、相关部门开具的排污缴费单是否合法合规、排污费是否按照相应比例解缴至中央国库和地方国库、排污费有无被他人或者单位截留挤占他用。

（3）财务核算方面。重点关注被审计单位财务管理机构的设置是否合理合规，以及内部控制制度的健全性和完善性；审计被审计单位是否按照规定设置相应的专用账户、会计记账是否具有客观性和重要性、财务处理是否正确、会计资料是否完整和得到妥善保存等。

2. 污染物运输、储存和处理审计

随着社会大众环保意识的增强，要求企业的关注点由原来的重视经济数量责任向经济数量责任、质量责任并重转化，而合理安排企业污染物的运输、储存和处理是提高企业经济质量责任的有效途径之一。污染物是指那些进入环境之后对人类身体健康和生物多样性造成直接或者间接恶劣影响的物质。通过审计运输、储存和处理污染物的机构生产运营及其他相关活动的合法合规性，才能实现从源头上控制污染物的流转，进而达到尽可能减少由于污染物运输、储存和处置不当造成生态问题的目的。审计的重点应该聚集于企业有无直接排放生产造成的未经进一步处理的污染物、有无安装必需的净化装置、污染物的运输和储存是否安全、是否针对不同类别的污染物分别设计恰当合适的处置方法等。

3. 污染预防审计

在过去，中国经济的发展模式是"高污染、高耗能、高排放、低效率"，随着经济的进一步发展和环境问题日益严峻，要求转变经济发展方式的呼声日益高涨。党的十九大报告中提出美丽中国的四大举措：一是要推进绿色发展；二是要着力解决突出环境问题；三是要加大生态系统保护力度；四是要改革生态环境监管体制。想要实现美丽中国梦就必须加强污染预防审计，从根源上阻止污染物的产生。通过加强污染物预防审计，提高企业对环境问题"自我管理、自我控制"的意识，为实现环境、社会和经济三者协调发展提供助力。污染物预防审计是指对企业是否制定有关政策和程序来预防污染物和进行清洁生产进行独立的检查和评价活动[10]。其主要内容包括被审计单位有无完善的环保控制体系来防止生产经营过程中污染物产生、已产生的污染能否得到恰当的处理和减少等（见图3）。

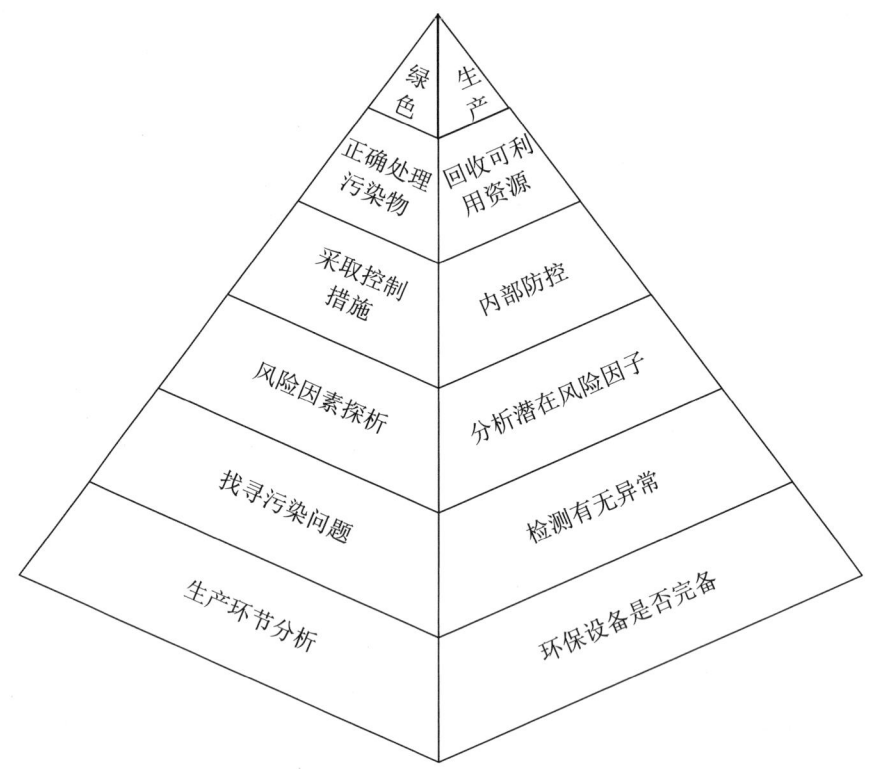

图3　污染物预防审计示意图

（三）环境资源保护绩效审计

1. 政府环境资源保护绩效审计

在总结历史经验和分析现实情况的基础上，党的十七大报告明确提出科学发展观是发展中国特色社会主义必须坚持的路线原则，是我国经济社会发展的重要指导方针。科学发展强调的是社会、生态、经济三者协调可持续发展。党的二十大报告提出了坚持绿水青山就是金山银山的理念，坚持山水林田湖草沙一体化保护和系统治理，全方位、全地域、全过程加强生态保护。生态文明建设的本质就是要建设以资源环境承载力为基础，以自然规律为准则，以可持续发展为目标的资源节约型、环境友好型社会[11]。细数近几年的人大报告可以得出结论：党越来越关注环境与经济的协调发展，重GDP轻环保的传统观念已经实现了转变。通过政府环境资源保护绩效审计，我们可以具体分析政府为实现可持续发展作出的努力。

受托责任是委托人对受托人行为所持的期望，反映社会的客观需要。因此，环境审计产生于政府环境受托责任关系的确立，其根本目标是保证和促进政府环境受托责任的全面有效履行，由各级政府审计机关以促进政府实施全面可持续发展战略为目标，依据有关资源环境政策、法律、法规和审计准则，对被审计单位环境受托责任的履行情况进行的合规性、合理性和效益性鉴证行为[12]。政府审计作为国家治理系统中的一个内生的具有预防、纠偏和抵御功能的"免疫系统"，是维护国家安全的重要手段。国际标准化组织发布的ISO 14000系列标准，提出了ISO 14031环境绩效评价指标体系，该指标体系分为环境状况指标、经营绩效指标和管理绩效指标[13]。环境状况指标是指当地环境资源状况，比如空气质量、生物多样性等，因此在对政府官员的任期责任审计时，除了关注其经济责任外，还要关注能提升人民生活幸福指数的空气质量等指标；经营绩效指标是指有关政府部门或者相关人员的管理决策活动的环境效益等，如官员的离任绩效审计和环保专项资金统筹分配的合理性审计等。其中，在审计领导干部绩效时，必须仔细区分责任的归口区间，是任期责任还是期前责任、是直接责任还是间接责任、是主观责任还是客观责任，并对其作出客观界定，通过审计发现管理过程中可能存在的问题；管理绩效指标指管理当局为了改善环境资源状况所付出的努力，包括相关环境政策的制定与落实、有无引导建立良好的现代市场秩序、有无制定合宜的产品标准、有无强制性的市场准入原则等。

2. 企业环境资源保护绩效审计

自然资源与生态环境问题主要产生于各个微观的社会经济主体，而问题的解决最终也要落脚到各个微观社会经济主体，特别是企业[14]。企业作为市场经济最根本的主体，更应该认识到自然资源的合理利用与生态环境保护对于自身可持续发展的重要性，因此企业在对内部利益相关者负责的同时还要积极承担社会责任，关注外部利益相关者和社会所需，在充分实现自我发展的同时，还要为促进社会可持续发展提供支持。人本经济时代，环境问题已经是各国发展规划的重要组成部分，企业环境社会责任审计是促进环境保护、改进公司治理的重要机制[15]。企业规划未来前景时，应该把社会公众强烈的环保诉求纳入考虑范围之内，融合企业发展目标与社会发展目标，制定出顺应发展潮流的环保方案，才能在竞争激励的红海中保持领先地位。在环境资源领域，企业的社会责任包括使用绿色能源、提供环保产品、不乱排放废气等。在对企业环境资源保护绩效进行审计时，可以设计多个指标，重点使用定量指标将企业环保绩效量化评级。重点审计企业的环保专项资金有无完善的管理制度、生产制造能否达到国家环保要求、对环境政策的执行度等方面，最后得到企业在环境资源领域的社会责任承受额度。

七、研究结论与展望

生态破坏、环境污染以及环境保护收效甚微等现实情况，迫切要求构建完善的环境资源保护审计体系，以缓解资源与发展之间的矛盾。为了紧跟经济发展新常态步伐，必须加快环境资源保护审计体系机制建设，从制度层面约束政府官员、企业负责人以及社会公众的环境决策行为；完善有关环保审计立法，从法律层面提高环境资源保护审计地位；尽快转变经济发展方式，经济效益和环境效益并重；改变审计模式，将离任审计发展成为终身追责审计；提高大众的环保意识使得环境资源保护内化为自觉行为。本文结合我国政体，说明构建环境资源保护审计体系对于建设生态经济的关键性、对于提高人民生活幸福指数的重要性、对于落实国家环保政策和实现发展战略的必要性。

我国学者更多关注环境资源保护审计领域相关责任问题的定性研究，忽视了定量分析，使得某些环境问题的边界模糊，责任界定不明。此外，环境审计体系研究侧重于理论研究，实证领域研究成果不多，相关环境审计实践的案例分析也较缺乏，这就导致理论可能会脱离实践，最终减弱其实务操作性。在未来的研究中，除了重视环保问题的定量分析和实务研究，学者们还应把环境资源保护审计领域中环境保护的专业知识与财会审计的职业技能融会贯通，找到两者之间的关联平衡点，为构建环境资源保护审计体系提供理论基础。另外，环境资源保护审计体系建设具有动态适应性,应该随着经济发展不同阶段不断完善,相关的理论研究、政策制定、实务应用和监督管理,需要各方联力推动,才能真正保护生态资源多样性和实现社会可持续发展。

参考文献:

[1] 闫天池,张庆龙. 资源环境审计:问题与对策 [J]. 中央财经大学学报, 2009 (01): 84-88.

[2] 时军. 新常态经济背景下我国环境审计目标设置与实施研究 [J]. 中国注册会计师, 2015 (12): 83-87.

[3] 刘长翠,张宏亮,黄文思. 资源环境审计的环境:结构、影响与优化 [J]. 审计研究, 2014 (03): 38-42.

[4] 李然. 资源环境审计问题及对策 [J]. 财会通讯, 2010 (07): 94-95.

[5] 王海兵. 政府审计参与国家治理的理论基础和路径选择研究 [J]. 湖南财政经济学院学报, 2013, 29 (05): 21-35.

[6] 王海兵. 企业社会责任内部控制审计研究 [J]. 湖南财政经济学院学报, 2015, 31 (04): 43-51.

[7] 徐建芳. 对我国资源环境审计的思考及建议 [J]. 中国内部审计, 2013 (06): 88-90.

[8] 唐洋. 关于在我国开展生态文明审计的探讨 [J]. 财务与会计, 2014 (02): 34-35.

[9] 裴森林,张容海. 强化资源环境审计的几点思考——以甘肃省为例 [J]. 财会研究, 2011 (06): 65-67, 70.

[10] 袁广达. 中国上市公司环境审计理论与应用 [M]. 北京:经济科学出版社, 2014.

[11] 邢祥娟,陈希晖. 资源环境审计在生态文明建设中发挥作用的机理和路径 [J]. 生态经济, 2014, 30 (09): 151-157.

[12] 冉春芳. 基于生态文明制度建设视角的环境审计探讨 [J]. 经济研究参考, 2015 (33): 61-65.

[13] 石廷杰,马香超. 政府绩效审计环境治理评价体系研究 [J].

财会通讯, 2012 (15): 84-86, 129.

[14] 谢志华, 陶玉侠, 杜海霞. 关于审计机关环境审计定位的思考 [J]. 审计研究, 2016 (01): 11-16.

[15] 王海兵, 周琳. 企业环境社会责任审计论纲 [J]. 会计之友, 2017 (07): 103-109.

垃圾分类专项资金绩效审计体系构建研究

摘　要：面对我国社会主义生态文明体制改革的迫切需求，落实构建"共建、共享、共治"的社会治理制度，实现"建设美丽中国"的宏伟目标，如何对城市生活垃圾分类财政专项资金项目进行绩效审计和评价日益受到利益相关者和社会公众的关注。目前，我国垃圾分类专项资金绩效审计基础薄弱，与其他专项资金绩效审计的区分边界模糊，审计实务中存在审计覆盖面较窄、复合型审计人才匮乏等一系列问题。本文整合分析了我国城市生活垃圾分类专项资金绩效审计现状，从立法、标准、技术、监管和人力资源五个层面，构建垃圾分类专项资金绩效审计体系，推动城市生活垃圾分类国家战略深入贯彻落实，建设美丽中国。

关键词：垃圾分类；专项资金；绩效审计；审计体系

一、引言

随着我国国民经济的不断发展，人民生活水平日益提高，人民对美好生活的向往和对幸福感的需求逐渐增强。然而我国经济发展过程中遗留下来的自然资源浪费和生态环境污染问题与建设"美丽中国"目标之间的矛盾不断加深，加快推进我国城市生活垃圾分类工作刻不容缓。城市生活垃圾分类作为经济社会高质量、生态环境可持续发展理念的集中体现，涉及生态环境、自然资源、循环经济和社会公共服务等多个方面，对我国法治建设和道德文化建设提出更高要求，是国家经济、社会、科技、道德水平全面提升的标志之一。党的十九大报告首次明确提出"加强固体废弃物和垃圾处置"，将城市生活垃圾分类视作加快我国生态文明体制改革的重要一环。在党中央和国务院的决策部署下，国家相继出台《生活垃圾分类制度实施方案》《关于在全国地级及以上城市全面开展生活垃圾分类工作的通知》等政策文件，推进城市生活垃圾分类工作在全国各大、中型城市全面实施。垃圾分类专项资金指中央和地方政府为推动城市生活垃圾分类国家战略贯彻落实而专门设立的财政性专项资金。垃圾分类专项资金绩效审计作为环境保护审计的组成部分，对有效监督我国城市生活垃圾分类工作，促进自然资源节约，改善生态环境起着关键作用。我国垃圾分类专项资金绩效审计方兴未艾，随着大数据信息共享技术在国家治理、社会公共服务领域的广泛渗透和应用，相关绩效审计工作也面临着城市生活垃圾分类资金项目烦琐复杂和大数据信息共享技术进一步冲击的双重影响，在绩效审计工作实务中出现了一些亟须解决的问题。通过深入整合分析垃圾分类专项资金绩效审计现状，探讨垃圾分类专项资金绩效审计体系的构建及实施，对有效提高垃圾分类专项资金绩效审计效率，合理利用绩效审计成果，统一规范绩效审计行为，切实降低绩效审计风险具有重要意义。城市生活垃圾分类已然成为我国社会主义生态文明建设的必由之路，绿水青山就是金山银山，做好垃圾分类专项资金绩效审计工作将为我国实现经济社会高质量发展提供重要的战略支撑。

二、文献回顾

不经合理分类处理的城市生活垃圾占用大量城市建设用地，破坏区域自然生态环境，严峻考验着我国国家治理体系和治理能力现代化水平。城市生活垃圾分类工作的目标、作用与环境保护型、资源节约型社会大局相关，垃圾分类专项资金绩效审计是环境保护审计的重要组成部分。现有文献中直接对垃圾分类专项资金绩效审计的研究较少，本文拟从环境保护审计、财政专项资金绩效审计、环境保护专项资金绩效审计等几个方面进行回顾。

（一）环境保护审计

自 20 世纪环境保护审计的概念被学术界提出以来，对环境保护审计的明确定义，国内一直有着不同的看法和主张。我国学者刘达朱等（2002）对政府环境审计的定义和研究现状进行了总结性的梳理，认为在审计机关进行环境审计的过程中必须从多个方面关注经济社会的可持续发展，而不是仅仅关注经济增长[1]。环境保护审计的最终目标是保护区域生态环境和促进自然资源合理利用，李雪等（2004）基于国内外学界对环境审计不同定义的深入分析，提出环境审计是为了确保受托环境保护责任有效履行所进行的一种鉴证活动[2]。随着我国环境保护审计理论的不断向前拓展，黄道国和邵云帆（2011）创造性地提出多元环境审计概念，认为通过整合审计力量，形成多元审计工作格局，可以有效提升环境审计工作的效率和效果[3]。我国"十三五"规划首次将社会主义生态文明建设纳入国家五年规划，社会公众对日益严重的生态环境污染问题持续关注，学界对我国环境审计准则的构建也有了新的思考。程亭（2018）通过分析比对国外相关环境审计准则，对适用于我国的环境审计准则构建思路和准则基本框架进行探讨，认为构建我国环境审计准则需要区分三类审计主体的不同情况[4]。环境保护审计应对被审计主体的环境保护责任作出监督评价，需要进行审计资源整合，构建环境保护审计体系。王海兵（2019）指出环境保护审计体系应当重视环境保护资金的分配和拨付审计，在合理性、合规性的基础之上分析其经济效益和社会效益[5]。

（二）财政专项资金绩效审计

对于财政专项资金绩效审计的审计范围和方法，宁波市审计学会课题组（2014）认为财政专项资金绩效审计应贯穿于专项资金从设立到后续评价等所有环节，不同的审计环节，绩效审计工作的内容和重心应当有所区别[6]。审计评价指标是财政专项资金绩效审计工作的重要一环，尹淑平和吴立权（2011）提出了设立绩效审计评价指标体系的四个原则，认为财政专项资金绩效审计的审计评价指标应当从多方面考虑，可大致分为定性指标和定量指标，两类指标根据不同的特点相互进行弥补[7]。财政专项资金项目涉及范围的广泛性导致不同专项资金绩效审计的审计评价指标体系存在一定的差异。屈小杰和明洁（2017）结合层次分析法和平衡计分卡，构建基于六个维度的审计评价指标体系[8]。针对财政专项资金绩效审计现状和实务中存在的问题，刘杰和张勇（2016）指出我国财政专项资金绩效审计存在审计独立性不足等问题[9]，这些问题严重制约了我国绩效审计工作的发展。

（三）环境保护专项资金绩效审计

环境保护专项资金绩效审计是由审计机关对被审计单位环境保护专项资金的立项、分配、管理、使用和评价等各主要环节进行全面监督的系统性审计机制。房巧玲和王宜成（2013）基于资源配置视角对环境保护专项资金的配置对象进行实证检验，并构建了环境保护专项资金绩效审计基准模型[10]。审计人力资源的有效整合以及审计人才的合理利用是有效改善环境保护专项资金绩效审计工作的根本途径，胡耘通和苏东磊（2018）对我国学术界环境保护绩效审计评价指标体系的研究现状进行了归纳和总结，认为应当把具备多学科背景的复合型审计人才作为审计学科领域的人才培养目标[11]。进入新时代，大数据信息共享技术在审计工作领域不断深入渗透和应用。张薇（2018）对我国环境保护审计制度进行了前瞻性分析，提出构建资源环境信息共享平台是环境保护审计实现突破性发展的关键[12]。石柱和王磊（2019）认为大数据信息化共享技术凭借其在信息采集、数据分析中的显著优势，能够为环境保护绩效审计监督的全覆盖提供新的变革思路[13]。

（四）研究述评

综上所述，环境保护审计的特殊性表现在对生态环境可持续和经济社会高质量发展的重点关注。环境保护关乎每个人生命健康权益，社会公众均为其利益相关者。垃圾分类专项资金绩效审计需要引入多元审计力量共同参与，构建垃圾分类专项资金绩效审计评价指标体系需要考虑多方面的影响因素。大数据信息共享技术在社会公共服务领域的广泛应用给财政专项资金绩效审计工作的全覆盖带来了机会和挑战，培养一批具有多学科背景的复合型专业审计人才队伍成为做好垃圾分类专项资金绩效审计工作的关键所在。在此背景下，构建切实可行的垃圾分类专项资金绩效审计体系，探讨构建垃圾分类专项资金绩效审计体系的实现路径迫在眉睫。借此丰富环境保护专项资金绩效审计相关理论研究，推动城市生活垃圾分类国家战略落地。

三、垃圾分类专项资金绩效审计现状分析

（一）垃圾分类专项资金绩效审计法规体系不健全

依法审计是审计工作的基本原则，相比于国外较为完善的专项资金绩效审计法规体系，我国专项资金绩效审计工作不仅起步时间较晚，而且绩效审计法规还存在相当的空白。没有全面、统一的垃圾分类专项资金绩效审计法规体系，使得各级地方政府审计部门、工作人员开展相关专项资金绩效审计工作时缺乏相应的法律支撑。2017年我国出台《生活垃圾分类制度实施方案》，对推进落实城市生活垃圾分类国家战略提出了明确的实施方案和细则。城市生活垃圾分类涉及生态环境、自然资源、循环经济和社会公共服务等多方面，需要由各级地方政府牵头，引导企事业单位、社会非营利组织和广大社会公众的共同参与。而垃圾分类专项资金是贯彻落实城市生活垃圾分类国家战略的重要物质保障，对其设立、分配、使用、管理和评价的各环节、全过程进行绩效审计，是有效提高垃圾分类专项资金使用效率的客观要求，而不健全的垃圾分类专项资金绩效审计法规将对绩效审计工作的有效开展造成阻碍。

垃圾分类专项资金比之其他财政专项资金，具有资金量大、涉及范围广、资金来源复杂等特点，资金的管理和使用监督存在相当困难。虽然各级地方政府相继出台了城市生活垃圾分类项目财政专项资金管理办法，对垃圾分类专项资金使用和管理进行了一定的规范，但各地政府出台的管理办法都只适用于本行政区划。既非垃圾分类专项资金绩效审计法规，也不是全国范围内具有指导作用的垃圾分类专项资金使用管理规范标准。各地市政府各有其法，在全国层面上难以对各地城市生活垃圾分类工作作出有效的控制和指导。国家层面虽然有《审计法》和《审计法实施条例》等法律法规，但在审计实务中却缺少绩效审计准则，进而不能对绩效审计内容、审计形式、审计方法、审计行为、审计报告等作出明确指导[14]。绩效

审计准则的缺位也使审计工作人员在审计准备、审计过程和审计结论及其后续评价等审计过程中缺少一致的行为准则和规范，难以发挥专项资金绩效审计对城市生活垃圾分类财政专项资金使用、管理的监督作用，大大增加了垃圾分类专项资金绩效审计风险。

（二）垃圾分类专项社会责任审计评价标准模糊

构建垃圾分类专项资金绩效审计体系的切实保障是审计评价标准体系。审计评价标准体系从审计数据采集到审计程序执行贯穿整个绩效审计的审计流程[15]。没有统一、规范的全国性绩效审计评价标准体系，就难以对财政专项资金的使用管理和资金项目实施效果作出合理、客观的监督制约。目前，我国各级地方政府审计部门对财政专项资金项目的绩效审计评价主要根据各地专项资金管理办法、行业分类制度乃至项目可行性报告。财政专项资金作为推动构建"共建、共享、共治"社会治理制度的重要手段，城市生活垃圾分类国家战略贯彻落实的物质保障，不仅需要对城市生活垃圾分类项目实施产生的经济效益作出合理评估，而且需要客观评价项目实施后所产生的社会效益、环境效益和资源效益。

2015年，中共中央、国务院印发《生态文明体制改革总体方案》，该方案明确要求应当"实行生产者责任延伸制度，推动生产者落实废弃产品回收处理等责任"。垃圾分类专项资金绩效审计不同于其他专项资金绩效审计的一个重要方面，就是城市生活垃圾分类项目需要政府和市场主体的共同参与。相关市场主体在生产产品时，消耗了大量自然资源和社会资源，也产生了相当规模的城市生活弃置垃圾，未经合理分类的城市生活垃圾对区域生态环境造成威胁。因此，推行城市生活垃圾分类工作需要强化企业主体垃圾分类社会责任，将产品的回收、自然资源的可再生利用和废弃物规范处理责任归于产品的生产者[16]。目前，垃圾分类专项资金绩效审计对企业主体生活垃圾分类社会责任评价涉及较少，而且垃圾分类项目实施所产生的社会和环境效益是间接的，不易进行量化评价，审计人员在审计过程中可能会存在避难就易，重经济效益指标，轻社会和环境效益指标的倾向，从而严重影响了绩效审计的力度和深度[17]。对于垃圾分类专项资金绩效审计，有效合理地进行社会效益和环境效益评价的关键点是构建企业主体垃圾分类社会责任审计评价标准体系，作为对企业主体自觉履行城市生活垃圾分类社会责任的一项监督措施。推行城市生活垃圾分类对构建我国环境友好型和资源节约型社会具有重大意义。贯彻城市生活垃圾分类国家战略需要各级地方政府部门的广泛参与，同时也是企业主体所应承担的一项环境保护社会责任。企业主体垃圾分类社会责任审计评价标准体系在城市生活垃圾分类工作中的缺位，使得垃圾分类专项资金绩效审计难以对垃圾分类专项资金项目实施后所产生的社会和环境效益作出合理客观的评价，对构建垃圾分类专项资金绩效审计体系，明确垃圾分类专项资金绩效审计流程，提高垃圾分类专项资金绩效审计效率都会产生不利的影响。

（三）垃圾分类专项资金绩效审计覆盖面较窄

高质量的垃圾分类专项资金绩效审计需要审计部门对垃圾分类资金项目进行全面、有效的规范和监督。从审计对象来看，审计部门目前主要针对垃圾分类专项资金的拨付收支进行审计，对资金项目建设和专项资金去向等延伸审计关注度不够，对资金项目的日常管理和专项资金的运作过程不能作出有效的监督控制。从审计内容看，垃圾分类专项资金绩效审计主要是对专项资金的真实性和合规性作出判断，对垃圾分类专项资金的使用效益关注不足，审计监督集中于事后性检查，有必要向跟踪审计和事前政策计划审计前置。政府各级审计部门的专项资金绩效审计内容和程序未能全面覆盖，难以对垃圾分类专项资金进行全过程、多层次、多环节有效监督的不足逐渐暴露，增加了垃圾分类专项资金绩效审计风险。对垃圾分类专项资金的全过程实施跟踪延伸审计，推行绩效审计工作的全覆盖，对垃圾分类专项资金绩效审计具有重要意义。财政专项资金作为推动构建"共建、共享、共治"社会治理制度的重要手段，绩效审计作为国家审计体系中不可或缺的一部分，审计工作理应顺应国家审计工作全覆盖的趋势，推动垃圾分类专项资金绩效审计更好地服务城市生活垃圾分类国家战略的贯彻落实。

（四）垃圾分类专项资金绩效审计监管困难

财政专项资金由政府财政部门主管，独立账户，专款专用，统一核算，所以在其使用和管理上具有一定的特殊性。在财政专项资金项目运作过程中，由于审计部门的监管主要集中于事后检查，多存在对财政专项资金监督力度不够，难以做到有效控制和规范等问题。垃圾分类资金项目具有目标多样、行业涉及面广、运作流程复杂等特点，政府相关部门对垃圾分类专项资金的项目进展和实际执行情况关注不足。监管工作的重心依然放在资金项目的审批和项目资金的分配上，难以对资金运作和项目管理作出有效的监督。很多垃圾分类资金项目在投入后出现了各种各样的问题，监管部门大多在问题出现后才积极采取补救措施。

城市生活垃圾分类治理涉及多个政府职能部门，需要职能部门间进行协调和配合，多个部门共同参与可能会产生多头管理、职能交叉等问题[18]。垃圾分类专项资金在转移支付过程中，资金流动涉及多个政府部门和基层单位。尽管各级地方政府相继出台了城市生活垃圾分类项目专项资金管理办法对其进行了一定的规范和管理，但各个单位专项资金预算管理各不相同，资金种类较多，垃圾分类专项资金来源的多样性也使得政府各相关部门职责不清。在不同类别财政专项资金的预算管理和运作程序上，国家还没有统一的政策文件。在财政专项资金分配使用的博弈中，专项资金使用方和监管方之间存在着严重的信息不对称现象。专项资金监管方在城市垃圾分类资金项目信息的收集中保持一定的相对弱势，不能对资金项目进行有效的控制和监管，客观上也加大了垃圾分类专项资金监管的难度。保障对垃圾分类专项资金有效监管的另一条重要途径是外部监督，但目前我国垃圾分类专项资金尚缺乏良好的外部监督环境，相关法律法规文件也没有跟进，垃圾分类专项资金的使用、管理很难做到有效的全程动态监督，对构建垃圾分类专项资金绩效审计体系也提出了挑战。

（五）复合型审计人才匮乏

审计工作进入新时代，拥有一批具备较高审计工作素质和多学科背景知识的复合型审计人才是构建垃圾分类专项资金绩效审计体系的关键所在。专项资金绩效审计学科专业化程度较高，城市生活垃圾分类资金项目的覆盖范围涉及各行各业。审计工作人员不仅需要具备良好的审计执业能力和较高的审计职业道德水平，而且必须对专项资金项目所涉及的行业背景和现状有着一定的认识，还应当熟悉该行业相关的法律法规，否则就不能较好地完成垃圾分类专项资金绩效审计受托责任的目标。但实际情况是，绩效审计工作人员往往只对绩效审计的程序内容和工作方法有着深切的体会，对于大数据信息化审计、数理统计分析、公共工程项目管理、基础设施建设等方面知识却了解不多，对垃圾分类专项资金绩效审计工作所展露出的新趋势和特殊性很难适应，进而不能高效率地完成垃圾分类专项资金绩效审计工作。复合型审计人才队伍的匮乏与专项资金绩效审计的高质量工作要求之间的矛盾严重制约了绩效审计在城市生活垃圾分类国家战略推进中应当发挥的重要作用。

四、垃圾分类专项资金绩效审计体系构建的实现路径

构建垃圾分类专项资金绩效审计体系，应从立法、标准、技术、监管和人力资源五个层面出发，探究垃圾分类专项资金绩效审计体系（见图1）的实现路径。针对立法层，立法机构应尽快健全垃圾分类专项资金绩效审计法规，完善垃圾分类专项资金绩效审计体系，为绩效审计工作提供法律支撑。针对标准层，将城市生活垃圾分类社会责任引入环境保护财政专项

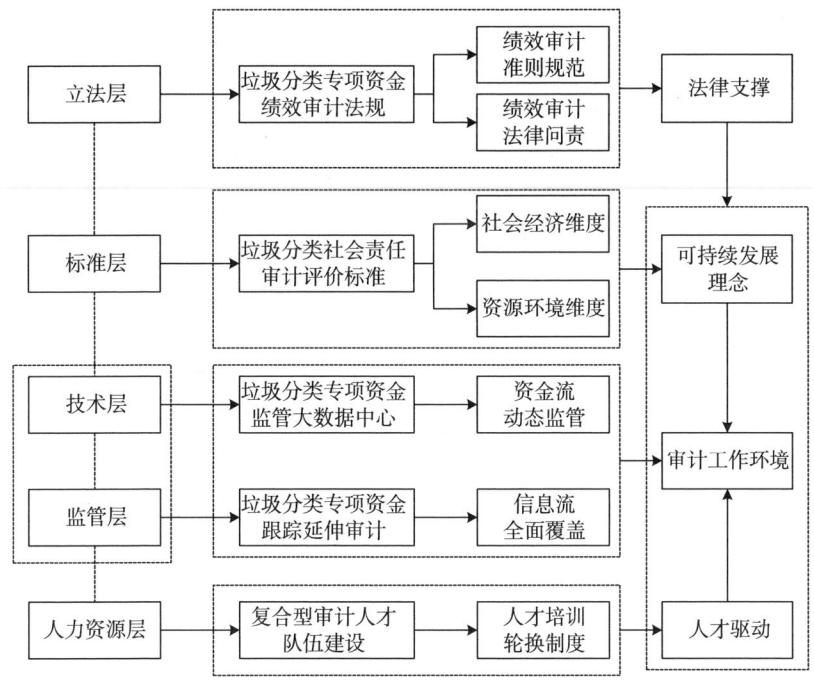

图1 垃圾分类专项资金绩效审计体系

资金绩效审计评价体系，践行生态环境可持续、经济社会高质量发展理念。同步建立垃圾分类专项资金监管大数据服务中心，全面推行垃圾分类专项资金跟踪延伸审计实现对资金流、信息流的动态监管和全面覆盖，着力改善垃圾分类绩效审计工作环境。针对人力资源层，加强复合型审计人才队伍建设，提高垃圾分类专项资金绩效审计工作质量，做到人才驱动。垃圾分类专项资金绩效审计体系可以将垃圾分类专项资金绩效审计风险控制在合理的范围之内，同时带来经济效益、社会效益、环境效益和资源效益。构建垃圾分类专项资金绩效审计体系旨在有效管控城市生活垃圾处理失当存在的环境污染风险，改善区域生态环境，发展循环经济。

（一）健全垃圾分类专项资金绩效审计法规

健全的绩效审计法规体系是从法律层面上有效拓展垃圾分类专项资金绩效审计监督覆盖面的重要手段，也是审计人员开展垃圾分类专项资金绩效审计工作有力的法律支撑。法律环境客观影响审计工作环境，是建立和实施垃圾分类专项资金绩效审计体系的前提和保障。从法律层面拓展垃圾分类专项资金绩效审计监督覆盖面，具体可表现为两个方面：一是从法律法规上划定垃圾分类专项资金绩效审计的审计范围，确定垃圾分类专项资金绩效审计法律责任。不仅需要明确执法主体法律责任，而且要对执法主体不作为、乱作为相应的法律责任作出规定[19]，做到有法可依、执法必严、违法必究。二是对垃圾分类专项资金绩效审计的审计内容和程序作出统一规定，明确垃圾分类绩效审计实务中的审计行为指南和解释。国家审计机关对垃圾分类专项资金进行绩效审计，不仅是简单的对财政专项资金作出有效的监管和控制，更深层次的目的是对社会和生态环境问题的有效评估和揭露。国家应当尽快落实垃圾分类专项资金绩效审计相关法规的出台，为绩效审计工作提供法律依据，为我国各大、中型城市有效落实城市生活垃圾分类国家战略提供相应的法律保障。政府审计部门则应尽快跟进企业主体城市生活垃圾分类社会责任法律问责追究制度，制定出合理、有效的财政专项资金绩效审计准则，规范审计实务中垃圾分类专项资金绩效审计的审计程序。

(二) 构建垃圾分类社会责任审计评价标准体系

垃圾分类专项资金绩效审计评价标准相比于其他专项资金的绩效审计评价标准具有一定的特殊性。基于利益相关者和社会多元参与共治的考虑，需将城市生活垃圾分类社会责任履行与财政专项资金绩效审计评价相结合，切实可行地推进绩效审计在国家治理监督体系中的地位。评价垃圾分类专项资金项目的绩效，不仅需要客观衡量专项资金投入使用后所产生的经济效益，还应重点关注其所产生的社会效益、环境效益和资源效益等方面。自然资源与生态环境问题主要产生于各个微观经济主体，而问题的解决最终也要落脚到各个微观经济主体，特别是作为市场经济基本主体的企业。关注垃圾分类专项资金投入使用后所产生的社会、环境和资源效益，则需要综合考虑企业或者专项资金利益相关方垃圾分类社会责任的履行情况。企业作为社会物质资料的主要生产者，在日常生产经营活动过程中，应当合理利用生产产品所必需消耗掉的自然资源，并采取措施合理有效地减少环境污染，在构建环保、绿色、共享的社会发展空间方面负有一定社会责任[20]。构建垃圾分类社会责任审计评价标准体系，可将环境保护专项资金绩效审计与社会责任审计相结合，内外兼顾，由里至面，分别考虑垃圾分类专项资金项目实施所产生效益的四个影响基本点。考虑到垃圾分类专项资金绩效审计的特殊性，四个维度分别是经济维度、社会维度、环境维度和资源维度。从经济维度评价垃圾分类专项资金投入使用后所带来的区域废弃资源处置效率上的提高，可再生资源回收经济上的收益。从社会维度评价项目实施后促进社区居民就业情况，生活垃圾回收等废弃物治理改善情况。从环境和资源维度分别评价垃圾分类专项资金项目促进区域生态环境改善和自然资源节约回收、合理利用情况。在垃圾分类社会责任审计评价标准体系中，要坚持以人为本，科学监督，建立垃圾分类社会责任问责追究机制。构建垃圾分类社会责任审计评价标准体系时要遵循可比性、可操作性、全面性等原则，保证社会责任审计评价标准的公正与严谨。针对不同地区、行业的垃圾分类资金项目要实事求是、因地制宜。同时相关部门应尽快研究设计垃圾分类社会责任审计评价报告，全面客观地评价垃圾分类专项资金绩效和城市生活垃圾分类社会责任履行情况。

（三）建立垃圾分类专项资金监管信息大数据服务中心

随着大数据信息共享技术的飞速发展，对国家治理、社会公共服务领域工作方式造成冲击的同时，也带来了技术层面上无可比拟的便捷和高效。在大数据信息共享技术的影响下，绩效审计工作内容和程序也发生了相应的变化。在绩效审计对象中，电子数据凭证逐渐取代传统纸质业务凭证，审计范围拓宽，逐渐演变为信息化全面数据审计，在审计方法中注重将宏微观审计相结合，改变传统绩效审计以定性分析为主的理念[21]。对于垃圾分类专项资金绩效审计流程，可将大数据信息共享技术与垃圾分类专项资金绩效审计程序相结合，建立垃圾分类专项资金监管信息大数据服务中心（见图2），实施全过程监督。该中心可利用大数据信息共享技术对资金项目信息、绩效审计流程进行一定的数据分析辅助处理，从而做到全方位、无差别的实时审计。对于资金项目，通过互联网大数据技术，将有关垃圾分类专项资金项目集中统一纳入全国联网信息服务中心，建立垃圾分类专项资金项目信息库，抓住资金和项目两条主线，对垃圾分类专项资金实施全面监督和动态管理。一方面，对垃圾分类专项资金的使用过程实施全面动态监控，弥补传统绩效审计信息的滞后性和事后审计的不确定性等问题。另一方面，将各省市垃圾分类专项资金项目资料定期上传至该信息服务中心项目数据库，实现全国联网，统筹管理。将项目精确管理和资金数据分析有机结合，减少因为资金项目信息不对等导致的信息不对称，有效提高垃圾分类专项资金绩效审计质量。政府各级财政部门通过垃圾分类专项资金监管信息大数据服务中心的资金项目数据信息共享，可以有效地与上下级财政部门进行沟通。上级部门根据共享信息可以高效地对垃圾分类资金项目进行动态监督，下级部门则根据信息共享得来的资金项目数据和分配指标，合理使用垃圾分类专项资金，并根据当地垃圾分类实际推行情况进行信息反馈，及时将项目贯彻落实过程中遇到的情况和基本信息反映至上级。使上级部门及时掌握基层落实进度和指标分配的异常之处，从而及时调整，依次循环，实现垃圾分类专项资金的全面动态管理。除此之外，监管信息服务中心须定期及时地将项目进展情况和资金项目信息向全社会公开，利用社会公众和企业的力量进行舆情监督，完善垃圾分类专项资金监管链条。

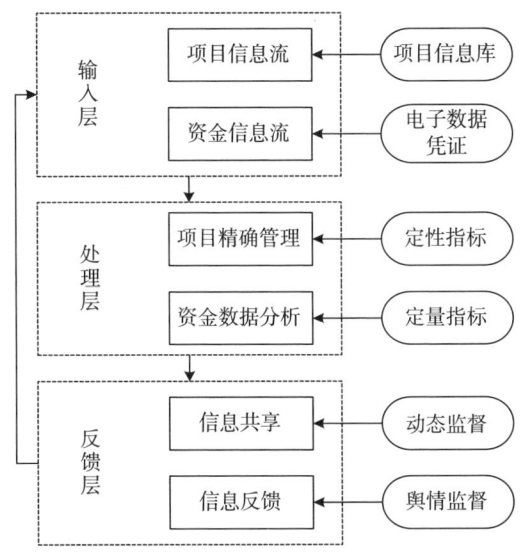

图2 垃圾分类专项资金监管信息大数据服务中心

(四) 推行垃圾分类专项资金绩效审计全覆盖

推行垃圾分类专项资金绩效审计全覆盖是有效提高绩效审计效率、减少绩效审计风险的关键所在。能否做好审计监督的全覆盖，决定了垃圾分类专项资金绩效审计到底能走多远。推行垃圾分类专项资金审计监督的全覆盖具体可表现为四个方面：第一，加强延伸跟踪审计。重点关注垃圾分类专项资金的流向，从专项资金项目的申报环节出发，跟踪资金流动的时间节点，配合垃圾分类专项资金监管信息大数据服务中心的信息共享技术，对资金动向实施全方位的监督管理。第二，转变审计思路。针对垃圾分类专项资金的新趋势和特点，需转变以往专项资金绩效审计事后集中性检查的思路，应当把垃圾分类专项资金的日常监管作为审计工作的重点，对金额较大的资金项目予以重点检查，同时对涉及多个部门参与、流程复杂的项目予以持续关注。将审计监督贯穿于垃圾分类专项资金项目的事前准备、事中实施、事后评价的全过程，并做到及时发现异常现象、及时上报监管中心、及时处理错误问题。第三，实行绩效审计问责制度。绩效审计问责制度在追究政府部门责任方面，具有激励与约束功能[22]。在垃圾分类专项资金绩效审计的过程中，对没有完成绩效目标的单位或部门予以问责，发现违法行为依法追究其法律责任，做到问责全覆盖，追究零容忍。

第四，推进社会舆论监督，实施审计公告制度。将垃圾分类专项资金绩效审计的审计结果和相关解释通过各种形式向社会公示说明，及时收纳并反馈社会公众对资金项目的疑问和建议。垃圾分类专项资金监管信息大数据服务中心对社会公众保持开放，接受社会舆论的监督，提高垃圾分类专项资金信息的透明度。

（五）加强复合型审计人才队伍建设

加强和提高审计人员的综合工作素质和职业胜任能力是有效开展垃圾分类专项资金绩效审计工作的根本要求。随着大数据信息共享技术在绩效审计实践中的应用，传统单一性财政专项资金绩效审计工作方法和技术很大程度上不再适应新时代专项资金绩效审计发展的需要，垃圾分类专项资金绩效审计工作方法和技术也必须随之改进和提高。因此，建立一支具备全面财政专项资金绩效审计知识，掌握大数据信息化审计技术，具有良好的职业素质和道德水平的多学科复合型审计人才队伍十分必要。

对于复合型审计人才队伍的建设，首先，国家应当组织一定的人力、物力对各级审计机关的财政专项资金绩效审计工作人员进行相应的专业知识技能培训，培训内容不仅应当包含绩效审计专业知识，还应当包括一定的垃圾分类项目行业知识，并建立专项资金审计业务人员借调制度和项目临时岗前培训制度。其次，各级审计机关应当重视大数据信息化审计技术在垃圾分类专项资金绩效审计工作实践中的应用，切实提高绩效审计工作人员运用大数据信息化共享技术开展绩效审计工作的能力，建设符合各级审计机关工作成本效益原则的信息化硬件基础设施。最后，建设复合型审计人才队伍还应特别关注审计工作人员的职业道德水平，切实提高审计工作人员的职业道德水平是真正做好垃圾分类专项资金绩效审计工作的根本，加强复合型审计人才队伍建设永远在路上。

五、结束语

城市生活垃圾分类战略事关国家生态文明体制改革大局，是建设"美丽中国"目标的重要支撑点，也是实现人与自然和谐共生的关键手段。垃圾分类专项资金绩效审计作为有效监管和评价城市生活垃圾分类资金项目绩效的重要保障，日益成为审计参与国家治理、社会公共服务领域的集中体现。本文通过对垃圾分类专项资金绩效审计现状和存在的问题进行分析，探究构建垃圾分类专项资金绩效审计体系的实现路径，为我国资源环境保护审计和专项资金绩效审计理论的创新发展作出了贡献。进一步发挥审计力量在推进国家治理体系和治理能力现代化中的独特作用，服务国家重大战略决策部署。

未来研究方向包括但不限于以下方面：研究垃圾分类专项资金绩效审计体系的实现机理，在大数据基础上实证检验我国垃圾分类专项资金的绩效问题；明确垃圾分类社会责任审计评价标准体系，在整合定量指标和定性指标的基础上，对审计评价动态指标进行探索，设计垃圾分类社会责任审计评价报告；整合大数据信息共享技术在审计实务中的深化应用，探索全国统一的垃圾分类专项资金监管信息大数据服务中心的具体构建和运行模式。最终建立以政府为主导的城市生活垃圾分类社会多元共治格局，多种审计模式共同参与绩效审计工作的新局面，推动我国城市垃圾分类国家战略的实现。

参考文献：

［1］刘达朱，王本强，陈基湘．政府环境审计的现状、发展趋势和技术方法［J］．审计研究，2002（06）：17－23.

［2］李雪，杨智慧．对环境审计定义的再认识［J］．审计研究，2004（02）：26－30.

［3］黄道国，邵云帆．多元环境审计工作格局构建研究［J］．审计研究，2011（03）：31－35，41.

［4］程亭．我国环境审计准则和指南的构建思路与基本框架［J］．财会通讯，2018（19）：10－13，129.

［5］王海兵，赵李丽，杜娟．环境资源保护审计体系构建研究［J］．财会通讯，2019（07）：90－95.

［6］宁波市审计学会课题组，何小宝，徐荣华．财政专项资金绩效审计研究［J］．审计研究，2014（02）：3－8.

［7］尹淑平，吴立权．财政专项资金绩效审计评价指标体系构建探讨［J］．财会通讯，2011（31）：107－108.

［8］屈小杰，明洁．淘汰落后产能专项资金绩效审计的评价指标体系

构建 [J]. 财会通讯, 2017 (31): 84-87.

[9] 刘杰, 张勇. 财政专项资金绩效审计问题研究 [J]. 财会通讯, 2016 (10): 77-80, 4.

[10] 房巧玲, 王宜成. 环境保护专项资金绩效审计基准模型及其应用研究——基于资源配置的视角 [J]. 中国海洋大学学报 (社会科学版), 2013 (04): 52-57.

[11] 胡耘通, 苏东磊. 环境绩效审计评价指标体系研究现状与展望 [J]. 财会通讯, 2018 (28): 40-43.

[12] 张薇. 我国环境审计制度变迁: 解读与展望 [J]. 财会月刊, 2018 (17): 141-145.

[13] 石钰, 王磊. 大数据视角下政府环境审计监督全覆盖机制构建思路 [J]. 领导科学, 2019 (04): 17-19.

[14] 蔡春, 蔡利, 朱荣. 关于全面推进我国绩效审计创新发展的十大思考 [J]. 审计研究, 2011 (04): 32-38.

[15] 李鹏杰. 浅谈财政扶贫专项资金绩效审计 [J]. 财会研究, 2016 (06): 10-12.

[16] 孟小燕, 王毅, 苏利阳, 程多威, 郝亮. 我国普遍推行垃圾分类制度面临的问题与对策分析 [J]. 生态经济, 2019, 35 (05): 184-188.

[17] 寇永红, 吕博. 财政扶贫资金绩效审计工作现状及改进措施 [J]. 审计研究, 2014 (04): 19-22.

[18] 宋国君. 城市生活垃圾分类难点与对策 [J]. 人民论坛, 2019 (12): 70-72.

[19] 齐守印, 胡德仁. 从实现国家治理现代化高度推进公共经济绩效管理 [J]. 当代经济管理, 2018, 40 (09): 1-10.

[20] 王海兵, 周琳. 企业环境社会责任审计论纲 [J]. 会计之友, 2017 (07): 103-109.

[21] 彭冲, 胡重辉, 陈希晖. 大数据环境下的数据式绩效审计模式研究——以X市智慧停车规划与管理项目绩效审计为例 [J]. 审计研究, 2018 (02): 24-31.

[22] 何新容. 国家治理视角下的绩效审计问责制度构建 [J]. 南京审计大学学报, 2017, 14 (02): 85-93.

河长制水资源管理绩效审计体系构建研究

摘 要：改革我国生态文明体制，建立完善的环境保护机制是先决条件。河长制在各地试点中显示出其改进河流污染治理的有效性，并形成向全国推广开来的趋势。本文通过对环境绩效审计和河长制绩效审计的研究现状进行梳理，从河长制法律法规、审计方法、信息技术、评价指标、审计报告、人力资源六个维度，分析我国河长制水资源管理绩效审计现状与问题，探索构建河长制水资源管理绩效审计体系。旨在加强审计部门对"河长"以及河长办工作监督与评价，推动河长制政策深入贯彻落实，完善生态环境监督体系，促进经济高质量发展。

关键词：河长制；水资源管理；绩效审计体系

一、引言

改革开放以来，我国经济取得了举世瞩目的成就。然而，单一地追求经济效益对环境带来了负面影响，经济发展与环境保护之间不协调性日益显著，使我国面临资源约束趋紧、环境效益严重、生态环境系统退化等一系列问题。环境是最普惠的民生，河道既具有防洪、调蓄、排涝、灌溉、供水、航运等多种功能，是水资源和生态环境的重要载体，对防范自然灾害、维护生态平衡、保障经济社会发展和人民群众生产生活具有重要作用。构建包括河长制及其绩效审计在内的河流管理体系，关乎社会福祉、生态安全和经济高质量发展。为了解决河流污染问题，2007年无锡在所管辖内的太湖流域全面推广河长制，效果良好，之后全国各地相续实施。2016年中共中央办公厅、国务院办公厅印发并实施《关于全面推行河长制的意见》，河长制在全国铺开。"河长制"促进"河长治"，河长制融汇高质量绿色发展理念[1]，是依法落实地方主体河道整治和管理责任的水环境治理创新方式。以河长制为中心形成的差异化绩效考核问责机制，主要在于明确考核主体、考核对象、考核内容、评价指标和考核结果运用，推动我国经济高质量发展。2018年河长制在各地均有建立[2]，并且取得显著的治理效果[3]。

习近平总书记指出要加强引导长江一带的生态环境保护规划，以"长江经济带"推动经济高质量发展。2017年12月至2018年3月，审计署对长江经济带11省市的环境保护政策落实和资金管理使用情况进行了审计，即"长江审计"。2018年6月，王海兵接受《中国会计报》采访时表示，从微观意义来说，这份审计公告在于规范长江经济带环境保护资金使用，提高环保预算资金使用绩效；而宏观意义则是用审计手段维护生态环境红线，倒逼经济转型和产业升级，助力长江经济带生态环境保护和改善，推动沿线城市的生态环境优化和经济可持续发展。首次出具的长江经济带生态环境保护审计报告也将成为生态环境保护审计的范本，为开展河长制水资源管理绩效审计提供宝贵的技术参照和经验支持。在黄河流域生态保护和高质量发展座谈会上，习近平总书记强调河流治理功能在提高生态保护水平、促进经济高质量发展上发挥了重要作用。河长制水资源治理体系，与"长江经济带"及黄河流域生态保护具有协同效应，充分贯彻了习近平总书记"绿水青山就是金山银山"的可持续发展理念，推动我国生态环境良好运行和经济高质量发展。新修订《审计法》第二十四条规定"审计机关对国有资源、国有资产，进行审计监督"，为河长制水资源管理绩效审计提供了法律制度依据。我国目前对于水环境综合治理绩效审计大多是合规性审计，缺乏对绩效的考量。河长制水资源管理绩效审计，为河长制体系与现实状况的耦合作战略支撑，有利于河长制河湖治理功能发挥[4]，并且深化其差异化绩效考核问责机制。因此，为了更好发挥河长制在环境治理、社会和谐、经济发展上的作用，构建河长制水资源管理绩效体系具有重要意义。

二、文献回顾

目前国内对河长制水资源管理绩效审计体系构建相关的研究较少，本文拟从环境绩效审计、河长制绩效审计两个方面进行文献回顾，探索河长制水资源管理绩效审计体系。

（一）环境绩效审计研究

学者对环境绩效审计体系的研究逐渐趋于完善。王海兵等（2017）构建了以环境社会责任风险为导向、环境审计为中心的企业环境社会责任审计框架[5]。绩效审计的概念由美国人阿瑟·肯特（1948）首次提出，他认为绩效审计能对公共资源使用情况进行审查。在进一步研究绩效审计对公共资源发挥的治理效应中，李凤雏等（2012）发现绩效审计在提高公共资源使用和管理上发挥了重要作用[6]。河长制是我国环境保护政策之一，因此，可以通过环境绩效审计的研究现状，探析河长制水资源管理绩效审计体系研究。2006年，环境审计工作组（WGEA）在全球性环境审计调查结果报告中指出，环境绩效审计旨在确定政府是否经济、高效地开展环境保护活动，以实现环境目标。为了缓解环境资源约束与经济发展之间的矛盾，王海兵等（2019）构建了我国的环境资源保护审计体系[7]。针对实践中环境绩效审计评价体系存在的弊端，彭兰香等（2015）认为，我国在环境绩效审计评价研究上未充分结合可持续发展理念，所关注到的利益相关者单一，即评价指标单一、整体上缺乏系统性[8]。为了解决此问题，滕剑仑等（2018）基于经济效益、社会效益、资源保护绩效三个角度，构建了水环境绩效审计评价指标体系，并且进一步融合决策主体对评价体系的主观影响因素，优化了评价体系[9]。李晓星等（2018）运用综合评价方法，构建并验证了企业环境绩效审计模型，为企业在承担环境保护责任中能够长远发展提供策略基础[10]。在国家审计层面上，李丽等（2019）运用超效率DEA模型和Tobit模型测算、检验得出，国家审计通过发挥审计抵御功能对环境绩效审计产生显著正向影响，为了进一步发挥国家审计在环境绩效审计中的作用，需要健全国家审计信息公告制度[11]。

（二）河长制绩效审计研究

随着河长制在全国铺开，对河长制绩效审计的研究内容，从明确审计范围转向优化绩效审计模式。2007年，无锡市创新水环境治理机制，地方党政主要负责人兼任"河长"，负责管辖区域内水污染治理和水质保护工作。关于河长制定义，张嘉涛等（2010）认为河长制逐条明确各级管辖范围内河道的河长，以及河道治理的各项措施，是促进社会和经济可持续发展的社会管理形式[12]。在河长制的作用上，王东等（2017）指出河长制能有效统筹治理河流上下游以及岸边环境，为全面提高流域水环境质量提供了契机[13]。对河长制执行状况进行绩效审计有助于河长制政策落实，史玉成（2018）基于法律和政治系统角度，构建了规范的"河长制"模式，并指出就河长制整体发展趋势而言，需要注入更多的法律来促进河长制走出制度困境[14]。而将绩效审计嵌入河长制是对河长及其相关部门履行职责的进一步规范，朱玫（2017）提出，河长制在河水治理方面取得了一定效果，但仍然存在较多问题，包括职责不法定、考核机制不明确、协同机制失灵等，需要从修订法律法规、健全考核机制、增加公众参与度方面具体解决问题[15]。同时，杨紫秀（2019）指出，目前我国基于河长制的绩效审计研究寥寥无几，亟须构建系统、全面的河长制绩效审计标准与流程[16]。对此杨文韬（2018）以结合案例分析的方式，提出更为规范的绩效审计标准与流程，探索河长制背景下绩效审计运行模式[17]。

（三）研究述评

综上所述，早期文献分析了河长制具体实施现状，并有针对性地提出对策，探索河长制全面推广路径。进一步研究中，以国家各级审计机关和审计人员为主体，学者们将绩效审计融入河长制水资源治理的研究，形成河长制水资源管理绩效审计，探究如何客观、公正地评价"河长"在管辖任职期间河流治理工作效益，以及提出完善追责考核体制、深化政策落实的理论路径。不过，总体而言，我国绩效审计在河长制水资源治理背景下发展较为缓慢，相关研究较少，缺乏系统全面的河长制水资源管理绩效审计体系。本文将基于河长制绩效审计现有研究，以解决水污染问题为导向，融合大数据管理等因素，构建河长制水资源管理绩效审计体系，深化环境绩效审计，为治理污染、建设美丽家园尽绵薄之力。

三、我国河长制水资源管理绩效审计的发展现状与问题分析

河长制实施以来，在发挥河流治理功能、推动经济高质量发展方面取得一定成效。但也存在一些亟待解决的问题。

（一）河长制水资源管理绩效审计法律体系未健全

河长制水资源管理绩效审计相关的法律法规是国家层面对河长制的规范和监督落实的法律保障，也是审计人员开展工作的依据和有效降低审计风险的制度依据。据不完全统计，截至 2020 年，相关部门印发并实施了河道管理条例、河长制推行意见、河长制实施情况监督办法、污水排放标准、违规处罚、环境保护法、生态保护补偿机制、检察公益诉讼机制等 31 个相关法律法规和条例文件。1988 年，我国发布首个河道管理条例《中华人民共和国河道管理条例》，为发挥江河湖泊综合效益奠定了制度基础。与此同时，河长制实践也在推动河长制立法。在总结无锡河长制经验基础上，江苏省水利厅在 2010 年印发《江苏省水利厅关于建立"河长制"的实施办法》。2012 年国务院发布《关于实行最严格水资源管理制度的意见》，2017 年河长制正式写入《水污染防治法》。该法指出，从省到乡建立河长制，明确在分级分段的领导管辖区域内开展河湖水资源管理、水污染治理等工作。但是，所涉及的条款比较笼统，没有形成系统化的理论和进一步的责权系统划分和绩效考核机制，缺乏与之对应的河长制绩效审计工作法规。为了加强执法力度，最高检察院针对大运河存在的环境污染、资源破坏和文物受损等情况进行了调查，于 2020 年 2 月至 2021 年 6 月沿大运河八省开展大运河专项办案活动，共立案 464 项，保护历史文化古迹 83 处，有效改善大运河沿线生态环境状况和保护文化遗产，协调环境保护与经济高质量发展的关系。

河长制在全国各地推广开来的同时，所涉及的工作面扩大，但各地政府没有严格可比较标准的绩效审计，有关法律法规建设滞后。部分地区将河长制与城市建设管理相融合，考核河长制在城市建设方面的执行情况。

例如，广州市出台《广州市海绵城市建设管理办法》，明确将海绵城市建设工作纳入河长制湖长制考核体系，进一步明确责任主体，加大河长制有效建设宜居城市力度。但各地方政府大多根据《关于全面推行河长制的意见》等规范性文件进行河长制考核问责，缺乏完善的法律机制[18]。同时，各地政府发布了地方实施工作指南，进一步明确河长和具体实施人的职责、权限划分，有助于确定绩效审计的范围，比如重庆市颁布的《重庆市河长制条例》。但区域化较强，缺乏国家层面上的统筹协调、控制。针对具体的违法违规情况处罚，水利部和国务院分别印发并实施了《水利部全面推行河长制工作督导检查制度》《财政违法行为处罚处分条例》。总之，为了形成系统化、精准化的河长制水资源管理绩效审计，健全河长制水资源管理绩效审计法律法规是客观需求。

（二）河长制水资源管理绩效审计方法传统单一

根据已进行河长制审计的审计工作现状，各地区在进行河流治理审计时采用了资料分析法、实地勘测法和比较分析法，整体偏向于对传统绩效审计方法的使用，较少运用专业技术法和专家打勾法。其中，专业技术法包含地理勘测技术、GIS 数据分析法以及对大数据信息系统等现代化技术运用；专家打勾法主要是通过问卷调查的方式，环保专家、审计专家以及其他相关专家对河流治理绩效中的定性指标进行分级勾选和评价。绩效审计程序是利用审计方法开展绩效审计工作的计划和控制，为河长制水资源管理绩效审计工作的开展进行事前、事中和事后规划，形成系统的审计工作模式。目前开展了绩效审计的地区对绩效审计程序的阶段性划分比较完整，只是每个阶段所涉及的绩效审计具体内容不够充分、审计方法较为单一。在河长制水资源绩效管理审计过程中，运用多样化审计方法，以强化绩效审计程序控制，规范审计人员工作模式，有利于获取更多的审计证据，提高河长制水资源管理绩效审计证据的证明力。

（三）河长制水资源管理绩效审计信息系统建设滞后

在大数据环境下，研究以大数据技术为中心的河长制水资源管理绩效审计信息系统，发挥大数据协同治理功能，增强绩效审计证据的有效性，为上级领导评价、监督、协调河长工作提供指引，是构建河长制水资源管理绩效审计体系的重要环节。随着大数据技术的普及，利用河长制管理信息系统建设进行绩效审计，是新时期新形势下河长制绩效审计的客观要求。不管是目前单一化河长制水资源管理绩效审计评价指标体系，还是理论上需要构建的完整的资源环境管理绩效评价指标体系，都会涉及水利、环保、国土、农林等不同属性来源的环境保护监测数据。河长制水资源管理绩效审计信息系统依赖于河长制水资源大数据管理信息系统，后者是数据信息的重要承载、传送体，通过精准、及时获得河长巡河情况和河道水质监测数据，为获取绩效审计监督评价数据，推动"智慧河长"发展战略的实现提供支撑。2017年提出"智慧河长"的概念以来，各地河长制综合管理平台建设得到一定程度发展。但在全国范围内来看，智慧河长系统应用的广度和深度还不能适应现实需求，河长制管理在线监测系统和河长制管理审计系统之间缺乏整合。部分试点省市治水办在印发的河长制工作方案中指出，要强化河长制大数据系统构建工作，提高河长制信息化管理水平，强化河长制落实情况考核和河长履职情况考核，并且利用网页、APP进行河长制网络平台建设。但平台中部分数据不够精确，无法准确判断河长的履职情况。省、市、县、乡的四级河长信息化解决方案，提出了具体的信息化系统模块和实施途径，但需要研究信息化系统与实际运用相耦合。为了保障有效获得非法使用、污染河道的违法违规线索，最高检察院与信息技术公司开展合作，利用爬虫技术对证据进行搜索。目前各地的河长制信息化建设都还处于初级阶段，普遍没有设立统一标准且缺乏政策指导，很多构想还处于理论阶段，缺乏实际运用。每个地区河长制信息化建设需求既有相同处，又各有侧重，在信息化建设中应遵循差异化原则和数据共享原则，满足需求差异的同时打破数据孤岛瓶颈。河长制信息建设具有涉及面广、体系复杂的特征，为了形成专项河长制水资源管理绩效审计信息网，需要结合具有基础建构作用的大数据技术，实现各部门之间河长工作的协调统筹，推动差异化环境下河长工作开展。

（四）河长制水资源管理绩效审计评价指标可操作性不强

健全绩效审计评价指标体系是界定河长制水资源管理绩效审计内容的重要基础，能有效增加审计公信力[19]，但目前河长制水资源管理绩效审计评价指标较为单一且不具体，缺乏综合性指标评价结果。河长制是环境保护政策中一个细分领域，传统绩效审计主要围绕经济活动展开，不足以反映环保领域所涉及的环保活动绩效。实践中河长制绩效审计评价指标侧重于部分资金指标，未充分包含河长制涉及的经济、社会、环境内容，即绩效审计指标内容不够完善，会降低绩效审计整体质量[20]。经济效益主要以资金为主线，涉及资金拨付情况、具体项目实施情况和整体效果分析等；社会效益主要以民生为主线，涉及公众参与度、满意程度等；环境效益主要以改善环境为主线，涉及水污染处理、水生态修复等。同时存在指标过于笼统、不够具体化的问题，需细化绩效考核指标。部分绩效审计评价指标不能精准量化，比如民众对河长治理结果的满意程度，因此需要将定性与定量评价指标相结合。针对绩效评价指标范围，还需要进一步地根据责任划分界定，涉及的具体评价指标会因每个地区、层级具体条件不同，侧重点有所差别。此外，还应结合水资源管理要素动态变化的适应性[21]，提高河长制水资源管理绩效审计评价指标可操作性。

（五）河长制水资源管理绩效审计报告信息披露待规范

通过绩效审计报告向上级领导沟通河长制工作完成情况，有助于上级领导对河流治理工作的统筹协调与评价，保障民众知情权，促进社会监督机制的形成。河长制水资源管理绩效审计发展较晚，审计署对其绩效审计内容还未作出明确规定。少数地区通过政府官网传递河长制审计结果，包含河长制审计发现、审计建议、以往审计建议的采纳和执行情况，但报告内容与格式未形成规范统一标准，且绩效审计报告内容不全面，缺少审计依据、具体指标。目前各地区偏向于以工作汇报的形式反映河长及相关部门对其管辖流域内责任落实情况，汇报内容涉及河流基本情况、河长制实施方案、日常工作制度、河长制以及部门配置情况、落实项目以及未来规划，其实质具有绩效审计报告对河流治理情况信息的传递功能，有助于上层领导对河长制工作的统筹协调。但以河长制专项绩效审计进行报告的内容较为模糊，不能精准体现河长对每项工作的完成情况。同时，绩效审计报告的形式大多以文字内容呈现，以时间为基础的河长制治理绩效对比较少，不利于绩效审计报告的使用者快速获得决策有用的信息。仅有部分地方审计局通过资料分析法、实地探测法和比较分析法，对河长制政策落实进行了跟踪审计，并向上级审计机关报告跟踪审计结果，增加了河长制绩效审计报告内容。为了提高河长制水资源管理信息透明度，促进河长制政策稳步推进，有必要规范河长制水资源管理绩效审计报告信息披露内容、丰富其报告形式。

（六）河长制水资源管理绩效审计复合型审计人才匮乏

在实践多元化、多学科交叉发展的背景下，绩效审计对象和内容多种多样，面广且综合性强[22]，具备多领域知识的高素质审计人员是实施高质量河长制绩效审计的基础。首先，河长制涉及负责上下流域和左右两岸河水治理工作，审计人员需要用河长制行业背景知识进行剖析以拟定审计计划、确定审计内容，对河长工作绩效进行衡量。其次，审计人员在开展工作时，不仅要依据《审计法》和《审计法实施条例》等法律法规开展工作，还要以与审计内容相关的法律法规为依据，例如，对水污染防治项目进行审计时，增加《水污染防治法》审计标准。对此，审计人员不仅需要掌握工作开展的一般法律，还需要掌握审计对象所处特殊行业法律。最后，对于大数据技术在河长制中的运用，审计人员需要借助大数据技术信息系统来完成审计工作。审计人员无须完全参与相关的技术处理工作，但需要清楚其中的逻辑运行方式，才能掌握系统支撑下的审计工作机理，提高审计工作效率和效果。同时，在信息系统开发的过程中，相关审计人员需要协助系统开发人员来完成配套的绩效审计系统开发，达到审计专业知识和系统开发以及实际需求的深度融合。目前，在河长制水资源管理绩效审计中缺乏知识多元化的绩效审计复合型人才。

四、河长制水资源管理绩效审计体系构建

河长制水资源管理绩效审计是环境资源保护审计的细分，因此，基于环境资源保护审计的战略性、系统性、适应性、合规性和效益性原则，以河长制水资源管理绩效审计目标为主线，从法律法规、审计方法、信息技术、评价指标、审计报告和人力资源六个维度，系统构建河长制水资源管理绩效审计体系。

（一）健全河长制水资源管理绩效审计制度

目前缺乏国家层面的河长制绩效审计相关法律法规，涉及明确主体职

责与权限划分的考核问责机制和相对应的绩效审计准则内容。河长制工作的主要任务包括水资源保护、水污染防治、水环境治理、水生态修复、执法监管、河湖水域岸线管理。河长制水资源管理绩效审计制度在河长制工作制度的基础上生成。一方面，需要根据河长制运行逻辑，形成完备的考核问责机制。在河长制四级层次体系中，每层级的河长分别有不同的职责，每个层级中除了河长以外，还有具体执行部门。考核问责机制对河长制每个层级以及每个层级不同岗位的职责和权限进行明确规定，以保证岗位人员各司其职、遇事不推诿，形成统一协调的差异化控制格局。在法规上深化城市建设与河长制的融合，进一步明确主体责任。并且在过于宽松疏失与过于严苛细密中找到适中的法律法规制度，保证在能达到预期效果的前提下营造积极的工作氛围，提高执行效率。另一方面，建立完善的河长制绩效审计准则体系，明确河长制水资源管理绩效审计的方法、流程，规范审计受托责任的履行。同时，对于可能存在破坏河道的非法事件，需要整合各机关执法力量，增强法律约束力，对此可延伸审计人员监督考核的法律允许范畴。新修订的《审计法》第四十一条规定："审计机关履行审计监督职责，可以提请公安、财政、自然资源、生态环境、海关、税务、市场监督管理等机关予以协助。有关机关应当依法予以配合。"从顶层设计上为河长制水资源管理绩效的延伸审计和协作审计提供了法律支持，具体操作还需要在《审计法实施条例》中加以细化。

（二）探索多元化河长制水资源管理绩效审计方法

按照科学性与客观性原则，增加河流治理绩效审计方法的种类，丰富审计证据的来源，提高审计程序的合理性，解决河长制水资源管理绩效审计方法单一、审计程序正常发挥受限问题。除了传统绩效审计方法以外，注重实地调研和统计分析技术的运用，增加专业技术法和专家打勾法，对河长管理和河流治理绩效进行审计。联动专项河长制水资源管理绩效审计的大数据管理信息系统，利用大数据进行审计证据获取、分析和应用，并广泛实地调研、充分论证，提高审计证据的有效性，精确判断评价河长日常工作情况以及治理效果。开展深入全面的河长制水资源管理绩效审计，需要加大对公共资源的投入，涉及审计资源利用的合理性，因此在增加技术与设备的同时，应与环境保护事件所具有的合理、节约属性保持一致，找到资源利用与绩效审计有效性的平衡点，避免资源浪费或投入不足，寻求审计资源最大化利用，实现河长制水资源管理绩效审计最大效用。同时，不能仅局限于河长制水资源管理绩效审计方法的类别的选用，还应将审计项目和审计组织形式进行全面统筹，审计方法与审计对象内容进行深度融合，完善审计人员工作模式，使绩效审计方法服务于河流治理审计监督、评价职能以及风险发现与决策支持功能。

(三) 建立河长制水资源管理绩效审计信息系统

目前我国已经成功研发河长制信息化在线监管平台，包含河湖水域岸线管理保护、水污染防治、水资源管理与保护、水环境治理、水生态修复、执法监管等模块，实现信息化人员管理、流程化事务管理、智能化河道管理。在此基础上，云计算、大数据、物联网、移动互联网、GIS、爬虫技术、视频监控、无人机技术等的快速发展，为建设河长制绩效审计管理信息系统提供了技术支持。通过技术手段，打造信息化审计工作环境，形成河长制专项信息化系统构建的一部分。河长制专项信息化系统数据涉及其他部门的数据来源，需要高度整合现有水务、环保、林业、国土等部门的信息资源。因此，应实现跨部门不同管理系统之间部分"互联互访"功能，适应审计工作需求，帮助河长及相关部门决策，达到各级河长及相关部门能够随时了解工作完成情况，并据此调整工作、优化工作运行程序、防控失职风险，实现上级部门以及部门之间查询、提取和分析相关的信息，形成从局部到整体的多方联动运行机制。强化各部门之间的沟通，及时协调控制工作进展，发挥河长制整合各级河长及其相关部门执行力作用[23]。推进河长制水资源管理信息化建设和河长制水资源管理绩效审计信息系统建设是长期工程，实践中需要协同推进，需要不断深化落实河长制政策中的信息化指引，利用大数据管理系统持续改善水资源管理状态。

河长制水资源管理绩效审计信息系统的数据来源构成，包括空间数据、财务数据、岗位数据、业务数据、水文数据、气象数据、网格数据、河道数据、工程数据等。例如，河湖网络信息管理提供河湖网格相关信息的维护管理功能，包括河道、水库、排污口、取水口、检测站、水功能区、重点排污单位等。结合河长制水资源管理绩效审计的特点，分别从输入层、分析层和输出层三个模块进行河长制水资源管理绩效审计信息系统设计，符合数据清洗、管理、分析的数据使用逻辑，并且层层反馈式到达上一模块层级，形成循环式分析、系统化控制的双向机制，体现河长制水资源管理绩效审计数据获取、数据处理与数据运用以及运用结果的数据依次流通、循环再利用过程，即形成数据仓库，便于后续数据价值挖掘，有利于审计人员进行事前、事中和事后的全过程分析、评价和监督。河长制水资源管理绩效管理审计信息系统的运行框架如图1所示。

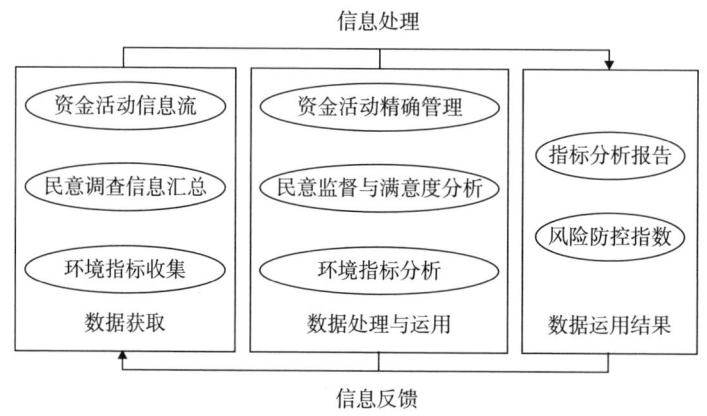

图1　河长制水资源管理绩效审计信息系统运行框架

以河北省河长制信息管理平台为例，该平台围绕"河湖一张图"，以河湖涉水事件为主线，结合河长制湖长制主要工作内容，利用移动终端和微信服务平台为主的前端工具，搭建了"移动巡查、公众监督、云端管理"一体化线上监控管理系统，实现河长和湖长巡河数据可视化（以下将"河长和湖长"简称为"河湖长"）。平台主要有河湖分布走向、水质断面、河湖长巡查动态、问题点位分布等基础数据模块，对各级河湖长巡河次数、巡河率、巡河问题分布情况进行直观展示。在河湖长具体工作内容方面，平台包括巡查问题协调处理、公文流转、移动办公、考核评估等模块，平台使用者可以在线进行公文上传、任务指派、信息传递、涉水事件结案以及进度反馈全过程处理，实现从点到面的河湖长工作信息管理，为各级河湖长巡查调研河湖状况提供有力支持。2018年8月，中国智慧河长系统首次在中国国际智能产业博览会亮相。同年12月，重庆市智慧河长系统全面上线运行，各区县、乡镇、村社1.7万余名河长全部使用"重庆河长制"APP履行巡河职责。公司层面也在研发河长制大数据平台，能够进行水位、水量、水质、雨量、流量等监测数据采集，形成综合数据库，为数据分析、河湖长决策、河湖治理监控提供信息。河长制信息管理平台、水环境大数据平台等为河长制水资源管理绩效审计提供了信息基础，也为构建河长制水资源管理绩效审计管理信息系统提供了技术支持。

（四）完善河长制水资源管理绩效审计评价指标体系

选取反映经济效益、社会效益、环境效益的绩效评价指标，具体化河长制水资源管理绩效审计评价指标，考察河长以及相关职能部门工作完成情况。在河长制环境保护治理背景下，资金活动的影响面从经济效益扩大至社会效益和环保效益。资金是开展活动的血液，对资金活动进行审计监督、建立防止舞弊模型是河长制水资源管理绩效审计体系的重要内容。主要采用上级批准、拨付资金到下级的资金链活动方式，将资金注入河长、河长办开展专项河湖管理项目之中，涉及拨付资金到位、项目资金进程和项目经济成效。河湖管理最终目的是改善人民生活环境，实现为子孙后代谋福利的可持续发展目标，体现为社会效益。社会效益显现化有赖于公众的参与，形成河长制工作的监督机制，促进河长制政策落实，其具体评价指标包括公众参与程度、满意度和生活幸福指数等。河长制水资源管理绩效审计中"水资源"主要强调河长制具有河湖治理功能，具有带来环境效益的目的。主要依据资源保护、水域岸线管理保护、水污染防治、水环境治理和水生态修复标准，选取具体指标衡量环境效益。基于河长制水资源管理运行现状，结合经济效益、社会效益和环境效益三个维度，借鉴环境绩效审计和水资源管理绩效审计评价指标体系的编制方法和模型，完善河长制水资源管理绩效审计评价指标，提高审计报告、审计建议、审计处理决定等审计结果质量，体现实施河长制对辖区内河道进行水资源管理的最终效果（见表1）。

表1　　　　　　河长制水资源管理绩效审计评价指标

指标维度	指标含义	指标内容	指标性质
经济效益	监督资金使用状况及效用	资金审批程序合规与完善程度	定性指标
		河长制环保资金用于工资、奖励合规比率	定量指标
		河长制环保资金用于项目合规比率	定量指标
		河长制环保资金的实际利用率	定量指标

续表

指标维度	指标含义	指标内容	指标性质
社会效益	对人民生活环境是否有实质性改善	社会公众参与评价程度	定性指标
		社会公众满意程度	定性指标
		在河畔边散步、游玩人流量	定性指标
		居民平均寿命	定量指标
		癌症发病率	定量指标
环境效益	以解决水污染为导向的河长制对改善环境的效果	环境监管制度建立完善程度	定性指标
		水质监测记录完整程度	定性指标
		河道水面漂浮物打捞机制完善程度	定性指标
		河面垃圾清理程度	定性指标
		水成分达标程度	定量指标
		违法占用河湖管理岸线数量	定量指标
		监督畜禽养殖等企业污水处理率	定量指标
		工业污水排放达标率	定量指标
		河道、沟壑内从事非法生产数量	定量指标
		地表水资源开发利用率	定量指标
		新增治理水土流失面积比率	定量指标
		劣Ⅴ类水质断面下降比率	定量指标
		断面水质优良率	定量指标

（五）规范河长制水资源管理绩效审计报告的信息披露

通过规范河长制水资源管理绩效审计报告信息披露，增加信息披露内容的广度和深度，丰富审计报告形式，多元化审计报告途径，提高信息披露的强制性，保障绩效审计报告披露的及时性，联动政府治理与社会监督力量共同推进生态环境体制改革。对此，审计署及相关部门应协同制定河长制绩效审计报告规范，进一步确定审计报告的披露内容，保障披露信息的完整性和可理解性，提高披露信息有效性。通过提高对河长制绩效审计的重视程度，增加绩效审计报告内容的专项性，落实河流治理任务的责任到个人。在保证审计报告要素一致性前提下，与绩效审计内容相辅相成的审计报告形式需要多元化，增加内容的表现形式，为上级领导部门提供决策有用的数据信息。可用图、表、文三者协同的方式凸显出整治前后的数据变动情况及效益。河长制水资源管理绩效审计报告具有公益性、无偿性的特征，因此需要通过媒体、主流网站扩大河长制绩效审计报告的途径，增加社会公众获得绩效审计报告信息的途径，提高社会公众对政府在环境保护方面的信任度，优化河流治理与经济高质量发展的耦合度，促进社会稳定与可持续发展。规范化河长制水资源管理绩效审计报告途径的前提是，政府审计机构增加绩效审计报告的强制性，引导河长制治理向社会效益延伸。

（六）注重河长制水资源管理绩效审计人才培养

每一级河长制水资源管理的绩效审计主体是上一级的审计机关，形成"一级抓一级、层层抓落实"的审计工作格局。为了增加绩效审计价值，审计人员运用专业知识、结合绩效审计发展规律运用高效、恰当的方式履行职能是客观需要。复合型人才是对审计人员要求的进一步拓展，是河长制水资源管理绩效审计开展分析、评价的关键，是驱动该体系运行的重要基础，属于河长制水资源管理绩效审计体系中的人力资源层。针对复合型人才建设，加强审计人员综合工作素质和提高职业胜任能力是绩效审计工作开展的根本要求[24]。一方面，审计人员需要熟悉绩效审计专业知识和河长制绩效审计对象行业背景知识，并且将两者有效结合，在实践中发现河长制运行规律，精准控制绩效审计计划、审计实施，提高对绩效审计的过程控制质量。另一方面，河长制水资源管理绩效审计是依据审计法以及其他相关法律，结合河长制发生的事实进行审计工作，因此审计人员必须懂得运用法律标准判断河长制运行的合理性，做到绩效审计技术与法务的充分结合。大数据时代，河长制水资源管理绩效审计涉及大量来自其他相关部门的数据，需要运用专门的软件工具对数据进行收集、分析和处理，故需要提高审计人员理解软件数据处理机制、熟练运用该软件进行全面性审计的能力，满足审计独立性、公平性和客观性，并且注重增值性。河长制水资源管理绩效审计的增值性主要体现在降低审计成本、协调改善河长的工作状况，促进河长制政策的落实，实现水资源的高效利用和水资源环境的可持续发展。审计部门需要通过审计人才培训，为审计人员提供学习与成长平台，保障人才资源供给。注重开展"以审代培"和开展"研究型审计"的培养方式，在实践中提高审计人员综合素养和业务水平。在审计人员能力不足或其他原因不能完成河长制绩效审计任务时,可引入第三方实施部分审计业务外包,提高河长制绩效审计效率。

五、研究结论和展望

河长制背景下的水污染管理是改善河湖水资源状况的环境保护策略,也是改善人们生活环境、提高人们生活幸福度的途径。一定程度上,河长制有效解决人们对河湖的积累性破坏,为当代人着想,也为后代谋福,充分体现了以人为本的发展理念。构建河长制水资源管理绩效审计体系研究,有利于评价、监督河长工作,保障河长制政策在全国顺利推广并被有效执行。本文从国家层面研究河长制水资源管理绩效审计体系,融合大数据因素,构建系统化的河长制水资源管理绩效审计体系,提高河长制绩效审计的可操作性,推动我国生态文明体制改革,满足人民日益增长的优美生态环境需要。

未来研究需要对河长制水资源管理绩效审计体系进行细化和延伸。可基于河长制由无锡试点逐步推广至全国,结合河长制水资源管理绩效审计体系,契合出以国家审计机关为总抓手,以其他相关政府部门、河长制管理部门和实施单位共同参与,对河长制水资源管理绩效审计工作由点到面的系统化、差异化和层级化进行统筹协调管理研究,对河长制水资源管理的绩效评价指标进行细化,推动实现各级政府部门既相互独立又相互协同发展的河长制水资源管理绩效审计路径,发挥各级政府部门河长及河长制水资源绩效审计工作 $1+1>2$ 的协同能力,共同促进国家环境保护战略发展目标的实现。还需要加强河长制水资源管理绩效审计和城市治理、领导干部经济责任审计、自然资源资产离任审计等的衔接和整合,从而扩大审计的全面性,提高审计成果的利用效率和价值。此外,以评价指标建设为基础,对河长制水资源管理绩效审计报告及审计结果运用进行研究,形成系统化、精准化的河长制水资源管理绩效审计体系,推动我国河长制水资源管理的高质量发展和创造人民高品质生活。

参考文献:

[1] 曹新富,周建国. 河长制何以形成:功能、深层结构与机制条件

[J]．中国人口·资源与环境，2020，30（11）：179-184.

[2] 胡亮，郑玉婷．生态治理"简约化"的实践与反思[J]．河海大学学报（哲学社会科学版），2021，23（01）：57-63.

[3] 韩志明，李春生．治理界面的集中化及其建构逻辑——以河长制、街长制和路长制为中心的分析[J]．理论探索，2021（02）：61-67.

[4] 李强，王琰．环境分权、环保约谈与环境污染[J]．统计研究，2020（06）：66-78.

[5] 王海兵，周琳．企业环境社会责任审计论纲[J]．会计之友，2017（07）：103-109.

[6] 李凤雏，王永海，赵刘中．绩效审计在推动完善国家治理中的作用分析[J]．审计研究，2012（03）：14-18.

[7] 王海兵，赵李丽，杜娟．环境资源保护审计体系构建研究[J]．财会通讯，2019（07）：90-95.

[8] 彭兰香，李佳丽，刘婷．基于绩效棱柱和PSR模型的水环保绩效审计评价体系构建研究——以浙江省"五水共治"为例[J]．财经论丛，2015（05）：67-73.

[9] 滕剑仑，吴坚，余高锋，蔡创能．考虑决策者行为的水环境审计绩效异质信息多指标综合评价[J]．控制与决策，2018，33（10）：1879-1885.

[10] 李晓星，杜军凯，傅尧．基于结构熵权——模糊综合评价的企业环境绩效审计模型构建[J]．企业经济，2018，37（02）：102-107.

[11] 李丽，孙文远．国家审计促进环境绩效的作用机制研究——基于2008—2014年省级面板数据的分析[J]．生态经济，2019，35（06）：175-181，205.

[12] 张嘉涛．江苏"河长制"的实践与启示[J]．中国水利，2010（12）：13-15，21.

[13] 王东，赵越，姚瑞华．论河长制与流域水污染防治规划的互动关系[J]．环境保护，2017（09）：17-19.

[14] 史玉成．流域水环境治理"河长制"模式的规范建构——基于法律和政治系统的双重视角[J]．现代法学，2018，40（06）：95-109.

[15] 朱玫．论河长制的发展实践与推进[J]．环境保护，2017（01）：

58-61.

[16] 杨紫秀. 河长制背景下河流治理绩效审计研究——以老宝象河为例 [D]. 昆明：云南财经大学，2019.

[17] 杨文韬. 基于河长制的水环境治理绩效审计研究——以云南省滇池为例 [D]. 重庆：西南政法大学，2018.

[18] 刘超. 环境法视角下河长制的法律机制建构思考 [J]. 环境保护，2017 (09)：24-29.

[19] 审计署深圳特派办理论研究会课题组，胡尊镨，李忠，刘文杰，李贤飞，胡祥，林浩，何理路，于浩，张心严，李纳. 财政专项资金绩效审计现状及策略研究 [J]. 审计研究，2020 (01)：7-15.

[20] 白宪生，王玮安，张惠萍. 我国绩效审计存在的问题及对策 [J]. 理论探索，2006 (04)：131-133.

[21] Adey Nigatu Mersha, De Fraiture, Charlotte, Abraham Mehari, Ilyas Masih, Alamirew Tena. 2016. Integrated Water Resources Management: contrasting principles, policy, and practice, Awash River Basin, Ethiopia. Journal of Water Policy, Vol. 18, Iss. 2：335-354.

[22] 蔡春，蔡利，朱荣. 关于全面推进我国绩效审计创新发展的十大思考 [J]. 审计研究，2011 (04)：32-38.

[23] 刘晓星，陈乐. "河长制"：破解中国水污染治理困局 [J]. 环境保护，2009 (09)：14-16.

[24] 王海兵，张明翔. 垃圾分类专项资金绩效审计体系构建研究 [J]. 财会通讯，2020 (07)：109-114，163.

大气环境治理绩效审计框架构建研究

摘　要：大气环境治理绩效审计为促进我国"碳达峰、碳中和"目标的达成，以及改善我国大气环境治理提供了新思路、新方法。本文通过对环境审计、大气污染防治审计、大气环境治理绩效审计的文献进行梳理，分析我国大气环境审计基础理论研究发展现状和实践发展现状。我国尚未形成系统的大气环境治理绩效审计基础理论研究体系，大气环境审计工作质量亟须提高。本文通过构建科学合理的大气环境治理绩效审计框架，对大气环境治理绩效审计的审计环境、目标、主体、对象、程序、方法、标准和报告进行详细论述，旨在清晰定位大气环境审计工作，降低大气环境审计风险，提高大气环境审计效率，促进大气环境治理绩效提升。

关键词：大气环境；审计框架构建；环境审计；绩效审计

一、引言

洁净的空气是最重要、最普惠的民生。治理好大气和水污染，既是环境问题，也是民生问题，更是政治问题。近年来，全球各地高温、强降水等极端事件频发，气候变暖导致冰川加速融化。尤其是 2022 年 7—8 月，全球气温再创新高，多个地区的河流干涸、森林自燃。人类无节制挥霍自然资源增加了极端天气的频次，全球高温、强降水等极端事件的增多增强给人类的生存带来了极大的挑战。在生态文明建设和可持续发展进程中，加强全球气候治理刻不容缓。世界经济全球化的浪潮不可逆转，我国坚定不移地继续实施改革开放政策，积极走向国际舞台，彰显大国担当，而环境治理不仅对于促进我国经济高质量发展具有重要意义，还是构建人类命运共同体需要重点关注的议题。在国家相关政策的指引下，我国大气环境状况近几年有所改善，但仍然存在重污染、难治理的现象。审计作为监督控制的重要工具，应为国家大政方针助力，加强对自然环境的监督控制。国务院在2014年发布的《国务院关于加强审计工作的意见》中提出，要加强对土地、矿产等自然资源，以及大气、水、固体废物等污染治理和环境保护情况的审计。2021年3月13日，国务院发布《中华人民共和国国民经济和社会发展第十四个五年规划和2035年远景目标纲要》明确指出，要深入打好污染防治攻坚战，建立健全环境治理体系，推进精准、科学、依法、系统治污，协同推进减污降碳，不断改善空气、水环境质量。以上表明我国在注重经济高质量发展的同时，仍没有忽视环境问题。人民的物质生活水平在这几十年间飞跃式发展，基本满足了人民的物质生活需要，生态环境可持续发展理念逐步深入民心，公民开始关注其生活区域的环境问题。2020年9月22日，中国政府在第七十五届联合国大会上提出"中国将提高国家自主贡献力度，采取更加有力的政策和措施，二氧化碳排放力争于2030年前达到峰值，努力争取2060年前实现碳中和"。一时间，"碳达峰""碳中和"掀起一股热潮。为深入落实党中央、国务院有关部署，做好科技支撑碳达峰碳中和工作，科技部等九部门联合印发了《科技支撑碳达峰碳中和实施方案（2022—2030年）》。文件提出了支撑2030年前实现碳达峰目标的科技创新行动和保障举措，也指出科技创新是同时实现经济社会发展和碳达峰碳中和的关键。大气环境质量与民众的生活质量息息相关，是需要重点关注的民生问题。国内学者逐步关注大气环境治理绩效审计的相关研究，但仍然缺乏完整的大气环境治理绩效审计框架研究，而该框架有助于增强大气环境审计的可操作性，对审计人员明确审计目标、划分审计范围、运用审计依据意义重大。

二、文献回顾

环境审计的发展在一定程度上推动了我国产业转型和能源结构转型。

本文拟从环境审计、大气污染防治审计、大气环境治理绩效审计三个方面进行文献回顾。

(一) 环境审计

环境审计的相关研究围绕环境审计动因、概念、审计理论体系、审计评价指标体系、法规准则、实施路径等展开。李兆东和李雪颖（2021）从环境治理中政府信任保障的视角，发现资源环境审计产生于信任保障需求，具有信任保障功能[1]。于连超等（2020）研究发现政府环境审计通过发挥揭示功能、抵御功能和预防功能，能有效地改善企业环境绩效[2]。开展环境审计是政府和企业责任扩展的必然结果[3]，社会与经济的可持续发展是环境审计的出发点和最终归宿[4]。我国的环境审计虽起步较晚，但环境审计的基础理论体系趋于完善。陈淑芳和李青（1998）对环境审计的概念进行了系统归纳[5]。李雪等（2002）提出了构建环境审计理论结构的步骤，并构建了一个全面、系统、合理、有效的环境理论结构[6]。孙晓燕和王亚茹（2021）构建了注册会计师环境审计体系，推动注册会计师在环境审计中发挥其效用[7]。吴洁伟（2013）通过模糊层次分析法，构建了环境审计评价指标，并对西藏地区的环境审计进行评价[8]。王海兵和周垚（2022）从河长制法律法规、审计方法、信息技术等维度，分析我国河长制水资源管理绩效现状及问题，探索构建河长制水环境管理绩效审计体系[9]。鉴于环境审计缺乏适用的审计方法，辛金国和杜巨玲（2000）尝试将费用效益分析法引入环境审计中[10]。何秀芝等（2020）探索了开源GIS软件和空间数据库在资源环境审计工作中获取、分析和运用空间数据的优势和适用性[11]。为推动环境审计法律体系的建立健全，辛金国和李青（2000）针对我国经济发展趋势，提出了完善我国环境审计一般准则、外勤工作准则及报告准则的对策[12]。汪初牧（2001）从环境方面的法律法规规章和提高环境质量的环境标准两个方面论述环境审计依据[13]。时军（2015）分析国外环境审计政策法规发展情况，提出在我国新常态经济背景下，如何更科学、合理地发展适合我国的环境审计政策法规[14]。赵彩虹和韩丽荣（2019）结合环境问题与环境治理的区域性特征，讨论了开展区域性环境审计合作的实施路径及运行框架[15]。

（二）大气污染防治审计

随着近几年环境审计的发展，部分学者也将关注点逐步落在大气环境审计基础理论研究上，为扩大搜索范围并精准定位大气环境审计文献，在中国知网的高级搜索中以篇名"大气"并含"审计"查找文献，截至 2022 年 8 月共有 80 余篇相关文献，主要涉及审计模式、审计法律制度、审计评价指标体系等。大气污染防治审计基础理论研究尚处于起步阶段。现有研究主要从法律制度、离任审计、审计方法等方面展开。冷月霜等（2018）通过研究美国大气环境审计法律法规，指出我国除了尚未建立完善的环境审计成文法以外，大气环境审计范围也很受限，缺少对室内污染、温室效应、辐射等大气现象产生和治理的审计，并且审计标准缺乏定量参照[16]。大气污染防治离任审计方面，杜永红和张雪艳（2018）认为领导干部大气污染防治离任审计实施中，可以架构大气污染防治离任审计理论模型，构建大气污染防治数据监管信息系统，建立大气污染防治离任审计指标评价考核体系，探索大气资源资产负债表的编制以及推动大气污染防治多维度审计实施[17]。大气污染防治审计应用层面，陈伟和高嘉文（2019）基于大数据可视化技术，提出了大气污染防治审计的方法，并分析了该方法的原理，验证了该方法的有效性[18]。吴勋和张琬琳（2021）选取 2012—2018 年审计报告作为样本，分析了美国审计署大气污染审计实施现状，提出我国应明确大气污染审计目标，健全审计规范体系，拓展大气污染审计类型，强化审计结果公开披露[19]。在案例分析方面，周一虹和周畅（2015）根据 2014 年兰州市实际发生的大气污染治理成本与环境价值比较，对兰州市 2014 年大气三项主要污染物治理审计绩效进行分析，提出兰州市应继续保持煤炭消费总量的削减与能源结构的调整、加大机动车尾气污染的治理力度、在沙土扬尘治理方面寻求新方法[20]。

（三）大气环境治理绩效审计

由于大气环境审计的关注度不足，我国目前专门针对于大气环境治理绩效审计的文献较少。刘小海（2020）指出，洁净空气的公共性和跨地域流动性决定了其负的外部性不能简单地依靠区域治理，从国家环境审计视角构建了区域大气污染防治机制[21]。进一步地，李兆东（2015）认为我国开展的大气环境治理绩效审计没有考虑污染物扩散的特征，审计区域应按照大气污染物的扩散特征进行划分，审计重点应放在调查和评价敏感区域和敏感人群所处的大气环境是否改善上，评价指标体系应从污染源、污染路径和被污染区域出发[22]。胡耘通（2019）、陈涛（2019）等基于PSR模型，设置了压力指标、状态指标及响应指标，并运用层次分析法计算相关指标的权重，构建了大气环境绩效审计评价指标体系，为我国开展大气环境绩效审计实践提供一定的借鉴和参考[23][24]。

（四）研究述评

综上所述，我国环境审计的依据、主体、方法等基础理论体系研究以及案例和实证研究取得一定的研究成果，这些成果对我国大气环境治理绩效审计的发展起到了积极的推动作用。我国学者的研究重点聚焦于环境审计，对大气环境审计领域的探索还很不够，目前仍缺乏完善的大气环境治理绩效审计相关理论研究。大气污染物随时间、空间变化大，大气环境治理审计工作无法照搬环境审计体系，亟须健全的大气环境治理绩效审计框架，为大气环境治理审计工作提供理论指导。在审计机关对被审计单位进行大气环境审计时，主要关注专项资金财政财务收支的真实性、被审计单位行为的合规性，对大气环境项目的效益性、大气环境资源要素利用效率缺乏应有关注。大气环境审计尚未形成系统的理论研究框架和管理实践体系。虽然近年大气环境审计评价指标体系的研究内容逐步扩展，但仍缺乏较强的实际操作性。本文以传统审计、传统绩效审计、环境审计等基础理论为基础，分析我国大气环境审计基础理论研究发展现状和实践发展现状，构建符合我国实际情况的大气环境治理绩效审计框架，对大气环境治理绩效审计的审计环境、目标、主体、对象、程序、方法、标准和报告进行论述，探寻如何高效整合国家资源，改善大气环境质量，推动我国经济建设和生态文明共同发展。

三、我国大气环境审计实践的发展现状

根据生态环境部每年发布的《中国生态环境状况公报》，自从新环境空气质量标准全面实施以来，我国的城市环境空气质量达标率从2015年的21.6%提升到了2023年的59.9%，中度污染及以上（包括中度污染、重度

污染、严重污染）的城市占比从7.4%降到了2023年的3.8%（见图1）。虽然我国的大气环境状况有所改善，但总体仍不容乐观，2023年有40.1%左右城市的空气质量未达标，且有部分城市的空气质量处于中度污染、重度污染和严重污染，这对区域内公民的身体伤害极大，急需各方力量对大气污染物的排放进行监管，审计作为监管的重要一方应发挥其重要的监督约束作用。

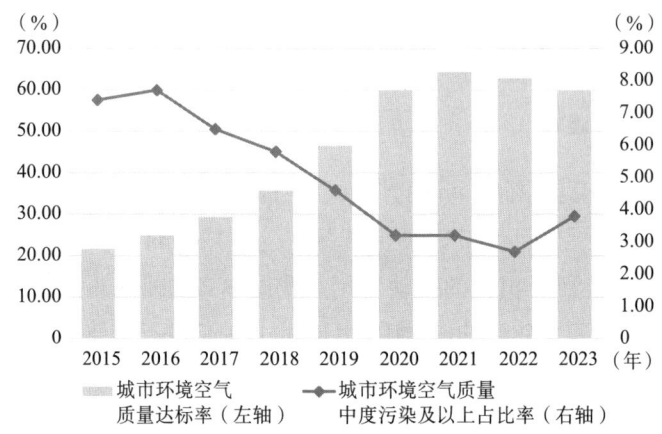

数据来源：中国生态环境状况公报。

图1　2015—2023年我国城市环境空气质量达标率

据财政部每年发布的中央和地方预算草案可知，2018年预算安排大气、水、土壤三项污染防治资金合计405亿元，2019—2021年中央财政大气污染防治资金预算安排分别为250亿元、250亿元、275亿元，且2022年的大气污染防治资金预算安排为300亿元，比2022年水污染防治资金预算安排多了63亿元。大气污染防治资金也取得了较好的成效，从2018年到2020年，全国废气中颗粒物排放量从1132.3万吨降到了611.4万吨。通过查阅国家审计署和生态环境部发布的部分相关文件可知（见表1），国家致力保护和改善生态环境，试点领导干部自然资源离任审计和成立京津冀及周边地区大气污染防治领导小组等创新型项目都在一定程度上提升了大气环境的质量。审计署从2010年到2021年发布了328份审计公告，其中自然资源环境审计公告有18份，涉及节能减排审计有4份。但在已发布的4份节能减排审计公告中可以看到，现行审计内容几乎都是专项资金的申请、拨付、使用等，缺少关于大气环境政策执行情况、大气环境项目效益审计等方面的审计内容，大气环境审计尚处于起步阶段，未形成高频化与常态化局面。

表 1　　　　　　　　大气环境治理绩效审计相关政策文件

时间	事项	时间	事项
1987 年	发布《中华人民共和国大气污染防治法》	2009 年	发布《关于加强资源环境审计工作的意见》
2012 年	发布《重点区域大气污染防治"十二五"规划》	2013 年	发布《大气污染防治行动计划》
2013 年	发布《京津冀及周边地区落实大气污染防治行动计划实施细则》	2013 年	成立京津冀及周边地区大气污染防治协作小组
2014 年	发布《珠三角及周边地区重点行业大气污染限期治理方案》	2014 年	发布《长三角地区重点行业大气污染限期治理方案》
2015 年	发布《开展领导干部自然资源资产离任审计试点方案》	2018 年	发布《汾渭平原2018—2019年秋冬季大气污染综合治理攻坚行动方案》
2021 年	发布《"十四五"国家审计工作发展规划》	2021 年	发布《大气污染防治资金管理办法》

我国为改善大气环境污染现状，不仅增加了大气污染防治的资金投入，还出台了系列大气环境治理专项文件，各项创新型大气环境治理试点项目也取得了初步成效，并尝试着利用审计揭示大气环境治理项目中的舞弊风险，促进大气环境治理项目的有效实施。由于大气环境审计基础理论体系的不完善，大气环境审计工作也处于缓慢发展的阶段，理论应先于实践，并对实践的发展起到指导作用。亟须构建一个完整、科学、合理的大气环境治理绩效审计框架，为大气环境审计工作提供理论指导。

四、大气环境治理绩效审计框架构建

环境审计是传统审计的新型分支，且审计在环境保护方面的作用逐步得到了广泛认同，大气环境治理绩效审计也将成为对社会最有价值的审计业务之一。构建完整的大气环境治理绩效审计框架，除了应遵循科学性、可行性、重要性等基本原则外，还应重点强调经济效益性、可理解性、可持续性等原则。本文以传统审计、传统绩效审计、环境审计等基础理论为基础，分析大气环境治理绩效审计的基础性问题，构建大气环境治理绩效审计基本理论框架体系，为大气环境治理绩效审计基础理论的发展和大气环境治理绩效审计工作的开展提供参考依据（见图2）。

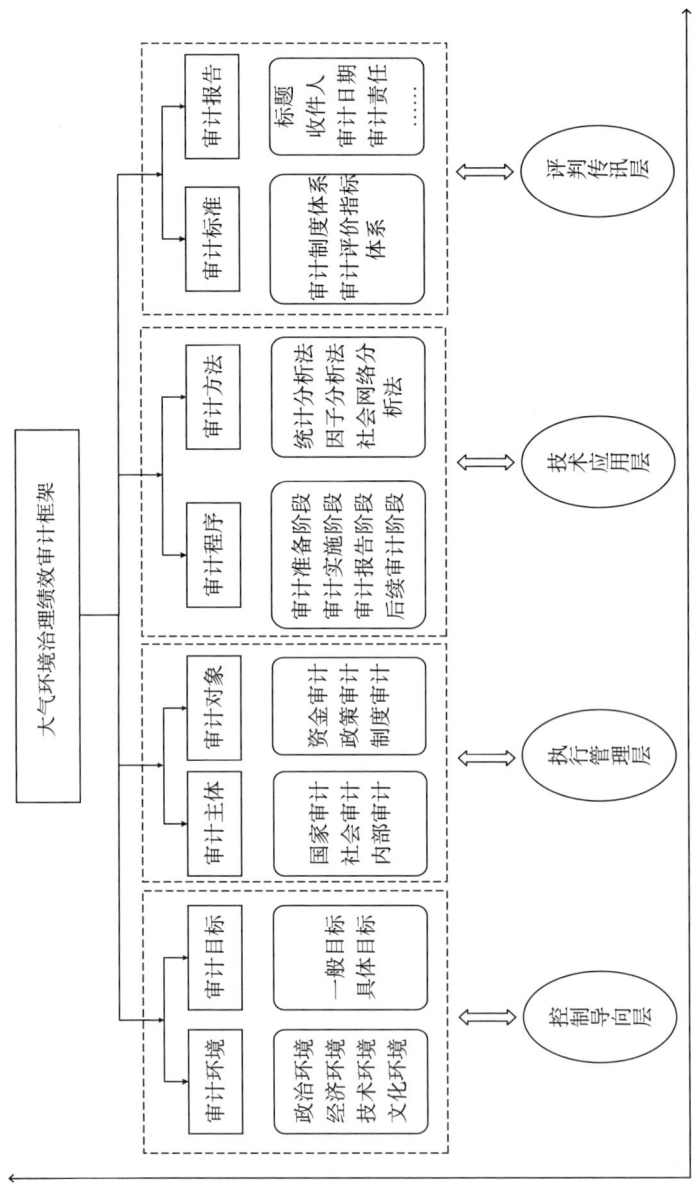

图 2 大气环境治理绩效审计框架

(一) 大气环境治理绩效审计环境

大气环境治理绩效审计环境是指与实施大气环境治理绩效审计监督、检查相关的一切客观情况和客观条件[25]。主要包括：(1) 政治环境。审计业务的政治环境可以理解为，在一定历史时期的社会政治制度下，审计作为一种独立的经济监督活动，其法律地位受到国家权力机关的承认和保护[26]。党的十八大以来，生态文明建设一直是我国统筹推进"五位一体"总体布局和协调推进"四个全面"战略布局的重要内容，包括国务院发布的《大气污染行动防止计划》以及对京津冀、长三角、珠三角地区的协同治理等，都是我国为改善大气环境状况所作出的一系列指示性行动，我国的政治环境中生态文明建设占据重要地位，为大气环境治理绩效审计的发展提供有力的环境支持。(2) 经济环境。大气环境治理绩效审计在一定程度上随着社会整体经济水平的发展而进步。随着我国经济的高速发展，审计不再只是对会计账簿的真实性和完整性进行查验，人们希望审计公开独立的监督作用也能在改善环境上发挥效能，以促进我国经济的产业结构转型和能源结构转型，把经济社会的发展同自然环境的改善一同放置在国家治理的重要地位。(3) 技术环境。大气环境治理绩效审计的技术环境集中体现在大数据时代的审计信息化建设，信息技术渗透于审计人员的日常审计工作中，计算机强大的信息处理与分析功能可有效协助审计人员开展大气环境治理绩效审计工作。审计信息化是我国审计的发展趋势，但由于大气环境状况变化的数据收集困难，导致我国目前大气环境审计的信息化技术发展缓慢。大气环境治理绩效审计信息化应以数据共享为途径，构建全国一体化的大气环境审计大数据中心和处理平台，构造先进的大气环境治理绩效审计技术环境。(4) 文化环境。社会整体的价值观、思想意识、文化传统等会对人的行为产生导向作用。以人为经济活动的出发点、核心和归宿的经济，要以不断满足人的合理需要、促进人的全面发展为根本目的和根本动力[27]。我国的文化环境建设不够完善，社会整体未形成以人为本的环境保护意识。我国应加强社会文化环境建设，建立正确的思想导向。

(二) 大气环境治理绩效审计目标

大气环境治理绩效审计目标是大气环境审计的出发点和落脚点，大气环境治理绩效审计的一切活动都是为了实现其审计目标,并围绕着大气环境治理绩效审计目标开展活动。按照不同的范围和层次,绩效审计目标一般可划分为一般目标和具体目标两大类[28]。大气环境治理绩效审计的一般目标是审查、评价大气环境治理项目或活动的经济性、效率性、效果性、公平性和环境性。通过大气环境治理绩效审计工作,为国家相关部门、投资人以及社会公众等需了解大气环境治理项目成效的部门或组织保障相关信息的真实性和可靠性,并对审计结果进行全面分析和反馈,增强大气环境综合治理能力,改善大气环境状况,规范被审计单位环境治理行为。大气环境治理绩效审计具体目标详细体现审计机关的具体职权及职务,监督审查大气环境项目或活动中是否有浪费国家资源、碳排放超标、专项资金利用率效率低下以及监察被审计单位是否有篡改、伪造监测数据、通过不正常运行大气污染物排放设施逃避监管或者违法排放大气污染物等行为。监督大气环境项目中被审计单位的减排技术、设备以及污染物排放管理是否存在问题,披露审计项目中因管理不善、减排设施不达标以及超标排放的恶劣行为,并对严重贪污浪费专项资金的被审计单位实施处罚,树立审计目标标杆,为大气环境状况的改善及有效利用大气污染防治专项资金提出合理意见。大气环境治理绩效审计目标不是一成不变的,随着我国大气环境的改善和经济的进一步发展,审计目标也会随之进一步变化,其最终目的都是改善空气质量,提供优良的生存环境。

(三) 大气环境治理绩效审计主体

大气环境治理绩效审计主体范围随审计体系的完善而逐步扩展。在大气环境治理绩效审计的起步阶段,大气环境治理绩效审计主体是国家审计。在大气环境治理绩效审计的起步阶段,大气环境绩效审计的审计范围窄,重点审计对象的数量少,国家审计有足够的资源和能力承担审计任务。国家审计因其所具有的强制性和权威性,在审计体系尚不完善的情况下,是最能发挥审计效能的审计主体。由审计署牵头,对被审计地区的被审计单位的大气污染物排放进行监督审查,国家审计可以有效督察被审计单位是否按照国家相关的法律法规有效运行,有权对不履行相关义务的被审计单位进行处罚。审计机关代表国家对其进行审查,积极响应国家的生态环境政策，保障有关政策落到实处。

在大气环境治理绩效审计的发展阶段，审计主体由国家审计和社会审计构成。在大气环境治理绩效审计发展阶段，大气环境绩效审计的审计范围扩展，大气环境绩效审计工作量大，在此阶段单单只是国家审计承担审计主体的地位，会导致大气环境治理绩效审计质量总体偏低。审计环境的逐步发展为社会审计的参与提供了条件，社会审计专业性强，其审计效率高，社会审计可接受国家审计的委托，帮助国家审计对被审计单位的大气环境治理行为的真实性和合法性进行审查，国家审计对社会审计的审计质量进行监督，并利用国家审计的权威性，提高大气环境治理绩效审计工作的公信力。

在大气环境治理绩效审计成熟阶段，大气环境治理绩效审计体系已相当完善，内部审计应加入到审计主体中，形成以国家审计为主，内部审计和社会审计为辅的协同审计机制。此阶段大气环境治理绩效审计工作应组建专项审计小组，小组成员应由国家审计人员、内部审计人员和社会审计人员组成，国家审计人员保障审计小组的权威性和独立性，内部审计人员保障提供的审查资料的真实性和有效性，实行信息共享、资料共享、审计结果共享，避免重复审计，将更多的人力、物力和财力放在大气环境治理绩效审计的重点和难点上。注册会计师审计为内外部决策者的信息提供鉴证和咨询[29]，作为具有独立社会地位的一支队伍，社会审计可以对内外部提供的审计结果进行审查，利用自身多重专业人员的优势，对大气环境治理绩效提出公正且专业的意见。因此，国家审计、内部审计和社会审计应建立协同机制，以国家审计为主，内部审计和社会审计为辅，对大气环境进行合作审计，致力于改善我国大气环境状况。

（四）大气环境治理绩效审计对象

在大气环境治理绩效审计中，对大气环境治理产生重大影响的企业、有关部门和组织都将被纳入审计客体的范围。传统环境审计的审查对象往往停留于大气环境资金是否有贪污受贿行为、被审计单位的行为是否符合国家相关的法律法规等基础性审计内容。大气环境治理绩效审计应重点关注大气污染防治资金利用的有效性、我国大气环境治理相关政策的执行性和反馈性、被审计单位内部大气环境治理制度的合理性。（1）大气污染防治资金审计。从大气环境治理项目的资金投入、建设过程和产出结果三个方面，评价大气环境治理项目是否产生预期效益，确定大气环境治理项目资金管理和使用的合理性、合规性和效益性。大气污染防治资金贯穿大气环境治理项目的始终，围绕大气污染防治资金的决策、筹集、管理和使用等关键环节展开审计，重点关注大气污染防治资金的使用绩效。在资金决策过程中，审查有关部门对大气污染防治资金拨付的科学性、合理性，以及审查被审计单位用于大气污染治理的专项资金的预算结构是否合理。在资金筹集过程中，审查各项资金是否合法筹集，是否有效筹集到计划资金。在资金管理使用过程中，审查大气污染防治资金的管理使用是否存在违规现象，如大气污染防治专项资金被贪污受贿、挪用，或大气污染防治专项资金被大量闲置。评价大气污染防治专项资金的效益性，即专项资金的投入是否实现了被审计单位大气污染物的有效减排。2021 年 7 月，财政部发布《大气污染防治资金管理办法》明确指出，大气污染防治资金的分配、管理和使用应当实施全过程预算绩效管理。强化资金监管，充分发挥资金效益。大气污染防治资金绩效性审计应审查大气环境治理项目的投入产出比是否最低，审查大气污染防治资金的投入使大气环境状况出现实质性改善时，是否也有效促进地区经济的可持续发展，审查社会资金跟进投入规模以及这些资金产生的大气环境治理的社会效益。（2）我国大气环境治理相关政策审计。我国大气环境治理相关政策审计包含政策执行审计和政策反馈审计。政策执行审计除了审查被审计单位是否合法执行相关法律法规、大气污染排放是否低于国家既定标准，还应重点关注被审计单位的大气污染物排放监控系统是否有效运行、大气污染物排放的监控数据是否真实有效、大气污染物的排放技术以及处理技术是否能有效达到减排效果。政策反馈审计是在被审计单位执行大气环境治理的国家政策的过程中，聚焦相关法律法规是否发挥了其实用性和效益性。审计机关可以为政策制定者提供反馈信息和咨询，提升政府政策能力[30]，审查被审计单位在履行法律法规时，是否存在流于形式的情况，审计人员对审查结果进行综合分析提炼，对审查结果进行评价，将审查过程中发现的政策问题反馈给政策制定者，为政策制定者提供有效的反馈信息。（3）被审计单位内部大气环境治理制度审计。审查被审计单位所确定的减排计划是否符合国家要求，从完善被审计单位内部大气环境治理绩效审计角度出发，找出被审计单位相关制定设计、执行等方面存在的问题，反馈给被审计单位高层，完善被审计单位相关制度规定。

（五）大气环境治理绩效审计程序

大气环境治理绩效审计程序可以分为审计准备阶段、审计实施阶段、审计报告阶段和后续审计阶段。在大气环境治理绩效审计的准备阶段，调查了解被审对象在大气污染物排污方面的基本情况，计划本次审计对大气污染监督控制的程度以确定审计目标，明确审计范围，制定审计计划。确定审计人员及分工，根据审计内容及审计人员能力进行分工，尽可能使每个审计小组都包括有环境学、大气环境学等相关专业的人才，抓住审计重点，提高审计效率。在大气环境治理绩效审计实施阶段，应收集大气污染治理专项资金使用的会计资料。通过对相关会计资料的真实性和完整性的检查核验，审查被审计单位是否有挪用专项资金、贪污受贿等现象。对被审计单位大气污染物管理控制系统进行测验，收集被审计单位大气污染物排放量以及被审计单位对社会的整体经济贡献，对被审计单位的效益性进行评价。排查被审计单位是否有不符合相关法律规定的行为，对被审计单位是否履行了相应法律法规进行评价。在审计报告阶段，拟定大气环境审计报告初稿，集聚审计项目组成员共同拟定大气环境审计报告初稿，完成后将初稿发给被审计单位确认，根据事实情况进行修改发布审计报告。审计报告最终版本完成并交付审计项目管理层审核后，对外发布审计报告。大气环境审计项目工作结束后，对被审计单位提出整改意见，对拒不整改的被审计单位向有关部门报送。对审计过程中发现的不符合实际操作要求的政策提出改进意见，向政策制定机构提呈有用的相关政策改进建议。为保证大气环境治理绩效审计效果，审计人员在后续审计阶段中，察访监督被审计单位是否及时根据审计建议进行整改，以及整治进度和整治效果，评价被审计单位的整改结果以及是否确实改善了大气环境状况。若被审计单位在最后期限内未达到整改目标，对整改不到位的责任人要进行定责和问责。

（六）大气环境治理绩效审计方法

大气环境治理绩效审计除了采用审阅法、核对法、观察法、询问法、鉴定法等常规审计方法以外,要充分运用人工智能、大数据等信息化工具,利用统计分析法、社会网络分析法、因子分析法等方法进行审计。采用统计分析法对审计资料进行归纳分析,运用文本挖掘、大数据可视化分析等技术对被审计单位的大气粉尘检测仪、大气污染物在线监测系统等收集的连续监测数据、大气环境治理工作计划、报告等相关文件、财务资料、国家发布的相关文件、社交媒体发布的资料进行收集整理,获得全面、实时的审计数据,并将非结构化数据转化为结构化数据,为审计人员提示其异常数据,聚焦审计重点,提高审计效率。利用社会网络分析法全面揭示被审计单位的大气污染治理行动中违规违法行为,降低大气环境治理绩效审计风险。采用因子分析法对被审计单位的大气污染治理的综合能力进行综合评价分析,从影响被审计单位大气污染治理综合实力相关指标中提取出关键影响因子,被审计单位可根据指标的重要性程度来决定需重点解决的问题。此外,应建立统一的大气环境监控平台。我国尚未有体系完善的大气环境监控平台,公众无法在专门的大气环境管理平台及时了解到被审计单位或整体区域污染物排放和清洁处理情况,大气环境的信息不对称在某些层面也导致了社会整体对大气环境状况的关注度不足。将大气环境监控平台向公众开放查询监控功能,给公众提供监督审查新途径,响应《中华人民共和国环境保护法》中所倡导的依法公开环境信息、完善公众参与程序,为公民、法人和其他组织参与和监督环境保护提供便利。让公众对当地或自身重点关注的被审计单位进行监控,直接向公众提供被审计单位履行的环境社会责任信息,在大众群体的参与下,被审计单位也会产生自觉履行环境社会责任的动力,自觉防守被审计单位经营管理活动中的经济底线、社会底线和环境底线。

(七)大气环境治理绩效审计标准

大气环境治理绩效审计标准是开展大气环境治理绩效审计最直接的理论依据,分为大气环境治理绩效审计制度体系和大气环境治理绩效审计评价指标体系。

1. 大气环境治理绩效审计制度体系

我国目前大气环境治理绩效审计工作中的审计制度参考了《中华人民

共和国环境保护法》《大气污染防治法》等基础性法律法规以及《大气环境质量标准》《大气污染物排放标准》等环境标准。虽然《大气污染防治法》授权县级以上人民政府的各相关部门对违反规定的行为进行处罚，但由于其规定标准模糊，造成了地方政府逃避职责，缺少相关的强制性法规对被审计单位的行为进行限制。大气环境法律法规的不健全在一定程度上影响了大气环境审计法律体系的发展，大气环境审计法律体系中应当至少包括以下三个方面内容：（1）大气环境审计人员的审计资格、审计范围等约束或授权审计权限的条例。大气环境审计人员不同于传统审计，除了熟练掌握传统审计方法、审计程序以外，还需要具备大气环境学等方面的知识，以备高效实施大气环境治理绩效审计。（2）明确处罚条例。强制处罚是推动大气环境发展的有效途径之一，现行大气环境法律体系的不完善，使得审计人员也无法对审计对象实施强制性的处罚。（3）规范大气环境审计报告披露准则。大气环境审计报告披露准则应强制要求大气环境治理绩效审计报告及时有效地披露大气污染治理专项资金审计、我国大气环境治理相关政策审计、被审计单位内部大气环境治理制度审计等审查结果。

2. 大气环境治理绩效审计评价指标体系

大气环境治理绩效审计评价指标分为财务、环境、社会、政策、制度五个层面（见表2）。大气污染防治资金是被审计单位开展大气环境治理工作的基础，使用大气污染防治资金到位比率、预算合理程度等指标对大气污染防治资金使用合理性及有效性进行监督评价。环境指标用于测定被审计单位大气环境治理对区域内大气环境状况的改善程度，使用地区空气优良天数比率、地区雾霾频率较上一年降低比率等指标进行评价。社会指标在一定程度上可以较好地从侧面反映被审计单位大气环境治理工作的实施效果，采用区域内居民患呼吸类疾病较上一年降低比率等指标对被审计单位产生的社会效益进行评价。积极响应国家政策，使用大气环境治理相关政策执行程度等指标监督被审计单位是否遵守国家大气环境治理相关政策规定。被审计单位大气环境治理内部制度是大气环境治理工作的实践基础，被审计单位内部制度的完备程度及有效程度等指标的评价结果可确定被审计单位大气环境治理内部管理系统的有效性。

表 2　　　　　　　　大气环境治理绩效审计评价指标

一级指标	审计内容	二级指标	指标性质
财务指标	审查大气污染防治资金使用的真实性、合理性等	大气污染防治资金到位比率	定量指标
		大气污染防治资金预算合理程度	定性指标
		大气污染防治资金合规使用比率	定量指标
		大气污染相关项目收益比率	定量指标
环境指标	评价被审计单位大气环境治理的效果	地区空气优良天数比率	定量指标
		地区雾霾频率较上一年降低比率	定量指标
		被审计单位废气中颗粒物排放量较上一年降低比率	定量指标
		区域内酸雨频率较上一年降低比率	定量指标
社会指标	评价被审计单位大气环境治理的社会效益	区域内居民对被审计单位大气环境治理结果满意程度	定性指标
		区域内居民患呼吸类疾病较上一年降低比率	定量指标
政策指标	审查被审计单位大气环境治理国家政策执行的合法性和有效性等	大气环境治理相关政策遵守程度	定性指标
		大气环境治理相关政策执行程度	定性指标
		大气污染物排放权执行比率	定量指标
		清洁能源使用比率	定量指标
制度指标	评价被审计单位大气环境治理内部制度的完备程度、完善程度等	大气污染物排放监测设备完善程度	定性指标
		被审计单位大气环境治理内部制度完备程度	定性指标
		被审计单位大气环境治理的内部制度有效程度	定性指标
		被审计单位大气污染物排放监测系统信息化程度	定性指标
		被审计单位大气污染物清洁设施使用程度	定性指标

（八）大气环境治理绩效审计报告

大气环境治理绩效审计报告应包含标题、收件人、审计日期、审计责任、审计内容、审计意见、审计签章等基础性审计报告要素。大气环境治理绩效审计报告的审计责任中详细披露被审计单位应承担的环境责任和审计人员应承担的审计责任。大气环境治理绩效审计报告中的审计内容中应着重披露以下信息：（1）被审计单位排放大气污染物所产生的经济效益。大气环境治理绩效审计报告应对被审计单位排放大气污染物的项目产生的社会经济效益的量化结果进行披露，评价被审计单位的社会贡献是否大于被审计单位产生大气环境污染所造成的社会整体经济损失。（2）大气污染防治专项资金使用的合规性。针对部分拥有大气污染防治专项资金的被审计单位，审计人员应披露并评价被审计单位专项资金具体使用情况的合理性和合法性，是否有贪污腐败、损失浪费、挪用专项资金等情况。（3）被审计单位相关行为的合法合规性。被审计单位的部分行为若违反了国家相关法律法规和政策文件的规定，审计报告中应详细披露其具体事项和内容，例如是否未按规定安装大气污染物排放监测记录设施、大气污染物清洁处理设施等，是否有篡改数据，或数据记录不真实不完整等情况。大气环境治理绩效审计报告由审计项目组中的国家审计人员、内部审计人员、社会审计人员、审计学和环境学专家共同撰写，由国家审计机关权威发布于大气环境专项平台和政府权威网站中。针对审计过程中发现的问题，审计项目组在大气环境治理绩效审计报告的审计意见中提出切实可行的审计意见，并规定被审计单位在有限时间进行整改，在截止日期以后，审计项目组再次对被审计单位的整改情况进行查验，对拒不进行整改或整改无效的被审计单位报送行政机关，对被审计单位及其相关责任人进行处罚。

五、研究结论与展望

当今的经济生活已基本满足人民物质水平需要，良好的生态环境是公众新的企盼，大气环境状况的改善及"碳达峰、碳中和"目标的达成已迫在眉睫。大气环境治理绩效审计是促进国家大政方针实施的工具，审计应利用自身优势，为国家治理指明方向。本文结合我国实际情况，构建大气环境治理绩效审计框架，对大气环境治理绩效审计的环境、目标、主体、对象、程序、方法、标准和报告进行详细论述，扩展大气环境治理绩效审计基础理论体系，增强大气环境审计工作的可操作性。

我国的社会经济正在经历转型升级，传统的高能耗高污染的经济增长方式难以为继，要把经济社会的发展同自然环境的改善一同放置在国家治理的重要地位，利用审计工作积累的坚实基础，为生态文明建设工作减负，坚决打好这场污染防治攻坚战。我国的大气环境治理绩效审计发展缓慢，大气环境治理绩效审计的理论研究和实践研究都很空缺，在推动我国大气环境治理绩效审计过程中，也应借鉴国外先进的大气环境审计理论和方法，加强国际交流的同时，立足于我国实际需求，丰富我国大气环境治理绩效审计的相关研究。除此之外，大气环境治理审计工作不仅应重点关注协同审计模式，还要防范大气环境治理协同审计可能面临的责任推卸等风险，进一步提高大气环境治理绩效审计的质量和水平，改善我国大气环境状况。

参考文献：

［1］李兆东，李雪颖．环境治理、信任危机与资源环境审计［J］．财会月刊，2021（10）：108－114．

［2］于连超，张卫国，毕茜，董晋亭．政府环境审计会提高企业环境绩效吗？［J］．审计与经济研究，2020，35（01）：41－50．

［3］杨俊．浅议环境审计［J］．上海会计，1995（05）：40－42．

［4］来明敏．可持续发展与环境审计［J］．南开经济研究，1998（02）：44－47．

［5］陈淑芳，李青．关于环境审计几个问题的探讨［J］．当代财经，1998（09）：57－59．

［6］李雪，杨智慧，王健姝．环境审计理论结构研究［J］．财贸研究，2002（05）：107－111．

［7］孙晓燕，王亚茹．注册会计师环境审计体系构建研究［J］．会计之友，2021（20）：109－115．

［8］吴洁伟．FAHP视角下的环境审计评价指标体系——以西藏地区为研究对象［J］．会计之友，2013（21）：94－98．

［9］王海兵，周垚．河长制水资源管理绩效审计体系构建研究［J］．会计之友，2022（10）：68－75．

［10］辛金国，杜巨玲．试论费用效益分析法在环境审计中的运用［J］．审计研究，2000（05）：48－53．

［11］何秀芝，李朝旗，丁志．开源GIS软件和空间数据库在资源环境审计中的应用路径［J］．审计研究，2020（02）：22－28．

［12］辛金国，李青．环境审计准则研究［J］．审计与经济研究，2000（06）：13－16．

［13］汪初牧. 略论环境审计依据［J］. 上海会计，2001（12）：55-57.

［14］时军. 新常态经济背景下环境审计政策法规发展研究［J］. 中国注册会计师，2015（07）：52-56.

［15］赵彩虹，韩丽荣. 区域性环境审计合作问题研究［J］. 审计研究，2019（01）：24-30.

［16］冷月霜，钟飚，周密. 我国大气污染现状与环境审计法律制度研究［J］. 财会通讯，2018（19）：6-10.

［17］杜永红，张雪艳. 大气污染防治离任审计研究［J］. 会计之友，2018（19）：127-133.

［18］陈伟，高嘉文. 基于大数据可视化分析技术的大气污染防治审计方法研究［J］. 财务与会计，2019（07）：65-68.

［19］吴勋，张婉琳. 美国审计署大气污染审计发展现状与启示——基于2012—2018年审计报告的分析［J］. 审计月刊，2021（03）：153-157.

［20］周一虹，周畅. 政府环境履责审计作用机制与实施路径探索——以兰州市大气污染治理审计为例［J］. 会计之友，2015（14）：2-11.

［21］刘小海. 基于国家环境审计视角的跨区域大气污染防治研究［J］. 财会通讯，2020（07）：115-119，168.

［22］李兆东. 大气环境治理绩效审计模式研究［J］. 财务与会计，2015（05）：66-68.

［23］胡耘通，何佳楠. 基于PSR模型的大气环境绩效审计评价指标体系设计［J］. 统计与决策，2019，35（15）：61-64.

［24］陈涛，王长通. 大气环境绩效审计评价指标体系构建研究——基于PSR模型［J］. 会计之友，2019（15）：128-134.

［25］李斌泉. 强化审计监督与优化审计环境［J］. 当代财经，1994（09）：47-50.

［26］赵玲，姜一川. 审计环境变化对内部审计的影响——基于PESTLE模型的理论分析［J］. 中国内部审计，2014（10）：36-39.

［27］王海兵，伍中信，李文君，田冠军. 企业内部控制的人本解读与框架重构［J］. 会计研究，2011（07）：59-65.

［28］吴泽名，施青军. 政府绩效审计目标论析［J］. 中国审计，2005（11）：44-46.

[29] 鲍圣婴. 国家审计、注册会计师审计与内部审计的定位与协作 [J]. 审计与经济研究, 2016, 31 (06): 12-19.

[30] 王姝. 国家审计如何更好地服务国家治理——基于公共政策过程的分析 [J]. 审计研究, 2012 (06): 34-39.

林长制森林资源管理绩效审计的实践困境与对策

摘 要：森林和草原是我国重要的生态资源，是自然生态系统中的重要一环，对于维护国家生态安全、推进生态文明建设具有基础性、战略性作用。林长制的全面推进，标志着我国生态文明建设领域一项重大制度创新落地。通过对我国林长制森林资源管理绩效审计的现状进行梳理和分析，研究发现我国林长制森林资源管理绩效审计存在相关法律法规体系缺乏协同、审计评价标准模糊、审计证据分散且难以收集和运用、审计人员职业胜任能力匮乏、审计整改难以落实到位的现实困境。因此，未来应该着力于推动林长制森林资源管理绩效审计法律法规协同、统筹优化考核评价体系、创新审计方法、强化信息共享平台运用、培养高素质复合型审计人才队伍、健全多元化监督问责机制，发挥审计对林长制工作的监督和评价作用，有效推动森林资源保护长远发展，增进人民群众的生态福祉，促进生态文明发展，建设美丽中国。

关键词：林长制；森林资源管理；绩效审计

随着城市化和工业化的脚步，人类活动对生态环境的负面影响逐渐显现。党的十八大提出要加强生态文明制度建设，将生态文明建设提高到战略高度。2020年我国提出碳达峰、碳中和目标，发展林草碳汇是全球公认的最经济、可持续的固碳减排措施，林草资源的价值日渐凸显。推行林长制是我国林草事业改革发展的制度保障。林长制森林资源管理绩效审计是在林长制政策背景下，审计机构和人员对某地区特定时期内林长制政策实施情况以及该地区森林资源管理绩效进行的监督、鉴证和评价。开展林长制森林资源绩效管理审计，关注地区森林资源生态保护、修复情况、灾害防控、森林领域改革、监测监管和基层基础建设情况，以审计监督助推林长制迈向"林长治"，巩固生态系统碳汇能力，助力"双碳"目标实现。

经过不断的探索和实践，我国资源环境审计已趋于成熟，发展的逻辑脉络体现为从资金审计向资金、绩效和履责的综合审计转变，从单一自然资源要素审计向全要素生命共同体审计转变[1]等。通过山水林田湖草沙一体化保护和系统治理，积累了较多的资源环境保护具体领域审计经验。森林是涵养水源、净化大气的基础，然而，对林长制森林资源管理绩效审计的研究却相对缺乏。因此，本文分析我国林长制森林资源管理绩效审计的实践困境并提出解决对策，发挥林长制制度优势，将审计成果转换为绿色治理效能，推动生态文明理论创新、实践创新、制度创新，守住自然生态安全边界，推动美丽中国建设。

一、文献回顾

林长制借鉴河长制的先进经验，是河长制在森林资源领域的成功"移植"，是具有中国特色的森林管理制度。目前国内对林长制森林资源管理绩效审计的相关研究较少，本文选取资源环境审计和林长制审计两个方面进行文献回顾。

（一）资源环境审计研究现状

国内学者从不同角度对资源环境审计进行了研究，主要包括资源环境审计的内涵、作用、环境、方法、理论体系、评价体系，问题及对策等。王淡浓[2]对资源环境审计进行了明确定义和工作目标定位分析，进而提出在转变经济发展方式过程中，资源环境审计在资源开发利用、环境保护、生态建设、应对气候变化四个方面的任务。张瑛等[3]通过实证研究，认为资源环境审计可以促进经济结构优化、提升要素供给质量。刘长翠[4]阐述了资源环境审计环境的内涵、构成以及影响，并提出环境优化路径。何秀芝[5]构建了基于开源 GIS 软件和空间数据库的审计应用框架，以期为今后开展资源环境审计大数据分析工作提供参考借鉴。王海兵等[6]从环境资源保护财务、合规、绩效审计三个维度，构建出环境资源保护审计体系。胡耘通等[7]对我国环境绩效审计评价指标研究方面的成果进行简要梳理，并对以后的研究方向提出展望。我国的环境审计起步较晚，在实践过程中仍存在一些问题。时军[8]认为环境审计目标高低层次没有实现有效的衔接，对实践工作缺乏可操作性的指导。李兆东[9]从审计主体、信息鉴证、审计范围等角度提出了影响我国政府资源环境审计开展的十个问题。骆良彬[10]借鉴发达国家环境审计的实践经验，对我国政府环境审计发展提出优化建议。

随着资源环境审计理论研究趋于成熟，资源环境审计实践不断深化，资源环境审计领域发展出了新的分支，即领导干部自然资源资产离任审计。它将环境审计与经济责任审计相融合，为新时期审计监督拓展了新的内涵。2017年《领导干部自然资源资产离任审计规定（试行）》出台，一项全新的、经常性的审计制度正式建立，相关研究逐渐增多，主要围绕领导干部自然资源资产离任审计理论体系、政策效果、方法、评价体系。蔡春[11]从自然资源资产责任主体与责任人、审计主体、审计准则的研究与制定等方面构建自然资源资产离任审计理论体系。黄溶冰等[12]发现审计试点能够有效提升地方政府的环境治理执行力，加快了政府环境治理的执行进度，并提升了执行质量。李博英[13]提出了开展领导干部自然资源资产离任审计的八个基本方法。苏孜等[14]从可操作性层面出发，从自然资源的政策落实、财务收支、治理开发、环境保护、廉政情况五个方面构建了自然资源经济责任审计评价指标体系。邓晓岚等[15]构建了涵盖大数据采集汇聚、可视化查询、融合存储、分析挖掘等技术的领导干部自然资源资产离任审计大数据技术应用框架。房巧玲[16]基于PSR模型构建出领导干部资源环境离任审计评价体系，并对我国31个省区市领导干部资源环境责任的履行情况作出了定量评价。

（二）林长制审计研究现状

2009年《审计署关于加强资源环境审计工作的意见》提出，逐步扩展审计范围，将环境审计领域进一步延伸至海洋资源、森林资源、矿产资源、大气污染治理等方面。国内研究开始逐渐向森林资源审计拓展，主要包括内涵、审计评价、审计方法和离任审计方面。林进添[17]明确指出森林资源审计的内涵,并构建出森林资源审计理论框架。郑德祥等[18]基于Vague集理论建立森林资源管理绩效审计评价模型,运用层次分析法确定指标权重,实现了森林资源审计的定量化评价。马仁锋等[19]运用地理信息技术识别森林资源资产审计重点区域,创新审计方法,提高森林资源资产审计效率,实现审计结果的可视化解读。党的十八届三中全会明确提出对领导干部实行自然资源资产离任审计,领导干部森林资源资产离任审计研究日渐增多。潘旺明等[20]总结浙江省绍兴市四年多来试点经验,立足于审计实践操作层面,从日常管理、开发利用、保护修改三个方面建立领导干部林业资源资产离任审计的基本框架模型。在领导干部森林资源离任审计评价指标方面,贺玮琦等[21]从森林资源资产法律及政策保障体系、森林资源培育、利用、管理、保护等方面构建出领导干部森林资源资产离任审计的三级审计评价指标。

根据森林生态环境治理的实际需要,林长制应运而生,成为实现森林事业高质量发展的重要保障。林长制执行、评价情况也逐步纳入传统森林资源审计范围,使得其审计内容更加丰富。但由于林长制推行时间不长,我国目前关于林长制审计的文献较少,主要涉及林长制跟踪审计以及审计评价方面。在林长制跟踪审计方面,尹长萍等[22]认为需要从形式、事实、价值三个维度,揭示各责任主体在森林资源开发、利用、保护、管理等方面存在的问题。吴宁宁[23]从制度体系、信息共享平台、人力资源和审计结果运用四个层面提出林长制政策落实跟踪审计协同治理路径。在林长制审计评价方面,秦柳[24]认为不能只有内部考核,要建立公众参与考核的机制,把人民群众的满意度和获得感作为考核的重要指标,同时结合各地的林业资源特点和发展重点进行差异化评价。对于具体考核方式,杨雅如[25]认为实行森林资源总量和增量相结合的考核评价体系,按比例进行年终考核与日常评价,加强统筹调度,建立激励机制与终身追责制,为林长制建设提供可靠保障。岳树旺等[26]从体系制度建设、生态资源保护、公众宣传推广方面对日照市各区县2020—2021年林长制工作情况进行评价,丰富林长制背景下绩效评价实践。

(三) 研究述评

综上所述,我国环境审计研究成果较多,为林长制审计研究奠定了理论基础，提供了技术方法支撑。从资源环境审计到森林资源审计，资源环境审计越发精细化、具体化，森林资源审计则逐步向规范化和标准化过渡，形成林长制审计。而资源环境审计和森林资源审计都相应地衍生出领导干部自然资源资产离任审计和领导干部森林资源资产离任审计，林长制审计研究也应该探索离任审计方向。但我国目前林长制审计研究仍然在起步阶段，缺乏完整的理论研究体系。一是国内现有研究多是针对领导干部森林资源离任审计方面，与林长制结合的审计研究较少，二是缺少绩效审计在林长制森林资源管理方面的探索，现有研究重点集中在政策跟踪执行方面。本文基于研究现状，将森林资源管理绩效审计与林长制审计相结合，分析我国林长制森林资源管理绩效审计的实践困境，提出相应的优化路径，深化森林资源管理绩效审计，释放生态红利，助力我国生态文明建设事业。

二、林长制森林资源管理绩效审计制度基础与应用情况

自林长制施行以来，各省市持续出台林长制相关政策文件，为林长制审计提供制度基础。同时，林长制相关审计工作逐步开展，以审计力量推动森林保护事业长效发展。

（一）实施林长制森林资源管理绩效审计的制度基础

习近平总书记强调"必须牢固树立和践行绿水青山就是金山银山的理念，站在人与自然和谐共生的高度谋划发展"。2017年3月，安徽省在合肥、宣城、安庆三市试点林长制改革，建立以党政领导责任制为核心的五级林长体系，为林长制政策作出初步探索，持续释放生态红利。2021年1月，中共中央办公厅、国务院办公厅印发《关于全面推行林长制的意见》，进一步压实地方各级党委和政府保护发展森林草原资源的主体责任，有条件的地方可以推行林长制实施情况第三方评估。随后，各省出台实施文件。例如，安徽、江西等省市在全域推行林长制改革试点，广西、福建、浙江等省份出台相关文件，在部分下级辖区开展试点。2021年5月，安徽省颁布《安徽省林长制条例》，进一步明确各级林长的职责，积极推进林长制考核指标体系建立。2022年3月，河北省首个总林长令中发布六项配

套制度，对林长制省级会议制度、考核办法、林长巡林督查办法、信息公开制度、部门协作、林长办公室工作协调进行了明确规定，以最严格的制度实现"山有人管、林有人造、树有人护、责有人担"。截至 2022 年 6 月，我国已全面建立林长制，目前全国各省份均设立省、市、县、乡、村五级林长，林长制工作步入有效运行、系统深化阶段。与此同时，全国各地纷纷完善林长制相应配套制度（见表 1），紧紧围绕习近平生态文明思想，加快推动区域林业资源保护。林长制全面推行以来，各级政府纷纷响应，制定森林资源发展保护目标，建立健全林长制相关管理部门协作机制，构建林长考核评价体系，强化问责机制，聚焦省市森林资源保护发展重大问题，形成林长制分责、定责、履责、问责闭环责任机制，汇聚成森林资源保护发展的强大合力，加快建立林长制森林资源管理绩效审计常态长效机制。

表 1　　　　　　　　林长制审计相关政策文件

类型	主要内容	意义	政策文件举例
林业保护发展目标	全国（区域）林草事业发展的主要目标，包括约束性指标和预期性指标	以具体目标为导向，构建林业发展新格局	"十四五"林业草原保护发展规划纲要、《内蒙古自治区'十四五'林业和草原保护发展规划》
部门分工机制	省林长制联系单位职责，建立信息沟通机制、工作会商机制	统筹协调省市林长制工作，发挥各部门职能作用	《湖北省林长制部门协作制度》《呼和浩特市林长制部门协作制度》
考评体系	各级林长工作的考核内容、考核形式	及时全面掌握林长制各项工作实施情况，督促各级林长及有关单位认真履职	《林长制考核办法（试行）》《江西省林长制考核办法》《广东省 2022 年度林长制考核实施细则》
问责机制	各级林长的追责情形、形式及具体实施	压实各级林长森林资源保护发展职责	《张掖市林长制责任追究办法（试行）》《永州市林长制责任追究暂行办法》

（二）林长制森林资源管理绩效审计应用情况

2016 年，江西省抚州市率先试点"山长制"，武宁县率先试点"林长制"。安徽省在全国率先全面推开林长制改革，创建全国首个林长制改革示范区，建立省、市、县、乡、村五级林长体系和覆盖全省的"五绿"（即护绿、增绿、管绿、用绿、活绿）任务体系。随着林长制审计相关政策文件的颁布和实施，各地审计局陆续召开林长制专题学习会议，开展林业资源保护和政策执行情况专项审计，对林业相关政策制定和执行、林业管理工作、林业专项资金和使用方面等进行审计调查，并将考核结果作为地方有关党政领导干部综合考核评价和自然资源资产离任审计的重要依据。在资金预算方面，2023年财政部提前下达林业草原生态保护恢复资金预算金额为334亿元，林业改革发展资金预算金额为373亿元，对全国林草资源治理因地制宜，对东三省和川藏地区重视林草资源的保护，预算安排占比超过总预算的40%，而在云贵地区更加注重林草资源的开发和利用，推动全国林草事业科学发展。武汉、贵阳等地审计机关对财政拨付的林业专项资金的后续管理和使用情况进行审计，促进林业专项资金使用效益的提高。在林业资源保护审计方面，四川省审计厅对凉山林草资源生态保护修复开展专项审计，切实解决全州森林草原资源保护工作中存在的突出问题，确保依法合规开发利用自然资源。全国多地将林长制政策落实情况写进重大政策措施贯彻落实情况跟踪审计报告中，2022年，福州市审计局重点围绕绿色发展专题，对林长制政策落实情况进行跟踪审计，对辖区林长制落实不到位、森林管护不全面等问题，提出严格整改意见建议，推进林长制推深做实。综上，林长制实施以来，我国森林事业持续科学发展，但缺乏林长制森林资源审计理论体系，林长制审计工作开展较慢，现有审计实践侧重于林长制政策跟踪审计，缺乏对林长制绩效审计的探索，公布的林长制绩效审计报告相对缺乏，未实现制度化和常态化。林长制审计实践仍面临多重困难，亟待探索林长制森林资源管理绩效审计实践的优化路径。

三、我国林长制森林资源管理绩效审计的实践困境

林长制森林资源管理绩效审计虽已有一定的制度基础和实践探索，取得了一系列成效，但在审计工作中仍然存在一些现实问题值得关注。

（一）林长制森林资源管理绩效审计法律法规体系缺乏协同

健全的法律法规体系是审计的重要依据。我国林长制推行时间较短，尚未建立协同的林长制森林资源管理绩效管理审计法律法规体系。林长制森林资源管理绩效审计涉及审计、环境保护、森林资源管理等多个方面，现有法律法规体系主要包括《环境保护法》《审计法》《森林法》《森林法实施条例》《林长制督查考核办法（试行）》、省级林长制条例等。2018年新修订的《森林法实施条例》第九条对资金审计提出了要求。2019年颁布的新修订《森林法》第四条规定，国家实行森林资源保护发展目标责任制和考核评价制度，地方人民政府可以根据本行政区域森林资源保护发展的需要，建立林长制；第六十九条规定，审计机关按照国家有关规定对国有森林资源资产进行审计监督。2021年新修订《审计法》第四十一条和第五十八条分别提到自然资源和生态环境取证、自然资源资产离任审计。上述法律为我国开展林长制森林资源管理绩效审计提供了法律依据，但法律体系之间缺乏协同性和有效衔接。例如，《环境保护法》在第二章虽然专门设置监督管理章节，但其具体法条主要强调各级人民政府和环境保护主管部门的监督管理职责，并未明确提到审计监督。同时，各地林长制条例或者森林条例虽然都提到监督，但缺乏对审计的明确要求，大部分地方性法规只对林长的森林资源管理职责予以了规定，未对审计机关的职责作出相关要求。部分省市在其森林资源管理条例提到对林业发展基金的监督和审计，缺少对森林资源管理绩效审计方面的规定，使得基层审计机关在进行审计时，缺乏明确的林长制森林资源管理绩效审计法律依据。

（二）林长制森林资源管理绩效审计评价标准模糊

《关于全面推行林长制的意见》指出要将林长制督导考核纳入林业和草原综合督查检查考核范围，加强林长制的督导考核。由于全国推行林长制政策的时间不同，并未能产生一套系统、全面、综合的林长绩效考核制度。一是考核指标覆盖不全。纵观全国地区出台的林长制考核办法，可以发现，地方林长制考核内容大同小异，多在《林长制督查考核办法（试行）》的总体框架之下，对林长制基本工作和保护发展目标进行考核，但是考核指标未充分包含林长制产生的社会效益指标。大多数考核都针对林场经费保障等经济指标和植树造林等环境指标,但未对地区森林资源管理公众参与度和满意程度等进行考核。二是考核指标尚未充分体现地区差异性。由于森林所处地理位置不同,各省份面临的森林资源管理问题有较大区别。例如,南北地理环境导致不同地区的林业经济发展不平衡严重,林业经济产业所占地区经济效益的比重差异明显。在南方,森林植被分布广阔,各类经济林树种产量丰富,但北方平原地区多为木材产业,生长周期较长,经济效益很难快速体现。如果仍设计同样的考核标准无疑缺乏合理性,无法体现地方林长用绿工作的实际业绩。三是考核不够细化,扣分设置不够合理。例如,某地林长制考核条例规定,"若湿地管理发生违法违规问题未及时处置整改的,每起扣1分,该项共4分扣完为止",如果某地发生四起以上未及时整改的湿地违规问题,无法从分数上得以体现,进而无法对林长产生激励和约束效用,应予以细化。四是并非我国所有地区都有指标清晰的考核体系。有些区县的林长制工作绩效评价办法只笼统地规定了加分或减分项目影响因素评价,缺少考核评价细则,导致基层审计人员难以准确对林长制森林资源管理绩效进行评价。

(三) 审计证据分散且难以收集和运用

林长制森林资源管理绩效审计的过程是社会经济活动中各种与林长制密切相关的信息不断收集与传递的过程,但在实际工作中审计证据提取和运用难度较大。一方面,审计证据种类繁多,数量庞大且分散在不同部门。根据现行林长制督查考核办法,审计内容覆盖林长制基本工作考核和目标责任考核。由此,林长制森林资源管理绩效审计需要的审计证据范围广、类型多、数量大、基础数据分散,实物、书面、口头证据都有涉及。例如,需要查看政府出台的林长制条例、登记在册的各级林长名单,收集林业用地矢量数据、遥感影像数据,线下对林户进行走访和交谈等,审计证据收集工作量较大,后续归类整理工作复杂繁重。部分审计证据如遥感影像数据等数据通常交由农业局、林业局等职能部门负责,甚至有可能保存在科研机构或企业,需要向相应数据存放处进行调取,得到原始数据或图像后,还需要将其从地理数据转变为审计证据,无疑加大了审计难度。另一方面,审计证据的质量有待提高,尤其是在对基层森林资源管理部门开展审计工作时,此类问题更加明显。由于部分地区的森林数据统计方法较为落后，加之基础森林资源数据多头管理，统计数据口径不统一，使得原始数据的完整性、及时性和连续性不能得到保证，而林地的边界因产权不清和林班图测量精度不高等原因，常常会影响数据的真实性和精确性。同时森林资源是一种经济、生态和社会效益为一体的自然资源资产，但目前审计人员仅仅停留在传统审计方法上，在自然环境审计分析方法和大数据审计模式的运用上还比较欠缺。

（四）林长制各部门间协作沟通不畅

林长制森林资源管理绩效审计是一项依赖各部门配合的工作任务，统筹部门协作贯穿于林长制绩效审计的全过程。但目前林长制协作部门间存在沟通不畅现象，主要包括：（1）联络对接作用发挥不足。林长制森林资源管理绩效审计需要建立多部门联合、多职能融合的协作机制。各部门联络对接机制是部门协作的首要条件。良好的联络对接机制应当包括建立对接机构和联络员，明确其相应的协作职责，定期召开联络会议，森林资源相关工作计划与审计计划互相抄送，审计期间工作互相配合协助，监督检查成果共享共用等。但目前部门对接工作往往集中在审计工作开展阶段，不能保证日常沟通频率且协作深度不够，未能发挥协作联动机制优越性。（2）尚未全面形成工作合力，部门间对林地测算标准缺乏沟通。虽然大部分省份都建立林地"一张图"，但其时效性和完整性仍难以满足森林资源管理绩效审计要求。对于同一被监测林地面积，不同部门通常按照本部门的标准和方法进行测算，缺乏统一的标准和及时的协作调整，会出现勘界不准、林地认证有误和更新不连续等现象，浪费监测资源，增加审计人员工作量。（3）数据共享平台利用不充分，影响沟通效率。林长制森林资源绩效管理审计相关审计证据分散于各个部门之间，仅靠审计人员单方面主动收集，很难保证审计工作的效率。虽然我国大部分省市已建立部门数据共享平台，但共享平台仍存在资源配置统筹不畅、数据报送和更新不及时、分析利用效果不好以及部分数据缺失难以形成规模效应等问题，不利于审计实施。

（五）审计人员职业胜任能力匮乏

林长制森林资源管理绩效审计过程是一项操作难度大、综合性强的审计，不仅要求审计人员有基本的工作能力，还对审计人员的综合素质提出了新挑战，但现有审计人员数量、专业胜任能力都无法达到林长制森林资源绩效管理审计的实际需求。首先，审计人员知识结构单一。林长制森林资源管理绩效审计需要审计人员掌握法律、经济学、审计、财税、环境学等多方面知识。例如，面对被审计地区林长制配套条例时，审计人员需要对《森林法》《林长制督查考核办法（试行）》等林长制现有法律法规有全面了解，在对"五绿"任务进行审计时，又需要审计人员拥有森林生态学、地理信息技术等相关知识。但目前大多数审计人员往往精通财税、审计等财会类知识，缺乏环境学相关知识。其次，审计人员职业技能不足。面对审计年度内林长制工作，审计人员首先要向不同的部门调取相关的审计证据，这要求审计人员有较强沟通能力和计划能力。同时在大数据时代背景下，审计方式也由传统审计逐步转变为大数据审计模式，这就要求审计人员与时俱进，掌握计算机技术、数据分析等职业技能。最后，审计实践锻炼较少。由于林长制森林资源管理绩效审计本身起步较晚，审计实践较少且覆盖范围不足，现有森林资源专项审计大多停留在林业资金专项审计、森林资源保护专项审计，对森林资源管理绩效方面的审计较少，无法向审计人员提供必要的实践平台，复合型审计人才缺乏问题亟待解决。

（六）审计整改难以落实到位

新修订的《中华人民共和国审计法》加强了被审计单位对审计查出问题的整改责任，是审计工作的延伸。林长制森林资源管理绩效审计结果的高效运用，可以优化林长制政策实施，巩固森林资源优势，造福地区群众。从我国各地公布的林业资源保护和政策执行情况专项审计调查整改情况报告来看，主要在政策的制定和执行、林业资源保护、执法及专项资金的管理和使用上存在问题，各被审计单位也相应作出整改措施，但整改情况大多不够到位，效果不尽人意。一是整改难度大。林长制绩效审计涉及多个部门，需要统筹协商，明确责任主体。例如，林地与非林地面积重叠问题，后续整改需多部门联合协商统一林地认定标准，需要花费较多时间和人力成本。同时，部门间面对整改问题时互相推诿问题仍然存在。二是整改不可行。现实中部分林地损毁具有不可逆转性，客观上无法进行造林整改措施，并且我国早前林木资源监管不严格，部分毁林行为已超过林业行政处罚时效，只能采取罚款等形式，导致处罚缺乏威慑性。三是整改周期长。完善森林矢量数据库、植被恢复及补植任务等护绿整改目标在短期内难以见到成效，需要长期的跟踪督促，同时由于林地管理手段落后，不能做到有效管理和实时监测，对林区违法用地与非法采伐行为需要保持持续关注，防止此类问题屡查屡犯。四是整改阻碍多。由于一些历史遗留问题及林地群众思想观念和生活习惯的影响，导致林地权属、征地拆迁补偿政策落实、森林防火和迁坟还林整改等问题面临巨大挑战，影响了林长制森林资源管理绩效审计结果整改的综合进度，整改难以到位。

四、纾解林长制审计实践困境的对策

林长制森林资源管理绩效审计的根本目的是发挥审计作用，保证林长制政策成果惠及人民。本文基于环境资源保护审计体系构建原则，对其面临的实践困境提出相应对策，助力构建责任明晰、部门联动、运行高效、监管严格的林业生态可持续发展长效机制。

（一）推动林长制森林资源管理绩效审计法律法规协同

林长制涉及森林资源的保护、管理和利用，与人民群众的生产生活紧密相连，具有极大的综合性和复杂性，急需构建相关法律法规协调衔接机制。一方面，推动林长制森林资源管理绩效审计相关法律法规间的衔接协同，统筹谋划和系统推进林长制森林资源管理绩效法律制度的立改废释纂各项工作。聚焦森林资源管理制度的盲点、痛点，以及森林资源管理制度的执行情况与效果，加快建立健全林长制森林资源绩效审计相关法律法规体系。《环境保护法》明确了审计机关的监督职责，及时修改或废止已不再适用的林长制森林资源绩效审计法规条例，并适时对现有法律规范进行系统化解释和编纂，增强林长制森林资源管理绩效审计法律法规的系统性、整体性、协同性、时效性。另一方面，地方政府应在遵循国家颁布的上位法基础之上，结合地方区域特色，不断健全和细化地方性林长制森林资源管理绩效审计法规体系。针对地区实际以及存在的突出问题，出台具体、适用的管理办法以推进林长制政策在本地落地生根。可以在各地森林管理条例或林长制条例中强化审计机关在林长制森林资源管理的监督职责。由于森林资源管理绩效审计属于交叉领域，可以联合审计机关、林业部门、国土部门等部门共同商议制定具体细则，内容涉及林长制森林资源管理绩效审计的主体、客体、审计目标、职责划分、程序及方法等具体审计规定，建立标准的林长制森林资源管理绩效审计制度。与此同时，从省级林长制考核制度来看，甘肃、广东等大部分省份考核办法多为试行版，林长制绩效考核的具体细则还有很大的不确定性，需要尽快在试行或试点基础上，总结经验，予以规范，使基层审计机构也能做到依法审计。

（二）统筹优化林长制森林资源管理绩效审计考核评价体系

林长制现有考核制度一般是对林长工作考核和目标责任考核两个方面进行，较为笼统。本文依据林长制森林资源管理绩效的目标、实施和结果三个维度，选取政策遵循、制度实施、经济效益、社会效益、环境效益五个一级指标对林长制森林资源管理绩效进行评价（见表2），以细化现有林长制考核评价体系。政策和制度层面是对林长年度工作任务落实及日常工作的进行情况进行审计，政策层面要求被审计单位认真贯彻落实国家或上级政府推行的林长制森林资源管理相关政策，制度层面则是从被审计单位的内部控制有效性、信息共享平台建设情况以及森林资源管理队伍的规模和素质方面进行评价。在结果考核方面，深化原有的只针对环境效益的考核，对经济效益、社会效益及环境效益进行综合考核。森林资源能够提供木材、能源、医药等资源，会产生直接的经济效益，所以对林长制森林资源管理绩效审计也要关注林业经济总产值和森林资源资产投资项目获利能力等指标，保障森林专项资金使用程度以及合规性；同时，要审查辖区内森林保护与发展对居民生活的影响，森林为人类提供生存、居住场所，修建森林公园、发展森林旅游有助于居民锻炼身体，放松休憩，调节负面情绪，同时丰富人们的生态教育、美学欣赏和红色文化等精神生活，应当设立相关社会效益评价指标，实现人与自然和谐共生的现代化，促进经济和环境协调发展，使将森林资源建设成为最普惠的民生福祉。林长制森林资源管理绩效的环境指标主要围绕森林环境的调节作用，涉及是否发挥森林涵蓄水源、保持水土、防风固沙、改良土壤、生物多样性保护价值等指标，实现山水林田湖草沙一体化治理。

表 2　　　　　　林长制森林资源管理绩效审计评价指标

一级指标	审计内容	二级指标	指标性质
政策遵循	林长制相关法律及政策执行合规性	林长制政策执行程度	定性指标
		林长制相关重大决策规范程度	定性指标
		林长制政策合规程度	定性指标
		伐木权管理规范率	定量指标
		采伐限额执行度	定量指标
制度实施	林长制相关内部制度有效性	被审计单位林长制内部控制有效性	定性指标
		被审计单位林长制信息共享平台建设程度	定性指标
		被审计单位林长制人才队伍情况	定性指标
经济效益	林长制森林资源资金使用及效用状况	林业经济总产值增长率	定量指标
		人均森林资源消耗量增长率	定量指标
		森林资源资产投资项目获利能力	定性指标
		森林专项资金合规使用比率	定量指标
社会效益	林长制施行对居民生活的改善情况	辖区林地内游憩和旅游人数增长率	定量指标
		林业就业贡献率	定量指标
		辖区内居民对林长制森林资源治理满意度	定性指标
环境效益	发挥森林资源生态环境功能	森林覆盖率	定量指标
		造林完成情况和森林培育成果	定性指标
		森林涵蓄水源价值	定性指标
		森林净化空气价值	定性指标
		生物多样性保护程度	定性指标
		森林固碳释氧价值	定性指标
		森林保育土壤价值	定性指标

（三）创新林长制森林资源管理绩效审计方法

森林资源管理绩效审计面临的审计证据呈现出复杂、海量、分散的特征，仅仅采用询问、审阅、观察、核对等传统的审计取证方法，审计效率低下且出错率高。并且由于森林资源审计的特殊性，传统的审计方法无法对比自然资源资产当前状况和以往状况的差异，势必影响最终的审计评价效果，难以实现最初的审计目标[27]，因此必须转变传统审计思维，创新林长制审计方法。丰富传统审计方法，除了资料审阅法、实地调查法、访谈法以外，可以采取自然环境审计分析方法。例如，通过资产价值法对森林的生态效益进行衡量，通过恢复费用法计算环境污染造成经济损失，通过目标考核法评价森林资源保护实际完成情况；此外，积极推广大数据审计模式，构建林长制森林资源管理绩效大数据审计框架（见图1）。审计人员在卫星遥感设备、地理信息系统中获取被审计地区森林资源的保有量和空间分布原始信息，同时收集被审计地区森林资源相关政策规定、工作计划、部门内部考核或通报记录、森林资源资金使用流向和管理情况、森林资源投资项目开发运营情况以及公众、媒体舆情信息等；利用地理信息系统技术（ArcGIS）、爬虫等处理技术对收集完毕的审计数据进行数据的清洗、转换、存储等，形成审计证据数据库，再通过SQL查询语句、数据叠加、可视化分析等分析程序，对审计数据进行疑点排查。同时利用无人机航拍、林地环境监测仪器，或派出审计人员对疑点地区进行实地取证和复核。通过大数据技术，对审计证据广泛收集、精确分析，定向跟踪，提高审计效率和准确性。

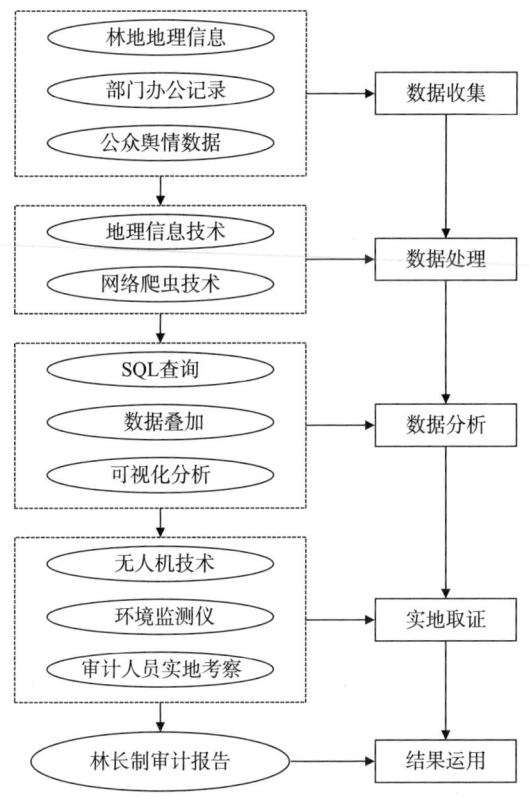

图1　林长制森林资源管理绩效大数据审计框架

（四）强化林长制森林资源管理绩效审计信息共享平台运用

林长制审计信息共享平台整合各部门森林资源数据和文件资料，是提高审计效率的重要保障。推动林长制审计数字赋能，用科技引领、智能监测、统一规划的整体思路推进审计信息协同共享和评价指数智能运算，提升林长制审计工作实效，打造生态富美新格局。审计信息共享平台应当囊括林长制制度文件以及工作数据。将国家、地方的林长制相关政策法规规定和该地各部门日常制度文件定期更新至信息共享平台，为林长制审计提供更加科学、充分、精准的审计依据。建立数据共享系统，中央与地方数据共享，融合全国森林生态综合监测数据与各地方森林生态大数据，实现森林资源"一张图"；部门与部门数据共享，将自然资源和规划部门、发展和改革部门、生态环境保护部门、林业部门、组织部门、财政部门、信息化部门等部门工作数据应用至共享平台，在统一有效的平台系统中强化各部门协作、挖掘审计信息。在部门工作数据的基础上可以对以下信息进行可视化管理：（1）资金管用情况。收集汇总某时间段内的资金拨付、管理和使用情况，并判断林业资金的使用是否合理、合规。（2）林地项目效益情况。整合资金投入与林业产出效益，判断林业资金的支持是否有效增加森林面积，扩大林业产值，实现农牧民增收等。（3）政策执行情况。落实该地是否建立林长制规划和具体规章，政策措施是否有效执行，政策执行是否与既定目标存在差异及其整改进度，以评价林长制政策实施情况。（4）政治站位高度。落实政治要求，紧盯权力运行，严格执行林长制工作程序和工作纪律，增强政治定力，提高政治站位，提高审计的前瞻性，推动加强源头治理。开发林长制森林资源管理绩效审计项目库模块，把各地林长制项目进行对比分析，汲取先进治理案例经验，助力上下联动、多方联通，实现统一数据标准、统一分析评价、统一成果运用、统一整改方案，使林长制森林资源管理绩效审计信息平台真正服务于林长制。

（五）培养高素质复合型审计人才队伍

目前审计领域不断拓展，审计对象越发多样化和复杂化，更加要求审计人员全方位、高素质发展。面对林长制森林资源管理绩效审计需要的新要求，必须加强审计人才队伍建设：（1）培养审计人员个人职业能力。审计人员除了要通晓财务知识外,还要时刻关注国家林长制制度政策,了解相关法律法规,兼顾环境生态、地理信息技术、大数据等方面的专业知识,加强沟通交流能力,提高写作水平。对此,高校在开设基础性财会、审计专业课程之上,及时增加时政及国家政策、法律和审计信息化相关课程,同时加强高校与审计机关、会计师事务所或企业的沟通与合作,加深审计专业学生对审计实践工作的认识。(2)建设高素质审计队伍。努力打造立场坚定、业务精通、作风务实、清正廉洁的高素质专业化审计干部队伍。提高政治站位,从政治高度思考审计、谋划审计、解决审计问题,加强作风和纪律建设,提升廉洁意识。同时队伍内部可细分人才小组,设立宏观政策研究人才组、审计理论研究人才组、政策跟踪审计研究人才组、经济责任审计研究人才组、财税金融审计研究人才组、资源环境审计研究人才组、农业农村审计研究人才组、大数据审计研究人才组等,发挥各自专业技术优势,优化审计资源,化解实际工作中遇到的具体困难,增强林长制森林资源管理绩效审计的有效性和针对性。(3)开展跨部门人才交流活动。加强多部门人才交流,建立审计机关与财政、林业、国土等部门的人才交流机制,加强部门间业务合作,深入开展林长制森林资源管理绩效审计,在实践中不断总结经验,加强审计人员综合素质。当然,审计人员能力短时间内无法满足林长制绩效审计任务,可以借助信息部门、林业部门专业人员协助,提高林长制森林资源管理绩效审计效率。

(六) 健全多元化监督问责机制

审计结果整改是发挥审计监督功能的重要环节,加强监督问责,也有助于保持审计整改严肃性、权威性,因此强化外部监督体系建设是加强审计结果运用的重要抓手。首先,探索"审计+人大"的审计整改督促新方式,审计部门和人大常委会共同发力,紧盯问题不放松,被审计地区需对审计查出问题进行整改情况报告,并接受市人大常委会的审议,对影响工作效能的林长进行问责,提高单位整改动力,强化审计整改落实和审计成果运用。同时人大代表定期对森林资源保护发展情况进行调研,代表群众、反映民意,充分体现我国社会主义民主。其次,加强司法机关与审计部门的合作,通过司法手段对不履职、怠于履职的林长进行问责和处罚,发挥司法的监督作用,实现行政和司法的有效衔接。广东省潮州市落实

"林长+警长"工作机制,各级林业、公安机关共同打击防范涉林违法案件,做好事中控制;西安市建立"林长+检察长"工作机制,在林业行政执法过程中提供相关法律咨询,对于协调处理难度大、违法行为人拒不履行生态修复责任等案件协助提请检察公益诉讼,用法治力量保护森林资源,让林长制问题整改更具法治威力。最后,进一步调动全社会监督,设立"百姓林长"、招募森林资源志愿者,推动社会公众参与森林资源保护,定期披露森林资源管理绩效情况,接受全社会监督,设立信访和举报部门,及时遏制破坏森林资源或林长不作为情况。问题整改过程中仍需坚持从群众切身利益出发,保障群众的合法权益。如在迁坟还林、退耕还林整改中坚持以人为本,主动与迁户进行思想交流,并给予相应的经济补助,提升整改成效,使青山常绿、文明常新。

五、研究结论与展望

良好生态环境是最普惠的民生福祉。长期环境治理实践表明,守护和发展森林资源不仅是环境问题,而且是关系民生的重大社会问题,建设生态文明,关系到人民福祉、民族未来。林长制是一项具有中国特色的制度创新,自全面推行已取得实质性成效,森林资源保护和治理格局全面焕新。"林长制"简言之就是以"林"为纲,以"长"为抓手,以"制"为保障。因此,林长制森林资源管理绩效审计,就必然涉及对森林资源的审计、对林长的考核,以及对相关制度体系的评价,是包括资源环境审计、经济责任审计和内部控制审计等多种审计内容统筹在内的综合审计。我国林长制森林资源管理绩效审计的理论研究和实践还比较匮乏,无审计,不治理。在推行林长制的背景下,森林资源管理绩效的审计在法规体系、评价体系、审计证据、部门协作、审计人才以及结果运用六个层面存在一定实践困难,本文也相应提出纾解对策,审计人员可以通过审资金管用、审项目效益、审政策执行和审政治站位来开展林长制森林资源管理绩效审计,提高林长制森林资源绩效管理审计的可操作性,切实发挥审计在促进林长制工作、推进生态文明建设过程中的监督和保障作用。

未来林长制森林资源管理绩效审计研究内容可以不断细化和扩展,将地区森林保险情况纳入审计范畴,完善林长制森林资源管理绩效审计内容。以林长制森林资源管理绩效审计为抓手，协同土地资源审计、水资源审计、矿产资源审计、大气环境审计，统筹优化审计资源，开创自然资源资产和生态环境审计新格局。在借鉴安徽省林长制先进实践经验的基础上，可以探索"五绿"审计，即"护绿"审计、"增绿"审计、"管绿"审计、"用绿"审计、"活绿"审计。"护绿"审计促进严守红线，"增绿"审计促进扩面提质，"管绿"审计促进压实责任，"用绿"审计促进聚焦产业，"活绿"审计促进深化改革。监督相关主体落实落细生态文明建设责任，以林长制审计促进林长治。

参考文献：

[1] 郭鹏飞. 中国资源环境审计的发展历程、理论表征与实践深化 [J]. 重庆社会科学, 2021 (03): 6-19.

[2] 王淡浓. 加强政府资源环境审计 促进转变经济发展方式 [J]. 审计研究, 2011 (05): 18-23.

[3] 张瑛, 张荣刚, 孙上捷. 资源环境审计对经济高质量发展的影响研究——以国家治理为视角 [J]. 经济问题, 2022 (11): 106-114.

[4] 刘长翠, 张宏亮, 黄文思. 资源环境审计的环境：结构、影响与优化 [J]. 审计研究, 2014 (03): 38-42.

[5] 何秀芝, 李朝旗. 开源GIS软件在资源环境审计数据分析中的应用 [J]. 财务与会计, 2020 (09): 60-63.

[6] 王海兵, 赵李丽, 杜娟. 环境资源保护审计体系构建研究 [J]. 财会通讯, 2019 (07): 90-95.

[7] 胡耘通, 苏东磊. 环境绩效审计评价指标体系研究现状与展望 [J]. 财会通讯, 2018 (28): 40-43.

[8] 时军. 新常态经济背景下我国环境审计目标设置与实施研究 [J]. 中国注册会计师, 2015 (12): 83-87.

[9] 李兆东. 影响我国政府资源环境审计开展的十个问题 [J]. 财会月刊, 2019 (05): 106-113.

[10] 骆良彬, 史金鑫. 政府环境审计的国际经验及其启示 [J]. 亚太经济, 2019 (06): 74-79, 146.

［11］蔡春，毕铭悦．关于自然资源资产离任审计的理论思考［J］．审计研究，2014（05）：3-9．

［12］黄溶冰，谢晓君．领导干部自然资源资产离任审计能提升政府环境治理执行力吗？［J］．审计与经济研究，2022，37（04）：9-20．

［13］李博英，尹海涛．领导干部自然资源资产离任审计的理论基础与方法［J］．审计研究，2016（05）：32-37．

［14］苏孜，程霞，卫冰清．自然资源经济责任审计评价指标体系探究——基于层次分析法［J］．南京审计大学学报，2017，14（02）：76-84．

［15］邓晓岚，余远剑，茅金焰，魏大文．领导干部自然资源资产离任审计的大数据技术应用研究［J］．审计研究，2020（05）：19-29．

［16］房巧玲，李登辉．基于PSR模型的领导干部资源环境离任审计评价研究——以中国31个省区市的经验数据为例［J］．南京审计大学学报，2018，15（02）：87-99．

［17］林进添．森林资源审计理论框架的战略构建（一）——森林资源审计的要素分析［J］．兰州财经大学学报，2015，31（05）：100-105，111．

［18］郑德祥，付信彬等．基于Vague集的森林资源审计评价方法研究——以福建省顺昌县国有林场为例［J］．林业经济，2016，38（09）：69-74．

［19］马仁锋，侯勃，窦思敏，王腾飞．森林资源资产地域审计重点筛选模型构建及应用［J］．南京林业大学学报（自然科学版），2018，42（04）：46-52．

［20］潘旺明，丁美玲，于军，严轶斐．领导干部自然资源资产离任审计实务模型初构——基于绍兴市的试点探索［J］．审计研究，2018（03）：53-62．

［21］贺玮琦，张岩．领导干部森林资源资产离任审计评价指标探讨［J］．林业经济，2017，39（03）：78-82．

［22］尹长萍，蒋水全，孙芳城．生态文明战略下林长制政策跟踪审计模式探析［J］．财会月刊，2022（24）：92-98．

［23］吴宁宁．林长制政策落实跟踪审计协同治理研究［J］．财会通讯，2024（07）：127-131．

[24] 秦柳, 姚文玲. 林长制的治理逻辑与优化路径 [J]. 东岳论丛, 2022, 43 (09): 81-88.

[25] 陈雅如. 林长制改革存在的问题与建议 [J]. 林业经济, 2019, 41 (02): 26-30.

[26] 岳树旺, 郑泽玉等. 日照市推行林长制实践及绩效评价 [J]. 绿色科技, 2022, 24 (13): 99-101.

[27] 王颖, 勾慧杰, 李成梁. 地理信息技术在领导干部自然资源资产离任审计中的应用探析 [J]. 中国内部审计, 2022 (07): 78-84.

我国能源管理绩效审计框架构建研究

摘　要：能源是人类生存和发展的重要物质基础，也是推进碳达峰碳中和的主战场。对能源审计的相关文献进行梳理分析，再结合我国能源审计的实践发展现状，发现我国尚未形成系统的能源管理绩效审计基础理论研究体系，能源审计工作质量亟须提高。本文结合"碳中和，碳达峰"的大背景，从审计环境、审计目标、审计主体、审计客体、审计标准、审计报告六个维度初步构建我国能源管理绩效审计框架，旨在丰富我国能源审计理论体系，增强能源管理绩效审计的可操作性，提高能源审计效率，促进能源治理绩效提升。

关键词：能源审计；绩效审计；框架构建

一、引言

党的二十大报告提出"积极稳妥推进碳达峰碳中和"，这充分体现了党中央对能源转型和能源安全的高度重视。随着中国经济的快速发展，我国在能源管理和节能方面的问题日益突出，为实行全面节约战略，持续降低单位产出能源资源消耗和碳排放，提高投入产出效率，亟须能源管理绩效审计发挥作用。中国是全球最大的能源生产和消费国，《2023中国矿产资源报告》数据显示，2022年我国核电、太阳能发电等可再生能源消费占一次能源消费总量的比重为17.5%，而煤炭、石油、天然气等化石能源占比分别为56.2%、17.9%、8.4%。可见我国能源主要依赖煤炭，可再生能源和清洁能源的比重相对较低，能源结构不合理。与此同时，我国能源勘探、开采跟不上国民经济需求，能源供需有矛盾。加之我国还是世界上最大的能源进口国之一，对外依存度较高，能源安全保障难。能源安全作为国家安全体系中极为重要的一部分，事关经济社会发展全局，加强能源管理，确保能源安全意义重大。审计署部署2024年审计工作重点中提出，要围绕深入推进生态文明建设和绿色低碳发展开展审计，深入揭示能源资源管理的突出问题。作为能源管理的重要手段，我国能源审计工作开展滞后，大多局限于财务审计和合规性审计，对于能源审计产生的效果往往缺乏绩效方面的考量，这与国际能源审计的发展是相脱节的。加快发展能源管理绩效审计，对单位能源利用的投入产出情况与资金的使用、效益进行有效监管，进而提高能源利用率，推进能源强国建设，为全面推进中华民族伟大复兴提供坚实能源保障已经刻不容缓。

二、我国能源审计研究现状

当前，我国的能源审计仍处于探索阶段，整体上呈现实践先于理论的状态。能源审计最早于20世纪70年代由美国提出，我国在20世纪80年代才开始开展能源审计，此时企业更倾向于通过能量平衡来进行能源管理，能源审计影响不大。1997年国家颁布了我国第一个有关能源审计的条例——《企业能源审计技术通则》（1997年），为开展能源审计提供了工作依据。之后为了加强能源管理、促进能源审计的实施，《重点用能单位节能管理办法》（1999年）、《中华人民共和国可再生能源法》（2005年）、《千家企业节能行动实施方案》（2005年）等一系列政策文件陆续出台，能源审计逐渐得到重视。"十一五"期间我国提出节能减排措施，能源审计开始发展。"十二五"期间我国提出要全面推进节能提效、着力加强用能管理、深化能源体制机制改革，节能服务产业迅猛发展。"十三五"期间许多地区已经开始重视能源审计工作，鼓励企业开展能源审计，并对部分重点耗能企业进行强制能源审计。能源审计的实践对推动全社会节约能源，提高能源利用效率，保护和改善环境，促进经济社会全面协调可持续发展具有重要的意义。

迄今为止，学术界对能源审计的理论研究相对较少，主要涉及能源审计的基础研究和能源审计在特定行业应用研究。基础研究围绕能源审计的理论框架、基本要素、发展现状展开。丁红燕等[1]基于"双碳"背景构建了一个能源审计的理论框架，陈希晖等[2]构建了可持续能源审计的实施框架，郑石桥[3][4]提出了能源审计客体、本质的理论框架，沈剑飞等[5]对能源审计的本质、基本特征、实施现状进行了详细论述并提出了相关建议，侯京亮等[6]分析了我国能源审计现状及存在的问题，严少斌[7]分析了能源企业审计检查方式的缺陷并提出了完善的构想，等等。大多数学者聚焦于特定行业的能源审计应用。如刘丹[8]对大型公共建筑的能源审计进行了研究，刘尹[9]阐述了能源审计在淮北矿区集团的具体实践及实施效果，刘海玲等[10]提出要利用能源审计实现石油石化行业节能减排，王爱华等[11]构建了煤炭企业能源审计评价指标体系，刘明慧等[12]分析了天津某食用油企业的能源利用状况、节能潜力并提出了建议，蒋汶峻等[13]对钢铁企业能源审计评价体系研究现状进行了分析并进行了优化，殷佳悦等[14]对医药制造企业进行了能源审计案例研究，等等。

综上所述，我国的能源审计还未形成高频化与常态化局面，现有能源审计的配套措施及相关理论研究还不够深入具体，缺乏能源审计框架体系的构建研究，实际操作性不强，无法发挥理论对实践的指导作用，仍需进一步探索。

三、我国能源管理绩效审计的框架构建

我国能源管理绩效审计的框架构建以传统审计理论为基础，结合能源管理的需求与实践，分析能源管理绩效审计的各个基础性问题，构建完整的能源管理绩效审计基本理论框架体系，为后续能源管理绩效审计基础理论的发展和能源管理绩效审计工作的开展提供参考依据。在这个体系中，审计环境是能源管理绩效审计的实践土壤，审计目标是逻辑起点，审计主体、客体分别是能源管理绩效审计的实施者和作用对象，审计标准、审计报告分别是实施能源管理绩效审计的客观依据以及最后的结果。

（一）审计环境

能源管理绩效审计环境是指实施能源管理绩效审计监督活动中的内外

部因素及主客观条件等周围情况。主要包括：（1）政治环境。刘长翠等[15]指出政治环境是指与资源环境审计相关的政治体制以及对地方政府、企业负责人的考核机制，能源管理绩效审计的政治环境可以理解为与能源管理绩效审计相关的政治体制以及对地方政府、企业负责人的考核机制。党中央、国务院高度重视碳达峰碳中和的实现，为实现能源高质量发展，我国出台了一系列能源政策，包括中共中央发布的《中共中央 国务院关于完整准确全面贯彻新发展理念做好碳达峰碳中和工作的意见》（2021年）、国务院发布的《2030年前碳达峰行动方案》（2021年）、国家能源局发布的《"十四五"现代能源体系规划》（2022年）等，都为改善我国能源现状作出了一系列指示，为能源管理绩效审计的发展提供了有力的环境支持。（2）经济环境。随着我国经济的高质量发展以及"坚持人与自然和谐共生"基本方略的提出，我国经济发展全面绿色转型变得尤为重要，为实现经济高质量高效益全面绿色发展，能源管理绩效审计的出现是必然的。能源管理绩效审计是我国经济发展与保护能源冲突与协调的产物，它的有效开展对积极推动经济发展、生态环境保护、人民福祉提升三者协同共进具有重要意义。（3）社会环境。节约资源是我国的基本国策，协调解决经济高速发展与能源发展之间的矛盾是其中一项重要任务。找出用能单位的高耗能环节和存在的问题，进而提出节能降耗方案，实现节能减排和能源高质量发展，能源管理绩效审计是其中一条重要的途径。能源管理绩效审计的发展可以有效监督资金的使用和效益，贯彻能源政策的执行，提高能源利用率，进而提高整个社会的环境效益和经济效益，具有良好的社会效益。（4）技术环境。党的十八大以来，习近平总书记提出"四个革命、一个合作"能源安全新战略，为我国能源高质量发展指明了方向。其中，能源技术革命起到了决定性作用，是推动能源革命的根本手段[16]。能源管理绩效审计工作需要大量的数据，是高度依赖数据的一项经济管理活动，这就需要提高能源相关数据分析技术以及开展能源信息系统审计，完善能源管理绩效审计的信息化、数字化建设。（5）法律环境。我国进行能源管理绩效审计可以依据《审计法》《审计法实施条例》等主要的法律法规。除此之外，为了保障能源的正常供应和使用、促进能源的合理利用，我国出台了《中华人民共和国节约能源法》（2016年修正）、《中华人民共和国可再生能源法》（2006年）等一系列与能源相关的法律法规。但我国现行能源法律体系在结构、内容以及协调性方面都存在缺陷，无法为能源管理绩效审计提供充足的制度保障，需要进一步完善。能源管理绩效审计相关的政策文件如表1所示。

表1　　　　　　　　能源管理绩效审计相关的主要政策文件

时间	政策文件名
1997年	《企业能源审计技术通则》
2005年	《千家企业节能行动实施方案》
2006年	《国务院关于加强节能工作的决定》
2008年	《公共机构节能条例》
2009年	《中华人民共和国可再生能源法》
2011年	《万家企业节能低碳行动实施方案》
2012年	《中华人民共和国清洁生产促进法》
2015年	《公共机构能源审计管理暂行办法》
2016年	《能源效率标识管理办法》
2016年	《公共机构节约能源资源"十三五"规划》
2018年	《重点用能单位节能管理办法》（修订稿）
2018年	《中华人民共和国节约能源法》
2019年	《能源管理体系—能源基准和能源绩效参数》
2020年	《能源审计技术通则》
2022年	《"十四五"节能减排综合工作方案》
2023年	《2023年能源行业标准计划立项指南》

（二）审计目标

能源管理绩效审计目标是在特定的社会政治经济环境中，审计人员通过实施能源管理绩效审计活动所期望达到的最终结果，是能源管理绩效审计运行的出发点和归宿。能源管理绩效审计目标分为宏观目标和微观目标。宏观目标是发挥能源管理绩效审计的"免疫系统"功能，提高能源利用率，维护能源安全，监督能源的发展，保障经济社会的健康运行，实现可持续发展。微观目标是审查、评价能源管理活动中的经济性、效率性、效果性、公平性与环境性。经济性是指能源管理活动中的资金取得与支出是否节约、合法，包括能源开发、利用、治理和保护相关的资金，能源政策执行相关的专项资金等；效率性是指投入能源管理活动的相关成本产出的效益是否最大，重点审查能源相关资金的使用效率，能源项目的收益率等；效果性是指能源管理的实际情况是否达到预期目标，主要审查预期目标实现程度、被审计单位能源管理相关政策执行程度等。此外，为了契合可持续发展的时代背景、顺应生态哲学的理念，能源管理绩效审计目标还应该关注公平性、环境性这两个指标。环境性是指能源活动在有效利用能源的基础上，还要重点关注生态处理和环境影响，是否符合低碳环保的要求、是否有利于改善环境等；公平性是指用能单位在追求经济效益的同时，还应重点关注其社会贡献和社会影响，保证人类代际、省际、国际等之间的公平，优化人与环境的相互关系，实现可持续发展。

(三) 审计主体

能源管理绩效审计的主体包括政府审计、民间审计和内部审计。能源具有公共产品的属性，由全人类共同分享，应当委托能最大限度代表公共权力的政府进行管理，履行能源管理的公共受托责任。而能源管理绩效审计仅依靠政府审计的力量是不够的，应当落实到微观层面，各个社会经济主体都要积极主动地参与其中，最终形成以政府审计为主、民间审计和内部审计为辅的能源管理绩效审计主体体系。能源管理绩效审计现在处于理论与实务都尚未明朗的初级阶段，审计范围窄、审计力量缺乏、审计标准不健全，此时应当由具有法定强制性的政府审计为主导，对被审计单位的能源政策执行、资金活动、能源消耗和碳排放等能源活动的经济性、效率性、效果性进行评估。另外要注重公平性、环境性评价，顺应可持续发展的时代背景，保证代际之间的公平。随着能源管理绩效审计的不断发展，相对完善的审计标准体系得以建立，审计内容得到不断拓展，专业审计人才队伍持续壮大，民间审计和内部审计也要列为能源管理绩效审计的主体，成为能源管理绩效审计的主力军。民间审计具有很强的独立性和专业胜任能力，可以借鉴国家审计的成果，接受国家审计机关和企业的委托进行能源管理绩效审计业务，发挥其认证功能来推进能源管理绩效审计。而内部审计可以贯穿能源活动的整个过程，对其进行事前控制、过程控制和事后控制，实施过程跟踪式的能源管理绩效审计，及时识别风险、发现潜在问题并进行控制与反馈，提出制度、管理和经营控制等方面的针对性建议，强化组织内部控制，改善组织管理。三个审计主体各取所长、联合协作，形成审计监督合力，降低能源管理绩效审计成本，提高能源管理绩效审计效率。

（四）审计客体

能源管理绩效审计客体是对能源管理绩效审计内容的范围作出的概括和限定，具体来说就是所有被审计的用能单位。审计的内容可以看作审计客体的内涵[17]，从内涵来说能源管理绩效审计的客体应重点关注能源管理项目的实施情况；能源管理相关政策的制定、执行与反馈；被审计单位内部能源管理制度。（1）能源管理相关政策的执行与反馈。被审计单位对能源管理相关政策的执行效率效果是否到位，包括是否合法执行相关法律法规、能源的投入产出是否取得了最大的效益、污染物排放是否低于国家既定标准等等。审查和评价被审计单位执行的相关政策是否发挥了实用性与效益性，并及时反馈给政策制定者，不断完善我国能源管理政策体系。（2）能源管理项目的实施情况。能源管理项目相关资金拨付是否及时、使用是否合法合规以及资金是否发挥了最大的效益；能源管理项目建设过程中的成本控制是否有效；能源管理项目预期目标实现程度以及项目是否产生了最大的效益，包括经济效益、环境效益和社会效益。（3）被审计单位内部能源管理制度。审查被审计单位能源管理制度的设计与执行是否规范有效、节能减排计划是否符合国家标准，被审计单位的能源管理制度是管理和控制单位能源消耗的重要措施，应当以国家的宏观政策为依据，完善被审计单位相关制度规定。

（五）审计标准

审计标准是用来评价或计量审计对象的基准。参考王海兵和张蓉莲对大气环境治理绩效审计标准的划分[18]，能源管理绩效审计标准可以分为能源管理绩效审计法律基础和能源管理绩效审计评价指标体系。目前，在我国开展能源管理绩效审计工作可以依据《中华人民共和国可再生能源法》（2006年）、《中华人民共和国电力法》（2018年修正）等法律法规和《工业企业能源管理导则》（1995年）、《企业能源审计技术通则》（1997年）、《节能监测技术通则》（2009年修订）等国家标准。与美国、英国等国家相比，我国能源管理绩效审计可以依据的法律法规还不健全、技术标准不够成熟。为保障能源管理绩效审计的实践有据可依，可以结合我国已颁布的法律法规与相关审计经验，参考国际条约，借鉴国外一些成熟的能源立法，以完善我国能源管理绩效审计的法律基础。田冠军等[19]在构建以平衡计分卡为基础的环保资金绩效审计评价指标体系时，提出应遵循定性分析和定量分析互为补充的原则。基于此，参考蔡春等[20]对绩效计量内容的界定，本文能源管理绩效审计评价指标体系从经济性、效率性、效果性、公平性、环境性这五个层面进行构建，每个层面包括若干定性、定量明细指标（见表2）。

表2　　　　　　　　能源管理绩效审计评价指标体系

一级指标	审计内容	二级指标	指标说明
经济性	能源投入是否经济；相关资金取得与利用的经济性，是否合法合规等	能源管理资金到位比率	资金年平均投入量/资金年平均计划投资额×100%
		能源管理资金利用率	能源成本/能源产品总成本×100%
		资金使用合规率	年合规使用金额/年拨付金额总额×100%
		资金节约率	（1－年实际资金使用额/年计划资金使用额）×100%
效率性	能源管理过程中是否避免了重复工作、资源闲置以及人员过剩	能源综合成本率	年有效使用能源管理资金/年规划使用能源管理资金×100%
		能源利用率	年有效使用能源量/年规划使用能源量×100%
		能源管理项目执行效率	项目实际完成时间/项目计划时间×100%
		单位产值能源消耗量	总能耗/生产总值×100%
效果性	被审计单位能源管理是否达到预期效果；效益实现程度	预期目标实现程度	实际目标完成程度/预期目标计划数×100%
		能源项目收益率	项目实际收益额/项目计划收益额×100%
		被审计单位能源管理内部制度有效程度	定性指标
		被审计单位能源管理相关政策执行程度	定性指标

续表

一级指标	审计内容	二级指标	指标说明
公平性	审查评价被审计单位能源产出分配方面的公平性及社会贡献	能源产出分配公平性	定性指标
		能源活动对社会贡献率	能源产值/能源市场价格×100%
		能源在代际之间收益的均衡	定性指标
环境性	被审计单位是否良好地保护、改善了环境	能源循环利用节约量	能源循环利用产生的收入－相匹配的成本
		能源污染治理率	能源污染物去除量/计划污染物去除量×100%
		污染物排放达标率	本年度污染物排放达标天数/总天数
		节能潜力	定性指标

（六）审计报告

能源管理绩效审计报告是审计人员对被审计单位能源利用情况、能源相关资金等进行审计后形成的文件，是能源管理绩效审计最终成果的反映。与常规的绩效审计不同，能源管理绩效审计报告具有特殊性。审计小组要调阅被审计单位的能源数据与相关财务数据并进行分析，根据能源现场诊断情况、能源管理现状以及节能分析结果，摸清能源流向，提出能源基础管理、技术改进等方面存在的问题，揭示被审计单位用能的薄弱环节，并提出节能降耗的方案、措施或建议，经过与被审计单位协商、讨论，最终完成报告。能源管理绩效审计报告除了应包含标题、收件人、审计日期、审计责任、审计内容、审计意见等基础的审计报告要素，还应包括能源管理绩效审计工作的相关说明、被审计单位的基本情况、各能源绩效参数的计算结果及分析、改善被审计单位能源管理的措施、节能降耗的方案和建议，等等。报告形式也不应局限于书面报告形式，应以录像、录音等电子媒介作为能源管理绩效审计报告的附件，被审计单位的能源管理现状、用能管理概况及能源流程通过电子媒介的方式记录下来会更加真实且具有说服力。在审计报告披露环节，被审计单位要及时、完整、准确对能源管理绩效审计报告进行披露，并交予不同的机构和个人审阅。例如，政府、国家相关管理机构、社会公众等其他利益相关者，加强审计结果的应用，为能源管理绩效审计的理论与实践发展提供参考。

四、结束语

能源是工业的粮食、国民经济的命脉，攸关国计民生和国家安全，关系人类的生存与发展。随着人们对能源的需求持续增长，我们面临的环境压力也越来越大，为了应对气候变化、减少环境污染、实现可持续发展的目标，中国亟须进行能源革命。能源管理绩效审计是对能源活动的经济性、效率性、效果性、公平性和环境性五个方面进行评价并提出建议的一种经济评价活动，能源管理绩效审计的有效开展可以加强能源管理、提高能源利用率，实现能源消耗、绿色经济、生态环境的协调统一发展。基于此，本文对能源管理绩效审计的环境、目标、主体、客体、标准、报告进行详细的论述，构建了能源管理绩效审计框架，扩展了能源审计的理论体系。

我国要打好污染防治攻坚战，调整优化能源、产业结构，狠抓节能减排，必须发挥审计的监督职能，以审计监督助力生态文明建设。我国的能源审计理论体系建设仍处于发展阶段，对能源管理绩效审计的重视度还不够高，相关法律法规不完善、技术标准不成熟，缺乏综合型审计人才。为确保能源管理绩效审计理论框架的有效实施，我国要加快建立、完善能源管理绩效审计相关法规、制度，完善审计标准；加大对专业审计人员的引进和培养；加强国际能源审计的交流与协调；顺应大数据时代的发展，将能源管理绩效审计与数字化、云审计等相结合。

参考文献：

[1] 丁红燕，赵胜瑶，刘颖．"双碳"背景下能源审计研究：一个理论框架 [J]．中国石油大学学报（社会科学版），2022，38（06）：39-46．

[2] 陈希晖，张卓，邢祥娟．我国可持续能源审计的实施框架研究 [J]．华东经济管理，2012，26（06）：65-68．

[3] 郑石桥．能源审计本质：一个理论框架 [J]．商业会计，2022（19）：10-17．

[4] 郑石桥. 能源审计客体：一个理论框架 [J]. 商业会计, 2022 (21): 10-15.

[5] 沈剑飞, 谢喜梅, 李国政. 能源审计理论研究、实施现状及相关建议 [J]. 财会月刊, 2011 (21): 84-86.

[6] 侯京亮, 翟国富, 苗杨等. 简析我国能源审计队伍现状及存在问题 [J]. 能源研究与管理, 2014 (01): 9-11, 23.

[7] 严少斌. 能源企业审计检查方式的评价及完善构想 [J]. 财务与会计, 2009 (21): 53-54.

[8] 刘丹, 李安桂. 大型公共建筑的能源审计研究 [J]. 生态经济, 2012 (01): 47-48, 53.

[9] 刘尹. 能源审计在淮北矿区节能实践中的应用 [J]. 中国煤炭, 2009, 35 (06): 98-99, 116.

[10] 刘海玲, 王心亮. 利用能源审计实现石油石化行业节能减排 [J]. 油气田地面工程, 2009, 28 (09): 80-81.

[11] 王爱华, 张承承, 郝敏. 煤炭企业能源审计评价指标体系构建初探 [J]. 财会月刊, 2013 (14): 97-101.

[12] 刘明慧, 于宏兵, 李红娜等. 天津某食用油企业的能源审计实践 [J]. 环境工程, 2015, 33 (03): 145-148.

[13] 蒋汶峻, 王振全. 钢铁企业能源审计评价体系的优化 [J]. 财会月刊, 2015 (17): 74-77.

[14] 殷佳悦, 王胜强, 武祝民等. 医药制造企业能源审计案例研究 [J]. 环境工程, 2017, 35 (01): 160-163.

[15] 刘长翠, 张宏亮, 黄文思. 资源环境审计的环境：结构、影响与优化 [J]. 审计研究, 2014 (03): 38-42.

[16] 景春梅. 能源技术革命：能源革命的动力源泉 [J]. 经济研究参考, 2016 (48): 5-8.

[17] 李菊香. 关于环境审计主客体要素的研究 [J]. 生产力研究, 2011 (07): 192-194.

[18] 王海兵, 张蓉莲. 大气环境治理绩效审计框架构建研究 [J]. 会计之友, 2022 (22): 111-119.

[19] 田冠军, 谭璐, 刘诗雨. 基于BSC的环保资金绩效审计评价

指标体系构建 [J]. 重庆理工大学学报（社会科学），2015，29（10）：80 – 85.

[20] 蔡春，蔡利，朱荣. 关于全面推进我国绩效审计创新发展的十大思考 [J]. 审计研究，2011（04）：32 – 38.

数智化环境下 ESG 审计面临的挑战与对策研究

摘 要：随着 ESG 受到政府和社会的广泛关注，对合法性和效益性的追求促使企业 ESG 报告披露比率不断上升，但报告披露形式内容尚未规范，第三方鉴证尚未法治化，导致 ESG 信息真实性和完整性等存在巨大问题，因此，引入第三方审计力量能够显著提高企业 ESG 信息质量。同时，数智化技术强调以大数据、云计算和人工智能等为基础，从而促进工作提质增效，而审计人员综合运用数智技术能够有效解决 ESG 信息难以审计的难点。本文结合 ESG 信息特性与数智化技术特征，提出 ESG 审计面临的五大挑战，即 ESG 审计流程数智化应用不足、数智化 ESG 审计方法缺乏创新、ESG 审计法规体系不健全、ESG 审计信息口径亟待规范和 ESG 数智化审计人员职业胜任能力有待提高，同时提出相应对策，旨在推动 ESG 审计与数智化技术耦合，加强企业的 ESG 治理，助力双碳政策在企业微观层面落地的重要举措。

关键词：ESG；ESG 审计；数智化环境

一、引言

随着经济快速发展，人民的物质生活质量大幅提高，对于绿色生活和幸福感的追求越发强烈。但我国在经济发展过程中产生的环境污染、资源浪费和文化建设等问题与美好的新世纪社会主义现代化强国之间仍存在差距。习近平总书记在二十大报告中提出，大自然是人类赖以生存发展的基本条件。尊重自然、顺应自然、保护自然，是全面建设社会主义现代化国家的内在要求。环境、社会和公司治理（Environmental，Social and Governance，ESG）强调企业在追求盈利目标的同时还应当在环境治理、社会责任和公司治理三方面作出贡献，是建设社会主义现代化强国的有效途径。我国各级部门也相继出台一系列政策推动 ESG 发展，生态环境部 2021 年 5 月发布《环境信息依法披露制度改革方案》，我国至 2025 年基本形成环境信息强制性披露制度。2022 年 4 月证监会发布《上市公司投资者关系管理工作指引》，规定上市公司需要就公司的环境 ESG 信息与投资者进行沟通。2022 年 5 月国资委发布《提高央企控股上市公司质量工作方案》，规定央企进一步完善环境、社会责任和公司治理（ESG）工作机制，力争 2023 年相关专项报告披露全覆盖。

ESG 信息披露的全覆盖成为必然，不过我国上市公司的 ESG 信息真实性、可靠性、完整性等仍存在巨大问题。根据商道咨询团队统计数据，截至 2023 年 6 月，我国共有 1714 家 A 股上市公司发布 2022 年度 ESG 报告，较上年度增长 285 家，占全部 A 股上市公司数量的 32.9%，较上年增长 3.3%。同时，我国 ESG 报告披露方式不统一，2010 年至 2020 年期间新增的 ESG 报告中近 70% 为同年报合并披露，2021 年上市公司共发布 ESG 报告 4775 份，69.19% 的企业选择合并披露，内容呈现出明显的模版化、套路化，披露 ESG 信息仅为追求监管合规。另外，ESG 报告鉴证率不高，鉴证主体不明确。根据国际会计师联合会（IFAC）发布的《可持续发展信息披露和鉴证的现状》，2020 年对其 ESG 报告进行鉴证的公司比例为 58%。同时，全球约 61% 的鉴证业务由专业会计师事务所或其所属机构承接。因此，随着 ESG 报告覆盖率逐步提升，保证 ESG 信息的真实性越发重要，而会计师事务所作为市场信息传递的重要力量，能够为企业提供专业的 ESG 审计服务，提高 ESG 报告的可信度。与此同时，强调数字化与智能化综合应用的数智化概念也成为时代热点，它强调以云计算、区块链和人工智能等技术为基础，从而以集群式、交互式等方式来提升工作效率及质量。数智化技术能够充分发挥优势，应对 ESG 内容范围广、定性信息多、主观特征强和格式内容不统一等特点，对于利益相关者和鉴证方对 ESG 信息的利用起到极大裨益。因此，充分发挥人工智能、区块链、云计算等数智化技术能够推动 ESG 审计提质增效。

目前，我国 ESG 发展处于初期，研究集中在评价体系、披露管理和投资决策三方面，缺乏对 ESG 报告审计的研究。首先，良好的 ESG 表现能够帮助企业获取更低的融资成本和更高的市场估值[1]，致使企业产生"漂绿"动机[2]。其次，ESG 审计的低覆盖率与 ESG 信息来源广泛、难以度量等特性进一步增加企业"漂绿"机会。最后，由于外部监管和内部绩效的双重压力，管理层在信息披露过程中也存在"漂绿"的压力，这些信息会严重阻碍市场投资者的正确决策[3]。因此，探析 ESG 审计在数智化环境下的发展现状与前景，探索 ESG 审计面临的挑战及应对策略，充分发挥审计的第三方鉴证职能，能有效抑制企业的"漂绿"行为，提高 ESG 报告的信息质量，减少企业内外部的信息不对称程度，增强利益相关者对 ESG 报告的信任程度，推动绿色经济形成和人本社会建设，打造社会主义现代化强国。

二、文献回顾

审计正在朝着绿色化和数智化的方向迅猛发展，成为经济监督和环境治理的"特种部队"。本文将从数智化审计与 ESG 审计两方面对研究现状进行分析，探索数智化环境 ESG 审计的实现路径。

（一）数智化审计研究现状

"数智化"概念自 2015 年提出以来，最初定义是数字智慧化和智慧数字化，在企业决策全过程中进一步深入数字化技术，综合应用"人机协同机制"。目前，我国也有部分学者开展了数智化审计相关的研究，主要集中于特定数智化技术审计理论与实务研究两方面。徐晨阳等（2023）指出审计人员充分利用海量数据进行数据挖掘、关联和分析，能够实现数据赋能审计工作提质增效[4]。毕秀玲和陈帅（2019）指出结合 5G、区块链、人工智能等技术实现审计全过程自动化，完成审计智能升级[5]。徐超（2020）提出区块链审计是审计业务与区块链的结合体，狭义上分为利用区块链和审计区块链两种方式[6]。高廷帆（2019）[7] 以普华永道的基金业务审计项目为例，审计方可以通过区块链节点实时、快速地访问相应权限的数据，大幅降低审计所需的时间和异地办公成本。杨扬（2020）研究发现人工智能技术能够提升本土会计师事务所审计质量，进一步验证了我国加强审计信息化对会计师事务所的市场竞争力的提升作用[8]。数智化技术给审计工作带来技术工具、审计方法等多方面的革新，具有一定的先进性[9]，但是，审计数智化转型过程也面临着巨大的成本、技术和应用问题。刘哲（2020）指出区块链审计监管问题还需要从交易追溯、异常交易检测、非法行为识别技术和用户身份推测与追踪技术四大方面进行研究[10]。王海兵等（2022）指出人工智能在内部审计的应用进程中存在相关法规不完善、人才匮乏、技术伦理问题和安全风险问题[11]。戚啸艳（2022）也指出人工智能审计存在审计主体地位动摇、审计事故责任认定和审计数据安全等问题[12]，想要真正实现数智化技术与审计耦合仍然需要大量的理论创新与实践探索。

（二）ESG 审计研究现状

ESG 概念提倡企业注重财务经营发展的同时，还应该考虑环境、社会和治理三方面的表现。ESG 理念是对社会责任（CSR）的继承和发展，随着经济发展与环境损害之间的矛盾不断加深，将环境作为一个重要组成部分的 ESG 理念应运而生[13]。香港联交所刊发的《2022 年 ESG 常规情况审阅》指出，仅有 6.7% 的样本发行人取得了独立鉴证，这与我国企业自愿实行 ESG 鉴证的模式有关[14]，想要进一步加强 ESG 管理，须要引入第三方审计力量，验证企业 ESG 报告的可靠性[15]。许多学者也指出了 ESG 审计的必要性，杜永红（2022）认为 ESG 理念与我国发展战略高度契合，审计作为提升信息披露质量的重要手段，应该逐步加强上市公司 ESG 审计力度，建立健全 ESG 审计制度[16]。黄世忠（2022）指出只有借鉴财务报告的独立审计机制，建设 ESG 报告独立鉴证机制，才能抑制企业和金融机构的"漂绿"冲动[2]。曹国俊（2022）指出金融机构董事会应当委托第三方实施 ESG 鉴证，帮助利益相关者合理判断 ESG 报告的可信度[17]。Brian 等（2018）指出会计师事务所相比其他鉴证服务机构，能够更快发现报告的信息质量问题，而且还能改善企业将来的信息质量[18]。不过在 ESG 审计全覆盖的实现过程中仍存在着巨大挑战。首先，ESG 管理的成本需求与企业盈利之间存在错配，成长期企业并不具备资源能力进行大量 ESG 管理行为[19]，但是国家法治和社会舆论的压力使得企业 ESG 表现成为优秀与否的重要评判标准，这种内在资源不足与外在强制推动的差异迫使企业产生"漂绿"行为，为防止报告信息的真实性受到挑战，大部分企业并不会进行 ESG 报告审计。其次，ESG 概念迎合资本市场投资者偏好，企业倾向于对外披露利好信息而隐藏利空信息[20]，打造"好人"形象，从而获取利益相关者的广泛支持[21]，这种低成本投入与高收益回报的明显对比也驱使着企业进行"漂绿"行为。最后，王凯（2021）通过对国内外 14 家著名 ESG 评级机构的评价体系进行对比分析后发现，目前我国 ESG 评级体系存在信息披露信息差、评级结果不统一等问题[22]，不同企业的信息披露的标准与口径不一，会对审计效率和审计质量产生巨大的影响。

（三）研究述评

数智化审计和 ESG 审计存在一定的研究成果，这些成果为本文研究起到了积极的推动作用。环境关乎每个人的健康、社会关乎每个人的权益、公司治理关乎每个人的发展，随着以 ESG 为主的非财务治理越来越受到重视的情景下，紧抓数智化技术对 ESG 中非结构化数据的处理优势，分析目前数智化技术与 ESG 审计耦合所面临的挑战与对策，能够推进数智化和 ESG 综合治理优势，对促进"双碳政策"在企业层面实现全面落地具有重要意义。

三、数智化环境下的 ESG 审计存在的问题

数智化审计是数智化技术赋能并优化治理的新兴治理模式。在智能技术（大数据、人工智能、云计算、5G 等）手段的支持下，审计人员通过建立决策模型，实现对数据的智能化分析，但是数智化技术的应用也对审计人员的技能专长提出更高的要求，因此，实现 ESG 审计的数智化进程中机遇与挑战并存。本文将从以下方面的问题探究数智化环境下 ESG 审计问题。

（一）ESG 审计流程数智化应用不足

审计流程是开展工作所依据的行动步骤，是审计人员掌握审计进度和

分配审计资源的重要抓手。针对非财务信息为主的 ESG 报告进行审计主要依据包括中国注册会计师准则第 3111 号及国际鉴证业务准则 3000 号和 3410 号，上述准则中非财务信息的审计流程与传统审计流程类似，可以分为审计准备阶段、审计实施阶段和审计报告阶段。但 ESG 报告以非结构化数据为主，根据传统审计流程实施 ESG 审计，审计程序与数据处理逻辑存在错位，会对审计质量和效率产生负面影响。

1. 审计准备阶段

审计人员通过被审计单位和网络检索整理企业相关的 ESG 数据和信息，包括企业的公开报告、政策文件、内部管理体系等，以此了解企业的风险情况，明确 ESG 审计的目标和范围，从而制定审计总体策略和具体审计计划。相比于财务审计的结构化数据，ESG 报告中非财务数据主要以文本、音频或视频为载体，传统审计技术难以实现大量的对比分析工作，并且我国企业的 ESG 信息披露具有较大自由裁量权。因此，企业的 ESG 管理材料很可能没有进行有效整理，会严重影响审计质量和审计效率。

2. 审计实施阶段

首先，审计人员通过询问和检查等程序测试企业制度设计和运行情况，从而实施进一步审计程序。其次，通过抽查、抽样调查、第三方验证等方法确认包括环境保护、生产台账与员工保障制度等 ESG 信息的真实性、可靠性和完整性，比较企业实际绩效与 ESG 标准、法规和指南等的符合程度。最后，根据分析、评估和调查的结果，识别 ESG 薄弱点和存在的风险。ESG 信息范围广、变化快且涉及大量定性判断，审计人员整理分析大量的非结构化数据会消耗大量的精力，同时由于沟通位差效应，项目组成员之间信息不对称性进一步加重，审计工作受到严重影响。

3. 审计报告阶段

审计人员将不符合相关准则的审计问题与审计委托方进行书面沟通，对 ESG 报告发表审计意见、出具正式审计报告，包括对企业 ESG 绩效的评估、发现的问题和风险、改进建议等内容。ESG 与企业长期发展密切相关，结合数智化技术优势，打破审计项目的节点，实现审计准备阶段和审计报告阶段的贯通，实现持续审计，充分发挥审计的监督职能，优化企业治理环境。

（二）数智化 ESG 审计方法缺乏创新

传统审计方法在数智化时代竞争力逐渐降低，无法为企业和会计师事务所创造更大的增量价值，而数智化技术对传统审计方法的巨大革新可以大幅提高审计质量和审计效率。审计方法的创新与专业技术的发展密不可分，例如，人工智能审计系统中信息安全程度和审计系统安全程度紧密相关，审计人员在利用企业私有链进行审计数据采集时，需要确保信息合理性和相关性时实施更具有信息技术特点的审计程序。针对 ESG 报告所承载的非财务数据，审计人员目前主要采用问卷调查法、抽样调查法和询问等传统审计方法。但是文本挖掘、语音识别和人工智能运算模型等数智化技术针对非结构化信息分析处理更加具有针对性。审计人员按照既定原则向平台输入会计数据和其他财务信息并发出测试指令，平台自动筛选数据进行测试，分析审计风险，生成审计工作底稿[5]，审计人员偏重于编制审计计划、审计决策部署和审计结果运用等职业判断重难点，审计的时间资源与人力资源占比分配由审计事中向审计事前和事后进行分配，实现审计从劳动密集型行业向知识密集型行业的转变。技术的不断更迭会促进审计方法体系的数智化，助推审计人员进行思维革新和工作模式转变，数智技术与审计方法的全面融合与创新是必然，对于 ESG 报告中环境、社会和治理三部分非财务信息的审计方法创新研究需要与时俱进，摆脱传统单一审计方法的困境。

（三）ESG 审计法规体系不健全

依法审计是开展审计工作的基础，如果没有经过第三方审计的程序核准，报告内容的真实性难以得到合理保证，目前全球只有少数国家对特定企业的 ESG 履职责任鉴证进行了强制要求，其余大部分国家对企业 ESG 报告第三方鉴证行为都秉持自愿的态度[13]，信息真实性和完整性受到损害。我国未对 ESG 审计进行强制规定，想要全面推行 ESG 审计，相关法规体系需要得到进一步完善。第一，国家层面没有标准、全面的 ESG 审计法规体系，使得审计部门和工作人员在开展相关审计工作时缺乏法律支撑。国家层面的《审计法》《注册会计师法》等法律法规主要针对传统财务进行审计，而 ESG 报告信息中大量非结构化信息的审计需要结合数智化时代下的先进技术进行审计改革,并且ESG信息具有范围大、资金来源复杂、披露标准不一等特点。缺乏完整的ESG审计法规体系,企业出于减少成本和隐藏"漂绿"行为的考虑倾向于不进行第三方审计,ESG审计的覆盖率难以提升。部分企业对ESG报告进行第三方鉴证,也会更偏向进行审阅业务约定,仅对少数利好指标进行审阅,无法对ESG报告提供合理保证。第二,ESG审计实务中缺少相应的审计准则和应用指南,针对相关事项的考虑建立在财务报表审计的基础之上,无法对ESG审计内容、审计方法、审计行为、审计程序和审计报告等作出具体的界定和指引。同时目前ESG审计工作开展较少,审计工作经验匮乏,形成了"理论无法落地,实务难以起步"的窘境。ESG审计准则和应用指南缺乏使得实务工作难以规范,无法对ESG促进我国可持续发展战略落地的效果实施监督。

(四) ESG审计信息口径亟待规范

针对评级体系而言,国内机构近年陆续发布许多ESG评级体系(见表1),尚未形成统一的标准,企业ESG报告依据不同评级体系进行披露提高了开展审计工作的难度。以国内四家评级机构为例。第一,ESG评级分类繁多,尚未形成明确的等级。第二,ESG评级覆盖范围不同无法为投资者提供全面的决策参考。第三,不同评级体系二级指标及底层具体指标的选择及表述具有很大差异。指标设定中,商道融绿选择环境政策作为核心议题,而其余三个机构并未将环境政策落实情况作为二级指标;指标表述以社会议题中的员工为例,多个评级体系中描述包含员工发展、员工激励和发展、劳动安全、员工健康与安全、职业健康与安全生产多种表述,指标之间交叉重叠,难以确定最优的衡量指标。针对信息特性而言,我国在ESG报告信息披露的强制性虽然得到了进一步提升,但是企业披露信息的定性定量判断依据并不明确,信息真实性、合理性得不到有效保证。大数据时代下,结构化数据能够通过数据清理得到有效披露,但是信息含量更大的非结构化数据难以得到准确披露,以商道融绿发布的《A股上市公司ESG评级分析报告2022》为例,在A股ESG报告发布量显著提升的背景下,同时自愿披露的指标披露度已经接近50%,但是定性指标仍明显高于定量指标,定性指标让利益相关者难以分辨企业的真实 ESG 管理情况,企业也无法"对症下药"。过多的定性指标也会促使企业对特定指标进行"漂绿",令投资者产生误判,影响市场秩序。总体而言,披露体系和披露口径的不同,造成企业在不同标准体系转换需要大量成本,信息的一致性与可比性得不到保证,同时企业偏向披露利好指标,信息质量得不到保证,建立统一的 ESG 审计信息标准对于数据的对比分析大有裨益,是数智化 ESG 审计发展的重要方向。

表1　　　　　　　　　国内部分 ESG 评级体系

评级机构	评级分类	覆盖范围	评级体系议题及指标
商道融绿	A+至 D 共 10 档	全部 A 股上市公司,港股通中的香港上市公司,以及主要的债券发行主体	3 个一级指标、14 个核心议题,近 200 个 ESG 具体指标
Wind	AAA 至 CCC 共 7 档	全部 A 股、港股上市公司与重要发债主体	3 大维度、25 个议题、2000 多个数据点
华证	AAA 至 C 共 9 档	全部 A 股上市公司和具有可投资性的港股上市公司(港股市值覆盖率达 95%)	3 个一级指标、16 个二级主题指标、三级议题指标 44 个、底层指标近 80 个
中证	AAA 至 D 共 10 档	全部 A 股	3 个一级指标、13 个主题、22 个单元近 200 个指标

(五)ESG 数智化审计人员职业胜任能力有待提高

数智化时代下的审计工作面临着诸多挑战,提高审计人员的职业胜任能力,培养一批审计工作素质高、专业能力强和多学科背景的复合型审计人才队伍是开展 ESG 审计工作的关键。审计人员技术能力欠缺,对于新技术的接纳与应用程度不足是导致 ESG 审计难以开展的重要因素。财务报表数据之间存在勾稽关系,审计机构和人员利用 Excel 对财务数据进行横纵向对比分析,发现异常数据从而实现合理保证。而 ESG 报告中涉及大量的非结构数据,需要利用区块链、人工智能等高新技术对 ESG 数据进行结构化处理，同时需要检验智能合约、决策模型等的底层逻辑，过高的技术学习门槛以及利用技术专家审计辅助中的沟通壁垒问题都阻碍了有效开展ESG审计工作，审计人员的"斜杠"属性需要不断丰富，审计人员综合能力须进一步提高。同时，单一财务知识体系的审计人员难以完成ESG审计任务，审计人员需要具备多学科复合背景、较强的信息检索和审计沟通能力。ESG报告与财务报告所包含的内容及数据类型大相径庭，ESG报告内容范围广、评估指标复杂，多个不同的评价体系对审计人员的职业判断和审计沟通能力都提出了更高要求，如何确保不同行业和企业环境、社会和治理三方面治理效果的存在性、准确性、完整性认定等的合理性需要较强的审计职业综合能力。

四、数智化环境下 ESG 审计的实现路径

从 ESG 审计流程、ESG 审计方法、ESG 审计法规、ESG 审计信息和 ESG 审计人才五个方面探究 ESG 审计的实现路径（见图1）。针对审计流程，以数据处理逻辑重塑 ESG 审计流程，利用多种数智化技术对 ESG 信息全面深入分析，改善 ESG 审计技术环境。针对审计方法，技术革新推动思维革命，实现审计方法的逐步更迭，提升 ESG 审计工作的效率。针对法规体系，政府应当尽快完善 ESG 审计法规及审计标准，为 ESG 审计工作的有效开展提供强有力的支撑。针对审计对象，从国家层面统一评价体系和评价标准，对 ESG 信息披露的内容进行标准的制定，借鉴国外信息披露信息质量特征标准，结合我国特色，对信息的质量进行多样化规定，提高 ESG 所披露信息质量。针对审计队伍，从高校与企业供需两侧协同发力，培养理论和实务接轨的应用型审计人才，实现教育强审、人才强审的目标。ESG 审计流程与审计方法的革新紧贴数智化时代发展的步伐，顺应了天时。ESG 审计法规与审计对象的建设具有中国特色的新道路，结合了地利。ESG 审计形成的多学科交叉融合的审计队伍为审计发展提供了人和。而充分发挥监督、鉴证和评价的作用是审计重要职能，从战略高度上指导 ESG 审计体系的建构，同时从政治、经济、社会和技术等方面为 ESG 审计体系搭建宏观的审计环境，构成 ESG 审计体系实践的底层逻辑支撑。

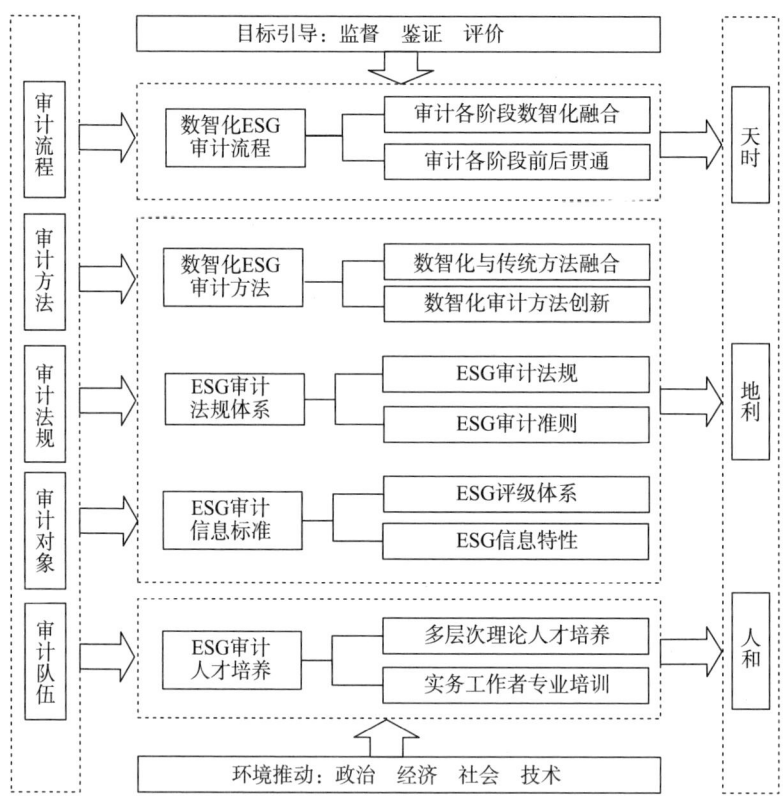

图 1　数智化环境下 ESG 审计实现路径

（一）重塑 ESG 数智化审计流程

ESG 审计与数智化技术融合是双向适应与选择的结果，能够实现从审计证据采集、审计数据分析到审计报告撰写等审计全流程的自动化，从而实现 ESG 审计的提质增效。所以深化 ESG 审计的数智化改革需要对审计流程进行重塑。本文将从数智化采集、数智化处理和数智化报告三个阶段介绍数智化环境下的 ESG 审计信息处理流程（见图2）。

1. 数智化采集阶段

ESG 与业务紧密连接，以业务为核心，通过文字识别、语音识别和企业数据库等方式收集线下审计证据，线上利用 Python 等技术语言抓取网络媒体报道和各种报告，然后利用专业数据库转存并筛选非结构化数据，提高证据充分性和相关性，避免陷入"无数可审""审可无数"的困境。

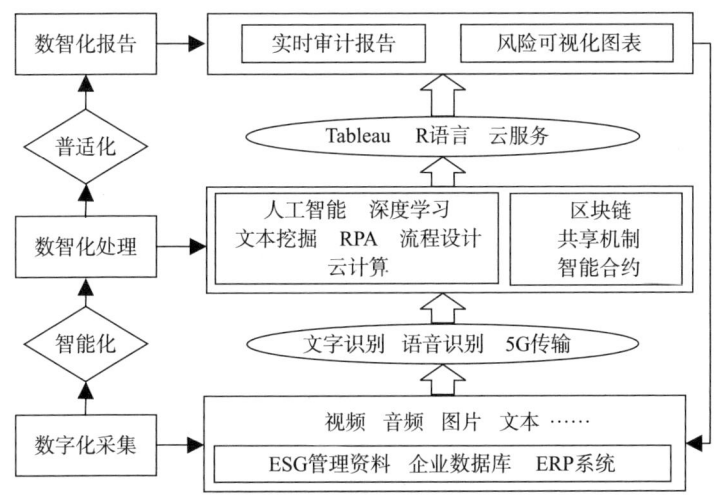

图 2　ESG 审计流程

2. 数智化处理阶段

利用文本分析识别重点、难点、关键点，制定总体策略和审计计划。数据分析过程中，将工作经验与逻辑转换为算法或规则，依托智能合约及人工智能决策模型，设计开放式审计系统窗口，实现项目组成员进度和成果共享[4]，提高审计效率及审计质量。针对具体审计工作需要结合多种数智化技术，例如，利用无人机图像识别技术对企业环境绩效进行考察，通过文本挖掘对员工福利情况和产品质量情况等进行聚类分析。

3. 数智化报告阶段

借助一系列可视化工具实现多种审计数据向表格、图像、图形的转换[23]，将异质性数据从风险可视化图表中体现，报告使用者直观发现被审计单位风险点和优势点。本期审计数据及审计意见在审计信息平台进行存储，同时通过云服务对审计报告实现实时更新，对审计整改效果进行评价，将整改情况纳入下一期审计范围，实现审计流程的时间接轨，形成信息闭环；实现随时审和随地审。

（二）探索 ESG 数智化审计方法

数智化环境之下，企业应用数智化技术能够促进 ESG 高效管理，因此，会计师事务所想要利用有限的审计资源对非传统数据结构的 ESG 审计实现全面覆盖，需要对审计方法进行革新。以科学性和客观性为指导，将

ESG 审计特殊性和数智化技术革新性进行融合与创新，增加 ESG 审计方法的种类，从而提高审计质量和效率。一方面，审计技术与传统审计方法进行了融合。审计人员在对被审单位主要人员进行询问时，结合语音识别技术对谈话进行全程记录；实物盘点时利用无人机技术对企业产品数量进行快速查验；审计数据分析利用 SQL 语句或构建树形图等模型，对审计证据进行深入分析，从而发现逻辑缺陷[24]，最终通过开源编程语言和可视化软件展示审计数据。另一方面，数智化审计方法全面创新，转向专业技术验证。以审计取证为例，人工智能应用情景下的取证方法受到审计客体和审计机构的应用深度的影响，审计取证模式随人工智能技术的应用程度加深倾向于运行机制的安全性检验。同时，审计人员可以利用区块链去中心化、共同识别和时间戳等机制，可以摆脱传统的询问和观察方法，对企业私有链代码的信任检验和防护恶意 51% 算力攻击成为重点，审计方法中心由证据收集转向企业信息技术的验证和篡改防护。审计方法与数智化技术的融合及创新对于审计工作质量的提高都有着巨大裨益，随着物联网等前沿技术的越发成熟，如观察和询问等传统审计方法可能被完全代替，衍生出对传感设备控制等更加贴切"智能化"的审计方法。

（三）健全 ESG 审计法规体系

首先，通过法律明确审计主体、客体、对象和目的等（见表 2），推动 ESG 审计覆盖，借鉴《GRI 通用标准 2021》的规定，实行第三方鉴证信息不允许从略披露的规定，实现审计主体和客体权责的清晰划分，从而提高 ESG 管理和审计透明度，真正为 ESG 报告提供合理保证，抑制企业的"漂绿"行为。ESG 审计的法治必要性能够优化审计环境，是顺利开展、有效进行、高质完成审计工作的前提和保障，可以避免被审计单位及其余相关者干扰审计工作，为审计人员提供外在保护。其次，规范 ESG 审计准则及实务指南，从国家层次对社会、环境和治理三方面制定审计方案和细则，设立资金与制度等的客观评价标准，能够为 ESG 审计实务工作提供强有力支撑和指引。最后，鼓励审计主客体充分应用数智化技术，ESG 审计不仅是企业资金项目的审计，还是国家双碳政策的全面落实审计，推动 ESG 报告审计全覆盖，能够实现对企业"双碳行为"的有效监督和管理。ESG 审计产生的社会效益及审计准则和实务指南提供的 ESG 审计可行性，为审计人员注入内生动力。健全法规体系需要建立一套切实可行的"政—企—审"信息反馈制度。国家落实ESG审计法规完善，为ESG审计提供法律保障和法律依据，企业与审计方则尽快跟进实务工作，对ESG报告审计目前存在的问题进行深度研究，实现"宏观调控+微观落地"的双维度健全的ESG审计法规体系。

表2　　　　　　　　　　　ESG审计要素

审计主体	会计师事务所、专业咨询机构、国家审计机关、企业内部审计部门
审计客体	环境成效、碳减排目标、社会公益、产品质量、员工福利
审计对象	被审计单位关于ESG报告中所包含的所有资料（非结构化数据、电子数据）
审计目的	通过审查被审计单位ESG行为及其记录的真实性和合法性从而监督、评价与证明企业ESG履责情况

（四）构建ESG审计信息统一标准

全面实行股票发行注册制加剧了市场竞争激烈程度，ESG作为企业非财务信息的重要补充受到市场投资者的广泛关注。而ESG信息披露的期望差异会增加企业和投资者信息的沟通成本，阻碍了市场经济的良好发展，因此构建ESG评价标准体系、规范信息特性和统一ESG信息披露标准迫在眉睫。目前国内评级体系各有标准，许多学者的相关研究也局限在行业层面，没有从宏观角度进行探究。真正统一评级体系需要由国家带头，统筹社会力量，参考国际ESG评价体系，结合我国重要政策和产业结构发展情况，对ESG评级体分类和指标进行规范。按照行业特点，对不同行业的指标进行具体制定，然后对数据进行归一化或者由国家制定行业统一的标准值。跨行业、跨企业的标准ESG评级体系能够为审计人员提供明晰的审计对象，对ESG审计起到正面促进作用。此外，在构建统一ESG披露体系基础后，需要从定性和定量两个方面对ESG信息特性进行规范。目前许多组织发布了ESG信息指引（见表3），例如，联合国责任投资原则机构（UN-PRI）在《关键ESG指标建议》中指出ESG信息需要具有可比性、稳定性、可得性和实质性等。GRI通用标准2021版增加了可持续发展背景和完整性概念，进一步规范了ESG信息特质。我国证监会2018年发布的《上市公司治理准则（修订）》指出，上市公司需要真实、准确、完整、及时、公平地披露信息,同时鼓励公司自愿披露,相应信息需要有持续性和一致性,不得进行选择性披露。ESG 信息来源广泛和时效性明显,确保信息能够长期可得是进行信息评价的基础。企业大量披露定性指标和信息口径不一等问题使得 ESG 信息难以实现跨行业、跨企业的有效对比,无形提高了市场投资者的门槛,所以保证信息的可比性是 ESG 信息评价的关键。以可得性和可比性作为 ESG 信息的基础特质,统一 ESG 信息质量评价标准,才能全面客观地评价企业 ESG 行为的真实性、合理性等。统一的信息质量评级标准对审计目标进行了准确的定位,有利于明确审计程序,降低审计难度,提高审计质量。

表 3   ESG 审计信息特性

UNPRI	可比性、时间稳定性、可得性和实质性
GRI 标准	准确性、平衡性、清晰性、可比性、可验证性、时效性、可持续发展背景、完整性
TCFD 气候相关财务披露	相关性、完整性、易理解、一致性、比较性(可比性)、重事实、时效性
IFRS 可持续披露准则	相关性、可比性、可验证性、及时性、可理解性、重要性
SASB 准则	重要性、便利性、可靠性、真实性
中国证监会	真实性、准确性、完整性、及时性、公平性

(五) 提高 ESG 审计人员职业胜任能力

提高 ESG 审计人员的综合专业素质和职业胜任能力是保证审计工作高质量和高效率的基础,打造一支掌握数智化技术,具有复合学科背景的人才队伍十分必要。可以从需求侧人才培养和供给侧实务人才培训两方面开展。从供给侧出发,按照"高职—本科—研究生"的不同培养体系,加强学生的财会审计基础专业能力,抓住数字化和智能化融合发展的契机,增强学生的数智化技术基础知识厚度,将国家高素质人才培养与社会发展方向结合,打造符合审计未来的全方位审计人才队伍。同时,在加强学生理论学习的同时紧跟数智化技术在企业财务工作和流程管理工作中的实践应用潮流,促进产教融合,将行业前端的企业成果运用与人才培养进行结合，缩小校企之间对学生培养产生的"能力落差"，推动国家、社会和企业的数智化转型。从需求侧出发，会计师事务所组织专业技能知识培训，以案例贯通 ESG 审计流程，理论与实务接轨，理论指导实务工作落地，实务工作引导理论创新。同时，在数智化时代的巨大冲击下，审计人员从烦琐的审计实施工作中摆脱出来，职业判断重要性进一步提升，对审计人员的职业道德培训也愈发重要，切实提高 ESG 审计人员的职业道德水平是 ESG 审计工作保质保量的根本。综上所述，加强审计人员职业胜任能力建设是 ESG 审计数智化的基本盘，也是我国现代化过程中对审计人员提高的必然要求。

五、研究结论与展望

ESG 理念的长期发展和相关制度的完善事关国家经济稳定和良好社会建设的大局，随着 ESG 报告的普及，相关审计工作也会成为国家治理和社会公众服务的核心，目前大部分对于 ESG 方面的研究集中在 ESG 投资、ESG 评价以及 ESG 信息披露三方面，对于 ESG 审计方面的研究较少，但是 ESG 是实现国家双碳目标的重要支撑点，也是实现人类与自然和谐共生的重要途径，从审计的角度对企业 ESG 报告进行监督刻不容缓。本文对 ESG 视角下的整体审计进行研究，结合分析数智化技术对 ESG 审计工作的影响，探索目前 ESG 审计面临的挑战和对策，为我国 ESG 审计和数智化技术与审计应用创新发展作出了贡献。进一步发挥审计在国家治理和经济发展中的独特作用，助力国家重大战略实现。

利益相关者理论强调企业在经营过程中需要维护利益相关者的综合利益，ESG 是缓解经济发展和环境保护的重要途径，充分发挥审计的监督职能，保证 ESG 报告的信息质量，为经济与生态的平衡发展注入强心剂。在本文研究基础之上，未来研究方向包括但不限于以下方面：整合数智化信息共享技术在 ESG 审计定量指标中的深化；探索各类型企业的 ESG 管理资金的运行模式。建立以政府为主导、社会审计和内部审计作为主要力量的 ESG 管理多元共治格局，利用数智化技术推动环境、社会和内部治理三种审计模式的新局面，推动我国"双碳"目标，可持续发展战略的实现。

参考文献：

[1] 邱牧远,殷红. 生态文明建设背景下企业 ESG 表现与融资成本[J]. 数量经济技术经济研究,2019,36(03):108-123.

[2] 黄世忠. ESG 报告的"漂绿"与反"漂绿"[J]. 财会月刊,2022,(01):3-11.

[3] Ellen Pei-yi Yu, Bac Van Luu, Catherine Huirong Chen. Greenwashing in environmental, social and governance disclosures[J]. Research in International Business and Finance, 2020, 52 (C).

[4] 徐晨阳,陆纪一,开喆. 数字化赋能会计师事务所降低审计风险的路径研究[J]. 会计之友,2022(19):12-17.

[5] 毕秀玲,陈帅. 科技新时代下的"审计智能+"建设[J]. 审计研究,2019(06):13-21.

[6] 徐超,陈勇. 区块链技术下的审计方法研究[J]. 审计研究,2020(03):20-28.

[7] 高延帆,陈甬军. 区块链技术如何影响审计的未来——个技术创新与产业生命周期视角[J]. 审计研究,2019(02):3-10.

[8] 杨扬. 人工智能技术对审计质量的影响——基于会计师事务所视角的实证研究[J]. 技术经济,2020,39(05):9-17,34.

[9] 王秀芳,陈晓琳. 企业数智化审计模式的应用探讨[J]. 财会通讯,2023(01):116-120.

[10] 刘哲,郑子彬,宋苏,等. 区块链存在的问题与对策建议[J]. 中国科学基金,2020,34(01):7-11.

[11] 王海兵,张美丽,陈欣. 人工智能内部审计的流程设计和实现路径[J]. 重庆理工大学学报(社会科学),2022,36(07):127-137.

[12] 戚啸艳,王晗,赵洋洋. 人工智能审计的伦理问题及对策研究[J]. 中国注册会计师,2022(06):68-71.

[13] 李诗,黄世忠. 从 CSR 到 ESG 的演进——文献回顾与未来展望[J]. 财务研究,2022(04):13-25.

[14] 陈晓艳,洪峰. 企业 ESG 鉴证:进展、问题与思考[J]. 中国

注册会计师，2022，（09）：79-83，3.

[15] Abdullah S. Karaman, Nurlan Orazalin, Ali Uyar, et al. CSR achievement, reporting, and assurance in the energy sector: Does economic development matter? [J]. Energy Policy, 2021, 149: 112007.

[16] 杜永红."双碳"目标约束下的ESG审计研究 [J]. 哈尔滨工业大学学报（社会科学版），2022，24（02）：154-160.

[17] 曹国俊. 金融机构ESG鉴证：现实需要、国际借鉴与框架构想 [J]. 西南金融，2022（11）：57-71.

[18] Brian Ballou, Po-Chang Chen, Jonathan H. Grenier, Dan L. Heitger. Corporate social responsibility assurance and reporting quality: Evidence from restatements [J]. Journal of Accounting and Public Policy, 2018, 37 (2).

[19] 李思慧，郑素兰. ESG的实施抑制了企业成长吗？ [J]. 经济问题，2022（12）：81-89.

[20] Thomas P. Lyon, John W. Maxwell. Greenwash: Corporate Environmental Disclosure under Threat of Audit [J]. Journal of Economics & Management Strategy, 2011 (20): 3-41.

[21] 彭满如，陈婕，殷俊明. ESG表现、创新能力与企业绩效 [J]. 会计之友，2023（07）：11-17.

[22] 王凯，张志伟. 国内外ESG评级现状、比较及展望 [J]. 财会月刊，2022.

[23] 刘国城，马欣萌，徐志. 审计全覆盖驱动下大数据审计平台构建研究 [J]. 会计之友，2021（11）：125-132.

[24] 谢志华，程恺之. 新技术与审计方法的变革 [J]. 审计研究，2023（01）：3-11.

非物质文化遗产保护绩效审计框架构建研究

摘 要：传承中华优秀传统文化是建设社会主义文化强国的重要举措。非物质文化遗产保护是一项全民性的文化事业，其在振兴民族传统文化和国家乡村振兴中大有可为。将审计引入文化领域将有力助推国家治理和文化建设。本文通过文献梳理和审计实践分析，指出缺乏审计基础理论体系研究是非遗保护绩效审计面临的突出问题，并以传统审计理论为基础，分析非遗保护绩效审计的基础性问题，探究审计机制构建，完善审计框架研究，旨在为非遗保护绩效审计实践提供理论指导，从而提高审计效率和质量，降低审计风险，促进非遗保护工作高质量发展。

关键词：非物质文化遗产保护；审计框架构建；文化审计；绩效审计

一、引言

党的二十大提出"加大文物和文化遗产保护力度"。同时还提到"全面推进乡村振兴，扎实推动乡村产业、人才、文化、生态、组织振兴"。乡村振兴应该文化先行。非物质文化遗产是国家传统文化的宝藏，是中华民族精神的历史传承。非物质文化遗产传承保护的创新发展和创造性产业转化将在乡村发展中大有可为。"非物质文化遗产"的概念由联合国教科文组织在 20 世纪末正式确定，其最早以"无形文化财产"的提法出现于 1950 年日本文化遗产保护的法律中，人类保护文化遗产的历史由此开启。经过近 30 年的总结发展，最后才创建出非遗文化新概念和非遗保护的国际性人类文化举措。1998 年联合国教科文组织明确了"非物质遗产"的定义，是指由某一群体或个体所表述，通过模仿或口头相传的方式传承的符合文化和社会特性的各种传统艺术和技艺以及传统形式的传播和信息[1]。我国的非物质文化遗产保护（以下简称"非遗保护"）工作已经历经 20 年的发展，从起步到推动再到目前的"发力"阶段，实践不断深入，理念不断创新，制度不断完善。非物质文化遗产是中华民族传统文化的历史见证，是民族文化精华的传承成果，也是保持民族文化自信与推动国家文化发展的重要前提。2022 年，习近平总书记对非物质文化遗产保护工作作出重要指示强调"扎实做好非物质文化遗产的系统性保护，推动中华文化更好走向世界"。近年来，非遗保护正从一个文化领域内的热题逐步发展成为全民性的文化事业。随着其工作重要性在国家文化发展战略中的地位不断增强，其公共文化属性日益凸显，已然得到各级政府的高度关注。财政投入不断加大，审计监督也紧随而至。"十四五"国家审计发展规划明确提出，将围绕科技、文化等重点领域的重点专项资金的绩效管理、政策目标实现等情况加强审计，促进财政资金提质增效。学术界也逐渐关注非遗保护绩效审计的相关研究，但迄今缺乏完整的审计框架体系研究。该框架涵盖审计环境、目标、范围、主体和评价体系等内容，将为非遗保护绩效审计的实践提供理论指导，对于提高审计工作质量意义重大。

二、文献回顾

目前，针对非遗保护绩效审计的相关研究文献较少。本文拟文化审计、非物质文化保护绩效审计两方面进行文献回顾，探索非遗保护绩效审计体系。

1. 文化审计

徐鹤田[2]很早就提出文化审计服务文化建设的理念，指出文化是民族的根和魂，是民族振兴的强大力量。随着国家文化建设的不断推进，优秀传统文化重新受到推崇。与此同时，文化建设也存在不少问题。国家审计应通过依法行使监督，感知风险，增强"免疫"，由此推动国家治理和文化建设。国家审计与文化建设的关系可以从促进政策落实、深化改革、保障资金和文化安全、提高文化投入效益等方面去诠释。吴俊义[3]从城市文化建设角度引入"文化审计"的概念。提出文化是城市的灵魂，文化建设给城市发展注入持续动力。文化审计是对文化建设规划、指标等数据的量化分析。将"审计"引入文化领域本质上是一项文化建设监督活动。其基本方式是对文化建设的审查和评价。主要目标是评判其科学性、价值与效益。当前城市文化建设受到低俗文化的侵蚀，归咎于缺乏有效的"文化审计"，由此可见其重要性。

2. 非物质文化遗产保护审计

程鸣和马梅芝[4]提出由于非遗保护业务的特殊性和高度复杂性，常规的政府绩效审计评价体系已不能满足。尝试运用平衡计分卡的方法构建审计评价体系。胡金荷和韦熙[5]在文章中描述了东莞市非遗保护经费管理现状，提出将绩效指标评价运用到资金分配中，从而强化审计监督对资金管理的导向性作用。耿晓伟[6]指出针对少数民族体育非遗保护审计评估主要内容是资金支出的经济性和效果性。审计指标标准应统一且兼具针对性、兼容性。萨如拉和谢芳[7]认为知识审计能有效提升非遗保护效能。并从知识审计的角度提出非物质遗产保护绩效成果应重视其知识属性和对知识潜力挖掘等方面的考评。在资料记录、物质保障、经济价值、信息供给等方面应不断完善并加强。何璐和林涛[8]指出非遗保护具有审计对象复杂，专项资金涉及项目分散等特殊性，致使传统绩效审计无从评价"绩效"，需深入系统研究，针对非遗保护传承的核心理念开展研究型审计，切实发挥审计"防病治病"功能。

3. 研究述评

综上所述，我国的文化审计和其分支非遗保护审计在基础理论以及实证研究上都尚显不足，现存文献参考不多。呈现出在基本概念、实践思考、资金管理、评价体系方面的零星点状研究，缺乏系统性的审计基础理论体系研究。本文尝试在传统审计理论的基础上，分析我国非遗保护现状，构建非遗保护绩效审计框架，并对非遗保护绩效审计的环境、主体、内容、程序、评价体系等进行详细描述，着力突出研究的实操性。

三、我国非遗保护绩效审计实践发展现状

满足人民美好生活愿望是中国特色社会主义文化建设的本质要求。非物质文化遗产在这方面所处的地位以及发挥的作用日益得到重视。2004年我国加入联合国教科文组织《保护非物质文化遗产公约》。2005年国务院发布了《关于加强我国非物质文化遗产保护的意见》，正式启动了非遗代表作名录体系建设工作。2011年《中华人民共和国非物质文化遗产法》开始施行。其后国家发布一系列政策法规（见表1），持续完善非遗保护法规的顶层设计。当前"非物质文化遗产"已经上升到国家体制的文化概念。根据《中国非物质文化遗产研究2021年度报告》[9]，目前我国入选联合国非遗名录项目总数位居世界第一。具有国家级项目1557项，加上省、市、县项目共计10万余项；认定国家级传承人3068名，省级传承人16000多名。中央及各省分别设立了非遗保护中心，全国非遗保护工作取得斐然成绩（见图1）。近年来，中央财政持续支持非遗保护工作。据财政部的预算案可知：截至2022年，中央财政已累计投入资金96.5亿元，主要用于非遗保护工作的组织管理费和国家级保护项目、代表性传承人以及文化生态保护区建设的补助费等。在财政专项资金的大力保障下，非遗代表性项目的记录、研究、传承、宣传等工作有序实施。传承人的传习授艺、展示交流等活动蓬勃开展。传统工艺振兴，非遗传承研习培训，文化生态保护区建设等国家重点项目得以深入推进。但应该看到在取得成绩的同时，非遗保护工作依然面临若干新旧问题亟待解决。如存在法律法规不完善、基层文化治理能力不强、跨区域整合协调羸弱、在保护传承理念上未达成共识、学术研究不深入等问题，亟须聚焦各方力量直面短板，共同应对，积极发挥审计的监管提效作用，努力增强国家非遗保护工作的文化治理能力。为规范资金管理，财政部于2012年出台了《非遗保护专项资金管理办法》（财教〔2012〕45号），于2021年进行了修订（财教〔2021〕314号）。与此同时，审计工作也在各地陆续开展，旨在强化审计监督，防止舞弊风险，提高资金使用效能。笔者通过参与本地区非遗保护资金专项审计工作，以及查阅其他地区的非遗保护审计资料，归集了几个比较集中的审计问题，如预算编制水平不高、预算执行不严谨、会计基础工作不扎

实、资金监管机制不完善、绩效评价体系不健全等[10]。当前非遗保护绩效审计工作面临审计制度不完善、审计技术方法落后、审计人才缺乏、审计标准不明确、审计结果运用不足等困境，存在实践缺乏理论指导的发展阻碍。亟须构建一套审计框架体系，以增强审计的可操作性。

表1　非遗保护绩效审计相关政策文件

时间	政策文件名
2005 年	《关于加强我国非物质文化遗产保护工作的意见》
2006 年	《国家级非物质文化遗产保护与管理暂行办法》
2011 年	《中华人民共和国非物质文化遗产法》
2012 年	《国家非物质文化遗产保护专项资金管理办法》
2015 年	《关于支持戏曲传承发展的若干政策》
2017 年	《中国传统工艺振兴计划》
2017 年	《关于实施中华优秀传统文化传承发展工程的意见》
2018 年	《国家级文化生态保护区管理办法》
2019 年	《曲艺传承发展计划》
2019 年	《非物质文化遗产传承发展工程实施方案》
2019 年	《国家级非物质文化遗产代表性传承人认定和管理办法》
2021 年	《国家非物质文化遗产保护资金管理办法》

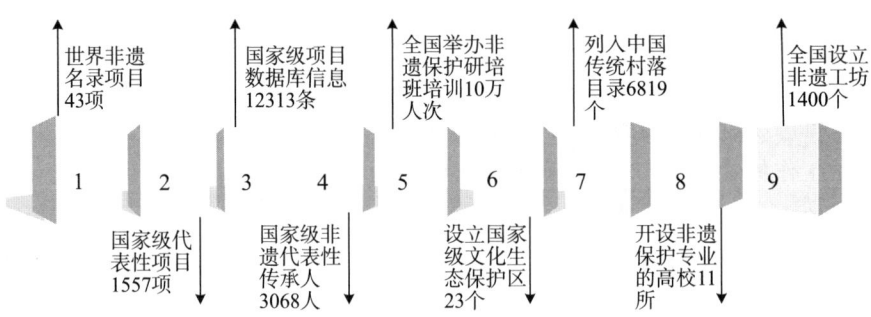

图1　国家级非物质文化遗产保护主要工作成果

四、非物质文化遗产保护绩效审计框架构建

提高文化软实力是国家发展战略的重要内容。为助推文化建设，文化审计迅速兴起，成为传统审计的新型分支，而非遗保护审计是其中最具价

值的业务之一。构建非遗保护绩效审计框架，因其审计对象具有基层文化治理的属性，应强调其文化多元性，社会效益性，创造转化创新发展性，传承可持续性等原则。本文以传统审计理论为基础，分析非遗保护绩效审计的基础性问题，探究审计机制构建，由此构建非遗保护绩效审计的框架体系（见图2）。

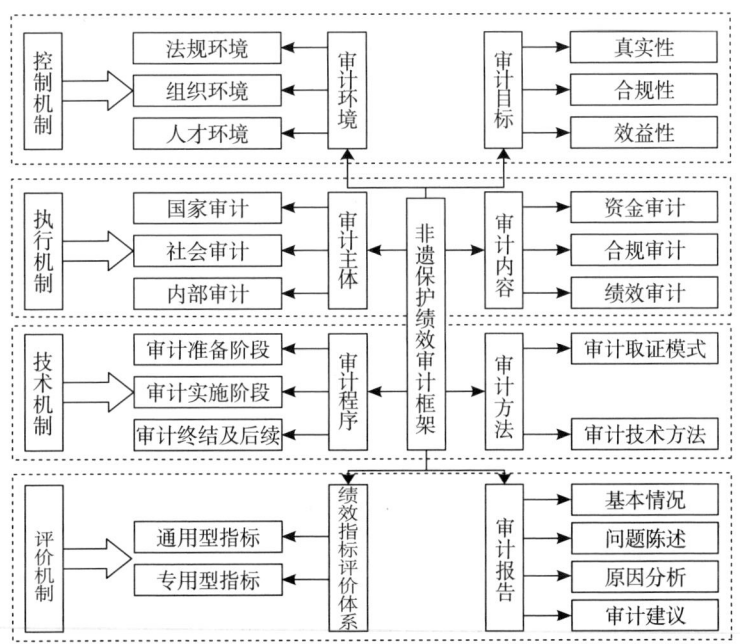

图 2　非遗保护绩效审计框架

（一）非遗保护绩效审计环境

非遗保护绩效审计的推进寓于特定的审计环境中，审计环境深刻影响工作的本质、目标和模式。唯有将各项因素与审计环境有机整合，深度剖析审计环境的优势和劣势，才能明晰风险与机会，提升对非遗保护绩效审计风险的掌控能力[11]。非遗保护审计的环境包括法规、组织和人才环境等。一是法规环境。相对完善的法规环境是非遗保护审计发挥审计监督作用的重要前提。目前尚未有法律法规和审计准则对文化审计的基本要求、技术标准、管理基准等做出明确规定。相关各方应充分考量文化的巨大影响，基于文化发展的规律，抓紧完善文化审计的法规及准则体系，有效改善非遗保护绩效审计的法规环境，促进审计工作的标准化和科学化。二是组织环境。科学合理的审计组织方式能够增强审计资源的配置效率，有效推进审计工作实践。具体实践中应强化对传统组织审计的扁平化重构以适应当前非遗保护绩效审计的现实需求。例如，可以按照审计内容模块组建业务团队。如项目绩效审计组、财务资金审计组、政策执行审计组、综合信息审计组等。其中，综合信息审计组承担统筹全局信息，协调各组工作的职责。各审计组分工协作、信息共享，共同达成审计最终成果。三是人才环境。对非遗保护的绩效审计应转变传统审计思维，依据非遗传承和保护的文化特性来开展，构建"活态保护模式"，注重从政策、机制、财务等多维角度提出审计建议，提高审计人员的研究水平。当前我国非遗保护审计人才储备不足，应注重通过培训、选拔、社聘等方式构建非遗保护审计的专业人才队伍，汇集审计、文化研究、信息技术、出版宣传及法律方面人才。各方人才通过分析评价，沟通共享，达成专业互补和工作协调，以此提升审计工作的专业性和实效性。

（二）非遗保护绩效审计的目标

非遗保护绩效审计的目标是指在审计准则指引下开展针对非物质文化遗产保护项目的实施及任务完成情况的监督检查，旨在从中发现问题并提出审计意见，从而不断促进实践整改和政策修订，全面提升国家非物质文化遗产保护的治理能力。非遗保护绩效审计是审查非遗保护部门执行国家非遗保护政策，完成保护任务的真实性、合规性和效益性。真实性体现在专项资金财务收支是否真实合法；合规性体现是否严格落实了国家保护政策，保护项目的管理和实施过程是否合法合规。效益性体现在保护工作是否围绕目标开展，工作结果是否实现立项初衷，绩效指标是否如期达标等。非遗保护绩效审计对象主要分为两部分，一部分是各地非遗保护政府管理部门。其主要职责是管理本地区非遗保护工作的统筹指导及任务协调。另一部分是涉及具体实施保护项目的基层部门和机构。由于非遗保护项目比较分散，为合理使用审计资源，审计应重点指向国家级保护项目和地区重点项目，以提高审计的代表性意义。

（三）非遗保护绩效审计的主体

非遗保护绩效审计运行机制是指通过审计主体对非遗保护因素的有效

分析，明确审计的核心要素并选取合理的审计及评价方式实施审计的制度安排。非遗保护绩效审计的主体包括政府审计、内部审计和社会审计。由于非遗表现形式多样且内涵丰富，保护项目众多，审计涉及范围大，单一的审计力量很难承担全面审查的任务。需将政府、保护机构、社会三方的审计力量有效整合，形成以政府审计为主导，保护机构内部审计自控，社会审计市场化参与的"三位一体"协同审计评价机制[12]。首先，以政府审计为主导是因为非遗保护作为国家文化建设系统工程，中央及地方政府投入了大量的财政资金。为保障其合规高效使用，政府审计在这方面责无旁贷。特别是在非遗保护审计体系完善的初期，理应充分发挥政府审计在权威性和组织性上的绝对优势，有力保障非遗保护绩效审计工作的顺利推进。其次，保护机构内部审计的自治也不可或缺。随着非遗保护审计的常态化开展，加强内部审计，既是审计整改的必然要求，也是被审计单位避免审计处罚，促进自身完善的管理需求。内部审计在加强保护机构日常监管和纠偏以及促进审计整改，乃至保障审计资料的真实性和有效性方面所发挥的作用不容忽视。最后，加强政府与社会审计的合作是充分利用社会审计专业资源，提高审计效率和质量的有效途径。由政府审计牵头，社会审计辅助，内部审计固基的三方协作模式，实现审计信息和成果共享，审计重点覆盖，审计难点攻克，共同致力于完善非遗保护绩效审计的运行机制。

（四）非遗保护绩效审计内容

非遗保护工作投入的是财政专项资金，保护项目涉及艺术门类多，相关部门制定的保护政策和标准也不少。因此，审计要以政策目标和资金绩效为导向，从财务收支、政策执行及实施绩效三个维度开展审计及评价。审计主要内容包括保护项目资金管理审计，非遗保护政策执行情况审计，非遗保护项目实施绩效审计。

1. 非遗保护项目的资金管理审计

项目资金管理审计是非遗保护绩效审计的主要抓手。审计组可以从制度建设、预算管理、资金筹集、资金使用、会计核算等方面对项目资金管理进行全程审查。一是应检查是否依据国家规定制定本单位的非遗保护资金管理办法。整体来看，非遗保护项目资金的管理应在单位财务与内控管理的有效运行中达成，需要单位加强制度完善。二是审查预算管理是重点。着重审查预算编制的科学合理性。是否建立预算联编联审机制，强化业财部门协作。保护项目的立项必要性，目标合理性，概算精准性。非遗保护项目涉及传统的民间文学、音乐、舞蹈、戏剧、曲艺及美术、技艺等门类，项目与项目之间在保护手段和传承方式上各不相同。需要契合项目的艺术特点和保存现状，进行针对性的立项规划和预算编制。项目目标要与当地经济发展水平相适应，避免过高预设。同时预算编制应保证资金支出范围和标准的合理合规。三是需审查资金的拨付和配套情况。归属管理的财政部门是否拖延或挪用中央专项资金，地方财政配套资金是否及时拨付到位。四是审查预算执行是否严谨，应维护预算的严肃性。避免未经审批程序随意调整预算。重点审查是否出现预算外和超标准支出。是否存在脱离预算列支费用，是否存在单位公用经费与非遗保护项目专项经费混支现象等。五是审查会计核算的规范性。由于非遗保护工作往往需要下沉到乡镇。基层组织的财务基础工作往往不扎实，专业化水平不高。存在专项资金未立项核算，会计核算不规范，财务报销手续不完善等情况。六是需关注预算执行进度，审查是否制定了工作计划和任务分解，项目组织实施是否有效并及时，资金使用与工作进度是否脱节，是否超出国家规定资金使用年限等。

2. 非遗保护政策执行情况审计

国家非遗保护政策是实施非遗保护工作的重要依据。政策执行情况审计是非遗保护审计的保障性内容。有利于发现政策实施的偏差以及实操中所面临的困难，便于及时实施整改和修订政策，在制度和实践层面进行双向完善。目前非遗保护工作的法律法规体系，包括由中央和国务院颁布的诸如《非物质文化遗产法》等属于国家顶层设计的法律法规；还包括由文旅部陆续出台的有关非遗传承人认定、文化生态保护区管理等相关行政法规；另外还包括各省市出台的各类地方性非遗保护条例等[13]。审计组可以通过检查保护工作的原始记录，相关人员的档案材料以及工作成果的验收证明等，了解保护工作开展的真实状况以及制度执行情况。通过走访和座谈的方式，加强和相关部门及人员的沟通，在充分掌握项目整体目标和主要任务的基础上，重点追溯各项保护工作的实施过程。包括审查传承人的认定是否公平公正，审核程序是否合法合规。审查对传承人非遗传授及宣传义务的支持、督促、评估考核等工作是否按规进行。审查对非遗保护项目的调查、规划、出版、培训及宣传等工作政策执行情况。审查对国家级文化生态保护区建设的规划、研究、设施修缮、教育及推广等工作政策执行情况。同时需要对相关材料及数据的真实性进行核实，关注各项数据统计及上报情况，核查上报及公布是否如实完整，是否出现虚报瞒报等情况。

3. 非遗保护项目实施绩效审计

非遗保护项目的管理和实施绩效水平关系到资金使用效益和项目的保护传承效果，因此非遗保护审计应围绕项目总体目标评估其产出、效益及满意度等绩效结果。应重点关注保护任务各项绩效指标的达标情况，评价立项目标与执行结果的差异率。在数量、质量等方面，评价项目的产出成果。如在数量方面包括开展保护项目数量，完成代表性传承人记录数量，研培计划培训人次，传承人传授活动参与人数，国家级文化生态保护区建设个数等。在质量方面，审查项目保护成果验收合格率，研培计划培训学员结业率，非遗项目保存完整度等。在效益方面，分经济效益和社会效益。除评价非遗保护项目产业转化的经济效益外，同时还应关注保护工作的社会效益。当前我国非遗保护项目仍然存在大量抢救性项目，具备市场推广条件的项目类型和数量有限。实践中应强调从公共财政角度理解效益原则。在"成本"概念上，公共财政与企业的含义有很大差别。因此，非遗保护项目的效益不能仅仅采用"会计成本"来衡量，更趋向于政府成本。要从民族文化复兴的政治目标出发，考量"社会效益"。关注非遗传承受益公众增长率，非遗保护与传承渠道社会参与度等。同时还需进行受众群体、主管部门满意度调查。

(五) 非遗保护绩效审计程序

非遗保护绩效审计程序包括准备、实施、终结及后续三个阶段。首先，在审计准备阶段，需要充分了解非遗保护与传承项目的基本情况。与传统审计对象不同，非遗具有非物质性、民族性和文化性特征。因此，我们在审计准备阶段需要明晰保护项目的文化特性，艺术形式、保存状况、保护方式等信息。非遗的多样性使其在保护与传承方式以及市场化运营方面差异很大，大致可分为规模发展型、市场培育型、抢救保护型等。前两者具备市场化商业因素，而抢救保护型并不适合产业转化。就审计而言，两者在立项目标和绩效评价上的定位完全不同。审计准备内容包括明确审计范围和重点，制定工作方案、计划和确定人员及进行任务分配。其次，审计实施过程是通过对审计信息的采集、取证并从中发现审计风险。方法上应围绕审计目标，采用多种方法开展审计。包括听取项目实施情况，审阅财务基础资料，现场核实项目的真实性，查阅原始工作记录，核实工作结果，对相关人员进行调查访谈。要善于运用智能化信息解构、大数据分析和处理等新技术，对审计证据的可靠性、完整性、有效性进行鉴证和分析[14]，从中提炼出重点疑点并关注；同时运用投入产出比较、项目要素分析、结果公众反馈等方法对保护任务完成程度和结果进行分析，并依据绩效审计评价指标进行多维度多层次的评价。最后，审计终结及后续指的是整理审计工作底稿，聚集审计组成员共同商定报告内容，编写审计报告初稿，收集审计反馈，修改报告并完成确认程序，形成审计意见，作出审计决定，经审核后出具并发布审计报告。后续对政策制定机构提出改进建议，督促和检查被审计单位整改，对未达到整改要求的单位进行定责等。

（六）非遗保护绩效审计的方法

审计取证模式的选取应根据审计业务类型来确定。根据经典审计理论，绩效审计取证模式可采用账项、制度、风险和数据式等基础审计取证模式。在具体的审计业务中，因其审计侧重点不同，通常几种取证模式需要综合运用。账项基础模式注重财务信息的真实性；制度基础模式注重对相关制度的评价，是否存在缺陷，通常采用文本内容分析法、前瞻性评价等方法。风险基础模式和数据式基础模式本质上都是以风险评估为重点，不同的是数据式是以大数据分析为手段[15]。在审计方法的运用上，传统审计技术方法分为通用技术方法和专用技术方法。通用技术方法包括听取汇报、审阅资料、现场勘查、调查访谈、目标比较等方式。由于非遗保护绩效审计是一项文化领域专门类型的审计业务，在采用通用审计技术方法的同时，还需要根据非遗保护的文化特性采用许多专门的审计技术方法。非遗的多样性使其表现形式、实物和场景都各不相同。因此，在审计证据的采集和数据的分析及挖掘上必然要保持特性化。应积极开展对非遗保护的研究性审计，针对非遗项目类型、历史来源、现存环境、技艺知识、市场转化等内容重点研究。构建相关的专家智库，除筛选审计人才外，还需增加艺术研究、信息技术、宣传出版等人才，以全面提升审计的专业化水平。

（七）非遗保护绩效审计评价指标体系

在项目管理上，国家相关管理办法明确要求非遗保护资金需要加强绩效管理。目前非遗保护项目实施中存在绩效管理意识不强，目标管理精细化程度不够，保护行为与立项目标关联度不高的状况。实践中存在绩效指标不统一，设定不科学，指标针对性和兼容性皆不足等问题。指标体系的设定应以项目周期为时间维度，以投入—实施—产出为内容维度，强调全过程审计评价（见表2），指标分为通用型和专项型。在投入及实施阶段，强调决策和执行的合规，采用通用型指标，评价项目管理和资金管理过程。产出阶段强调项目的实施绩效评价，应结合非遗项目的文化特性，采用专项型指标，评价项目实施的产出、效益和满意度等。

表2　　　　　　　　非遗保护绩效审计评价指标体系

审计评价指标			
一级指标	二级指标	三级指标	评价内容
项目管理	项目决策	目标制定	立项目标是否明确
		决策程序	申报及审批程序是否合规
	组织管理	管理制度	是否建立完善的项目管理制度
		组织实施	是否制定详细的工作计划及任务分解
		资金监管	是否建立资金监管机制
		档案管理	是否收集完整，装订规范
	实施控制	质量管理	实施结果是否达到质量标准
		进度管理	是否在规定时间内完成
		成本管理	成本是否合理
资金管理	预算管理	预算编制	预算编制是否合理、精细化
		预算执行	项目支出是否严格执行预算
	财务管理	财务制度	财务管理制度是否完善
		专款专用	项目资金是否专款专用
		专账核算	原则上应单独立项核算；如不具条件，需专设辅助账
		采购管理	采购招投标（政府采购）程序是否合规
		支出审批	审批流程是否合规，报销凭据是否完整合规

续表

审计评价指标			
一级指标	二级指标	三级指标	评价内容
绩效指标	产出指标	数量指标	保护代表性项目数量
			代表性传承人记录工作数量
			非遗研培计划培训人次
			补助代表性传承人传承活动人数
			国家级文化生态保护区建设个数
			非遗宣传展演活动次数
			非遗保护文献出版数量
			非遗保护数据库建设数量
		质量指标	非遗项目保存完整度
			非遗项目保护传承水平（评比结果）
			研培计划培训学员结业率
			国家级文化生态保护区保护活动完成率
	效益指标	社会效益指标	受众人群增长率
			非遗文化覆盖率
		经济效益指标	保护项目市场化转化产生的经济效益
	满意度指标	服务对象满意度指标	非遗项目受众人群满意度
		主管部门满意度指标	主管部门对项目实施的绩效考核等级

（八）非遗保护绩效审计报告

非遗保护绩效审计报告分为基本情况、问题陈述、原因分析、审计建议四部分内容。其中基本情况主要阐述本次审计目的、对象和开展情况。问题陈述围绕审计内容披露信息：一是被审计单位在资金管理上所存在问题，是否存在预算管理不到位，资金使用不合规的情况。二是被审计单位在保护行为上的合规性问题，是否存在违反国家非遗保护政策的情况，如在项目的决策，组织管理、任务实施中存在的违法违规问题。三是披露被审项目实施结果的绩效水平。克服主观性弊端，依据审计绩效评价指标，对项目实施的全过程进行综合评价，保证评价结果的客观公正。审计报告第三部分内容是原因分析，需进行问题分解并全面剖析，进而找准症结。分析原因是审计的关键，通过审资金、审合规、审绩效，进行问题梳理、数据解析，多维度思考，进而提炼出根源和规律。审计报告最后内容是针对问题产生的原因提出审计意见和整改要求，并进行后续整改查验和政策修订建议，推动审计问题的最终解决。

五、结语与展望

为全面贯彻党的二十大精神，以人民为中心的发展理念正在加快落实。非物质文化遗产保护工作也将面临新形势新任务。坚持以人为本，通过体制变革和机制创新，充分发挥制度保障功能，提高公共文化事务的专业化管理能力，加强监督和评估。非遗保护是一项国家振兴传统文化的系统性工程，在保护与传承过程中会涉及制度建设、资金投入、基层文化治理、跨区域和跨行业合作、非遗数字传播、非遗学术交流、学科建设等问题，审计监督必不可少，它将有力保障非遗保护传承工作的健康和可持续发展。本文结合我国非遗保护发展现状，构建了非遗保护绩效审计框架，详细论述了框架的各项要素，进一步丰富了非遗保护绩效审计理论研究体系。

当前在提倡乡村振兴的国家战略背景下，非物质文化遗产保护与传承的理念应注重与乡村自然人文生态，生产生活及相关传统技艺紧密融合。将非物质文化遗产融入当代乡村基层文化生态，让非遗工坊促进乡村就业、创业，以"非遗+旅游"模式带动非遗产业升级，共同助力乡村振兴大发展。目前我国非遗保护审计的理论研究和实践积累都亟待加强。在发展的过程中，应结合中国农村基层财务及审计研究协同开展，立足乡村文化治理实践，增强非遗保护绩效审计的体系扩展，进一步提高审计的科学性和实效性，助推国家非遗保护工作的高质量发展。

参考文献：

[1] 陈震，王一鸣. 非物质文化遗产保护中的文化空间弱化现象分析[J]. 原生态民族文化学刊，2022，14（01）：121 - 132.

[2] 徐鹤田. 开展文化审计服务文化建设——基于慈溪实践[J]. 中国内部审计，2012（07）：84 - 86.

［3］吴俊义．城市文化与"文化审计"［N］．第一财经日报，2011-12-16．

［4］程鸣，马梅芝．非遗保护专项资金绩效审计评价指标体系研究［J］．合作经济与科技，2018（23）：176-178．

［5］胡金荷，韦熙等．非物质文化遗产保护预算资金管理存在的问题及对策［J］．商业会计，2020（19）：111-113．

［6］耿晓伟．少数民族体育非物质文化遗产的传承保护及其审计评估［J］．广西社会科学，2022（12）：153-158．

［7］萨如拉，谢芳．知识审计视域下非物质文化遗产保护研究［J］．会计之友，2014（03）：114-118．

［8］何璐，林涛等．云南省非物质研究型审计路径探索与实践［J］．财会学习，2023（03）：91-93．

［9］郭平，张洁．中国非物质文化遗产研究2021年度报告［J］．民间文化论坛，2022（02）：34-48．

［10］张蓉莉．关于完善非物质文化遗产保护资金管理的探析［J］．会计师，2022（04）：26-28，136-140．

［11］郭阳萍．税降费专项审计框架构建及应用分析［J］．财会通讯，2022（05）：136-140．

［12］王海兵．张蓉莲．大气环境治理绩效审计框架构建研究［J］．会计之友，2022（22）：111-119．

［13］程鸣．江西非遗保护专项资金审计现状及障碍分析［J］．审计与理财，2016（11）：11-13．

［14］江西省审计学会课题组．财政资金绩效审计研究［J］．审计研究，2020（01）：24-32．

［15］谢志华，程恺之．新技术与审计方法的变革［J］．审计研究，2023（01）：3-11．

草原资源资产离任审计评价指标体系构建研究

摘 要：绿色新发展理念是新时代可持续发展全局的一场深刻变革和世界经济复苏低迷形势的治本之策。由于当前草原资源资产离任审计存在理论与实际分离、评价指标权重不清晰等问题，传统审计方法监督核实草原实际资源情况面临着较多困难。本文结合我国目前草原资源资产的现状，就如何有效地构建草原资源资产离任审计评价指标体系，完善草原资源资产离任审计评价指标权重以及实现草原资源可持续再生利用提供合理的评价指标体系，为草原资源资产离任审计高质量运行保障进行了探索。

关键词：草原资源资产；离任审计；评价指标体系

一、引言

生态文明建设和资源环境保护是人类社会生态文明可持续发展直面的重要课题。推动我国生态文明建设的发展，落实绿色"双碳"行动，发展循环经济是我国经济社会发展的一项重大战略，是保障国家资源安全的重要途径。实现"山水林田湖草沙"一体化保护和环境系统治理已成为不可回避的新时代任务。草原是人类文明繁衍生息不可或缺的环境要素与经济可持续发展的重要基础资源，是我国国土和陆地生态系统的主体，是我国重要的生态环境保护屏障，特别是内蒙古地区重要经济发展的根本，对维护生态系统平衡、促进绿色发展有着无可替代的地位和作用[1]。当前草原资源面临多重挑战：外显特征鉴定损害程度难，草原退化、沙化、盐碱化（"三化"）问题严峻，加之盲目追求经济效益导致生态资源恶化，荒漠化草场再生能力受限[2]。这些问题迫切需要综合施策，加大草原生态环境监管与保护力度，以草定畜、草畜平衡，积极推进"减人减畜"，严禁过牧，恢复草原生态功能，实现草原永葆生态活力可持续发展。

本文通过构建相应的离任审计评价具体指标和权重确定，揭示审计部门如何将实务结合审计模式与资源环境审计，建设我国草原环境损害责任的终身追责制度，帮助我国构建一个更加完善的生态环境制度，更好地理解和应对资源环境管理的复杂性。实现生态环境保护治理、绿色可持续发展、自然生态价值经济转化，明确领导干部在任期内对草原资源保护的管理方面的成效与责任，需要政府、企业和公众共同努力。对此，需加强跨部门协作，提升审计透明度与公众参与度，形成全社会共同监督草原环境损害责任追究的良好氛围。从而，更好地实现我国经济发展和生态环境保护的双赢，为推动我国生态文明建设提供坚实保障。构建草原资源资产离任审计评价指标体系是实现前述目标的重要的任务之一。

二、草原资源资产离任审计相关理论基础

资源环境审计不仅是衡量与评估资源管理成效的关键工具，更是保障环境政策得以切实执行的关键杠杆，能够反映出管理策略中的瑕疵与短板，并据此为资源环境的保护工作提供针对性的改进建议，从而在推动生态文明建设的征途中发挥不可或缺的助力作用。

草原资源资产离任审计是由审计机关实施的监督活动，其核心宗旨旨在全面评估草原地区资源利用的合理程度及其可持续性发展能力。草原资源环境审计不仅仅是传统审计的研究范畴，而是扩充到了评估经济的发展对生态环境文明领域的影响，综合衡量社会结构和公共政策。草原资源资产离任审计作为保障草原资源有效管理的关键机制，其理论基础坚实而多元，主要包括可持续发展理论、公共受托责任观、环境经济学理论和资源管理学理论。这些理论相互融合，共同指导着审计工作的全过程。

(一) 可持续发展理论为审计提供了宏观且长远的视角

其核心点在于探索出一种既有利于当代人类的需求，同时又不损害后代利益的模式。审计人员以此为基准，深入剖析领导干部任期内对草原资源的开发利用策略，不仅衡量当前经济效益，而且重视其对草原资源长期存续能力的潜在影响。审计过程中，评估开采强度与自然恢复能力的平衡，考察生态修复措施的有效性及长远保护规划的制定情况，旨在纠正短视行为，确保草原资源的可持续利用。这一理论促使审计成为连接当代与未来、经济发展与生态保护的桥梁。

(二) 公共受托责任观强调了政府与领导干部作为公共资源管理者的责任透明度

该理论将受托责任由经济层面拓展到社会公共层面，明确了相对责任人的界限，审计机关作为第三方独立监督者，通过细致审查政府及领导干部的草原资源管理行为，确保职责履行符合公众期待。审计不仅关注法律法规的遵守情况，还重视管理信息的公开透明度，为公众提供了解政府工作的窗口。同时，问责机制的建立，有效提升了草原资源管理的法治化水平，增强了公众对政府的信任与支持。

(三) 环境经济学理论为审计提供了量化评估的工具

审计人员运用该理论，将草原资源的经济价值、生态环境价值及其开发利用活动的环境影响纳入考量范围，通过经济模型、成本效益分析及环境风险评估等手段，精确量化草原资源的综合价值。这不仅能够提升审计结论的科学性，而且能引导社会各界更加重视草原资源的生态价值，推动经济效益与生态效益的和谐共生。此外，审计结果还为政策制定和资本引导提供了数据支持。

(四) 资源管理学理论提供了具体的评估标准和方法

该理论强调通过量化分析、成本效益比较、可持续发展评估等科学手段，来精准衡量资源的利用效率、环境影响及经济价值。这些方法不仅帮助决策者识别资源瓶颈，优化资源配置，还促进了资源使用的公平性和长期可持续性，使审计人员能够全面了解草原资源的真实状况和管理成效，进而提出精准的改进建议。同时，理论指导下的评估标准，如保护目标责任制、就业机会创造指标等，为政策制定和企业管理提供了明确的指导方向。资源管理学理论强调资源的合理配置、高效利用及持续改进，推动了草原资源管理的不断优化和创新。

综上所述，草原资源资产离任审计理论框架的构建基于多个相辅相成的理论基础。该框架不仅为审计实践提供了科学的指导，还促进了草原资源管理的规范化、科学化和可持续发展。通过这些理论的深入应用，审计工作不仅能够有效揭示问题、提出改进建议，还能够推动政府和社会各界更加重视草原资源的保护与管理。

三、我国草原资源资产离任审计评价指标体系存在的问题

尽管我国已经开展了领导干部自然资源资产离任审计试点，但是现实的草原审计环境较为复杂，可应用于草原资源资产离任审计的定量评价难以落实，评价指标体系存在一些亟待解决的问题。

（一）审计评价指标体系单一

当前，草原资源资产离任审计的评价指标体系构建尚显不足，主要问题在于评价指标体系较为单一且覆盖不全，缺乏综合性指标评价结果。这也体现研究者往往侧重于直接可量化的指标，如政策执行效率、监管力度、资源存量与结构、草原资源资金的使用等，却忽视了草原资源质量与生态状况、开发利用与保护管理的深层次评估，以及经济社会效益与特定负面事项的综合考量指标。这种单一性和片面性，导致审计结果难以全面、科学地反映草原生态系统的复杂性和多样性。进一步而言，由于草原资源本身的多样性和地域差异性，审计过程中需要面对数据采集难度大、统计程序复杂、量化标准不一等挑战[3]。因此，构建一套能够多角度、全方位反映草原资源资产状况的评价指标体系显得尤为重要。然而，当前体系在设计上缺乏足够的灵活性和包容性，未能充分考虑到不同区域、不同情境下的特异性因素，使得审计结果在一定程度上失去了其应有的客观性

和准确性。此外，过于强调经济社会效益而忽视特定负面事项的强制评价，也是当前评价体系的一大缺陷。这种倾向容易掩盖环境破坏和资源浪费的真相，使得审计建议缺乏针对性和前瞻性，难以有效指导草原资源资产的科学管理和可持续利用。因此，完善审计评价指标体系，强化综合性指标的运用，已成为提升草原资源资产离任审计质量和效果的关键所在。

(二) 审计评价指标涵盖范围小

在草原资源资产离任审计领域，现有的评价指标体系往往受限于局部案例的研究视角，未能充分捕捉我国草原资源广阔地域内所蕴含的复杂性与多样性。我国草原资源横跨多个气候带和生态区，从东北的温带草原到青藏高原的高寒草甸，再到西北的荒漠草原和南方的山地草甸，不仅自然景观千差万别，气候条件迥异，其生态功能、经济价值以及面临的保护挑战也各不相同。这种地理差异性和资源多样性要求审计评价指标体系必须具备高度的灵活性和广泛的适用性。"以点带面"的方法固然能在一定程度上反映特定区域的草原管理状况，但难以全面覆盖我国辽阔疆域内草原资源的复杂性与多样性。然而，当前的评价体系往往局限于特定区域的实践经验和研究成果，难以全面覆盖并准确评估全国范围内草原资源的保护、利用和管理成效。这不仅限制了审计结果的客观性和准确性，还影响了审计建议的针对性和有效性。

局部化的评价指标体系难以准确评估各地草原资源的保护、利用和管理成效。构建一套完整、科学、可操作的评价指标体系显得尤为迫切。这一体系应当基于可量化、可操作的原则，深入剖析草原资源管理的相关理论，紧密结合各区域的功能定位、资源分布及实际管理情况。通过引入多元化的评价指标，如草原生态质量、生物多样性保护、旅游设施与服务质量、草原生态旅游业经济贡献及经济可持续发展等，实现对草原资源资产离任审计的全面覆盖和深度剖析。同时，还应注重评价指标的动态调整和持续优化，以适应草原资源管理的不断变化和发展需求。

(三) 理论与实际分离

在草原资源资产离任审计领域实践中，理论与实际脱节的现象日益凸显，成为制约审计效能提升和生态文明建设深入发展的关键因素。尽管关于草原资源资产离任审计的理论研究有所进展,但往往停留于学术探讨层面,难以直接转化为指导实践的具体操作指南。理论研究与实际操作之间的桥梁尚未牢固搭建,导致审计人员在面对复杂多变的草原资源状况时,缺乏行之有效的理论指导。技术瓶颈是加剧脱节的重要因素。数据获取、处理与分析技术如遥感监测技术、GIS 系统等虽已应用,但精度、时效性及集成能力尚待提升。数据不完整、不准确进一步扩大了理论与实际之间的脱节,限制了审计工作的深入开展。此外,审计人员难以迅速适应政策法规的频繁变动,导致审计工作滞后,无法满足实际需求。

国内草原资源资产离任审计起步较晚,研究多集中于基础理论,而对可操作实践层面的探索不足。区域草原资源差异大,理论指标难以全面适应;部分指标数据获取与处理复杂,受限于技术和资源,难以有效实施;政策法规的变动未能及时反映在理论指标中,加剧了理论与实际脱节。更为关键的是,我国尚未建立明确的草原资源资产离任审计评价指标体系,使得审计工作的系统性和明确性不足[4]。这既影响了审计结果的客观性和准确性,导致审计工作滞后于实际需求,也限制了审计在推动生态文明建设中的积极作用。因此,为解决理论与实际脱节问题,需加强理论与实践的结合,提升技术支撑能力,完善评价指标体系,并促进审计人员与政策环境的同步更新,以推动草原资源资产离任审计工作的有效开展。

(四) 评价指标权重不清晰

草原资源资产离任审计评价指标的权重不清晰,是当前自然资源资产离任审计领域面临的一大问题。权重不清晰不仅影响审计结果的客观性和一致性,并且直接削弱了审计的公信力。地区与部门间的理解差异评价标准不一、审计人员的主观判断、科学依据的缺失以及未充分考虑动态变化等因素,共同构成了权重不清晰的四大障碍。

不同地区、部门对草原资源资产离任审计的理解和重视程度不同,在设计评价指标体系时缺乏统一的标准,使得审计各评价指标的权重难以清晰确立。权重的确立往往依赖于审计人员过往专业的判断和主观经验,这种主观性可能导致同一审计的项目在不同审计人员手中得出不一致的评估结果。一部分评价指标权重的分配缺乏充分的科学依据和数据分析的支撑,导致权重的合理性受到质疑。草原资源资产的状态和管理情况会随时间的变化而发生改变，但是目前现有的审计评价指标权重体系往往不能够充分地考虑这种动态的变化，进而导致评价结果的时效性不足。

草原资源及其管理实践是动态变化的，在权重不清晰的情况下，易形成偏见和误判，影响审计结论的公正性。缺乏科学依据的权重设定，无法准确反映实际情况，让审计评价缺乏说服力，降低了审计的时效性和有效性，导致审计结果难以横向比较，削弱了其作为决策支持工具的效用。对于每个评价指标，应明确其权重分配。权重的确定应基于科学的剖析和合理的判断，考虑各指标在草原资源资产离任审计中的重要性和影响力。

四、草原资源资产离任审计评价指标体系构建

（一）评价指标体系的构建原则和方法

草原资源资产离任审计评价体系的构建应紧密围绕五大核心原则展开，确保体系的科学性、公正性和实用性。首先，遵循可量化与可操作性原则，评价体系需设计具体明确的指标，便于数据采集与精确评分，促进审计过程的高效与结果的透明。同时，导向性原则强调审计应紧密对接国家及地方政策，以绿色生态文明为导向，激励领导干部积极履行生态责任，实现资源可持续利用。其次，通用性与适应性相结合原则确保了评价体系的广泛适用与灵活调整，既满足不同地区的审计需求，又保持了审计工作的科学性和针对性。在构建资源保护审计体系时，充分辨析环境问题的多样性和复杂性，使得环境资源保护审计体系能够适应于不同环境类型[5]。可持续发展原则强调了对草原生态系统长期稳定和再生能力的关注，确保资源利用与生态保护相协调，促进生态系统的良性循环。草原资源的可再生性以及生长的周期性特征，使领导干部在草原资源审计时难以与任职基期草原资源的存量进行对比，突破了传统的静态资源审计模式，为追究损害生态环境责任提供了考核依据[6]。最后，定性定量结合原则通过综合主观管理与客观数据，全面评估领导干部的草原资源保护成效，确保审计评价的科学性与准确性。五大原则共同构成了草原资源资产离任审计评价体系的坚实基础，为草原环境保护和绿色发展提供有效保障。

在构建过程中，应综合考量多种方法共同建立评价指标体系，除问卷调查法、统计划分法、功能图示法等传统方法外，应强化实地考察与统计模型应用，提升专业人才与专家评估水平等。运用地理信息技术解决草原资源审计中面积难以丈量、地域难以界定等问题，提高审计工作效率[7]。制定具体、可操作的评价标准，确保可衡量性。结合定量（如回归分析）与定性（如专家打分）方法，合理分配指标权重，融合AHP、熵权法等先进评价方法，集成审计数据，提升评价结果的有效性和可靠性。

草原资源资产离任审计评价体系的构建是一项系统工程，需严格遵循上述原则，并不断创新与完善，全面科学地评估领导干部对草原资源的管理绩效，为草原环境保护和绿色发展提供坚实保障，推动审计实践的科学发展。

（二）评价指标体系构建具体指标

草原资源资产离任审计，旨在评估领导干部在任及离任后对草原资源管理和生态保护的责任履行情况。评价体系构建围绕环境、社会、经济和综合四大维度展开。

审计通过量化草原资源总量与结构和生长能力状态与质量，确保数据精准反映资源基础。此外，监测旅游设施与服务质量、草原资源保护与监管机制，评估治理措施成效，科学对比领导履职前后草原资源变化，深入分析原因。同时，通过单位时间内旅游者数量增长速率（旅游者增速）、旅游产业贡献率等，来衡量草原生态旅游业经济贡献，植物性产业产值（第一性生产能力）、畜牧业产值（第二性生产能力）等评价指标，反映草原生产系统的最终产出能力，草原生态系统的转化效率和经济效益，是评估草原生产能力和制定草原管理策略的重要依据。草原生态旅游业经济贡献、草原生产能力和开发利用效率及可持续利用性，评定草原资源开发利用带来的生态旅游产业的经济效益，也是评估草原生产能力和制定草原管理策略的重要依据。同时，评估体系还综合考虑草原放牧能力和社会影响与公众参与度，关注开发利用效率、禁牧休牧政策执行、生态红线划定等，确保草原资源的可持续利用与经济收益，分析其对生态环境的贡献，并跟踪修复项目进展，促进资源保护与生态平衡和畜牧业可持续发展，使公众参与草原资源管理和保护中，保障社会认同和支持度。确保草原生态环境得到保护，畜牧业得到均衡有序发展，使生态畜牧业的发展符合自然规律，实现放牧与生态环境保护的协调发展[8]。最终，审计旨在推动法律法规与政策落实，强化资源监管，揭示问题并提出改进建议，助力草原资源的可持续利用与保护。这不仅是改善人民生活环境的关键，也是实现可持续发展的核心策略。通过精准选取评价指标，维护草原生态系统平衡，防止环境恶化，为民众创造更加宜居的环境，推动经济社会绿色发展（见表1）。

表1　　　　　　　　　草原资源资产离任审计具体评价指标

一级指标	二级指标	审计内容	三级指标	指标性质
环境维度	资源总量与结构	评估草原资源总量、质量及其结构分布，考察草原资源管理制度的健全性、执行情况及管理效率，反映草原资源基础状况，确保基础数据的准确性	可利用面积变化率	定量指标
			优质草种质量	定性指标
			草原分布比例	定量指标
	生长能力状态与质量	草原生长能力是一个综合性的评估体系，旨在全面、准确地反映草原的生长能力和健康状况	植被覆盖度率	定量指标
			生物多样性比例	定量指标
社会维度	草原资源保护与监管机制	检查领导干部是否严格执行国家和地方关于草原保护的法律法规和政策措施，评价草原资源监管机制的完善性和保护措施的实施效果的进展，同时监测灾害预防和应对机制	政策执行情况	定性指标
			履职情况	定性指标
			执法力度	定性指标
			保护目标责任制	定性指标
			人工草地建设完成率	定量指标
			鼠虫害防治率	定量指标
	旅游设施与服务质量指标	反映旅游区的餐饮住宿服务水平，评估旅游区内外部交通的便捷性和效率等	住宿接待能力	定量指标
			餐饮接待能力	定量指标
			交通运载能力	定量指标
经济维度	开发利用与修复	衡量草原资源的开发利用效率及可持续利用性，避免过度开发，评估草原资源开发利用带来的经济收益，分析草原资源对生态环境的贡献，评价草原资源修复项目的进展	开发项目的合规性	定性指标
			碳汇功能	定性指标
			禁牧休牧政策落实	定性指标
			生态红线划定	定性指标
			退化草原治理	定性指标
			生态恢复率	定量指标

续表

一级指标	二级指标	审计内容	三级指标	指标性质
经济维度	草原生态旅游业经济贡献	直接体现草原生态旅游产业的经济价值，衡量旅游产业在地区经济中的比重和影响力，反映草原生态旅游产业的经济效益	旅游者数量	定量指标
			旅游者增速	定量指标
			旅游收入	定量指标
			旅游产业贡献率	定量指标
			旅游产出投入比	定量指标
			载畜量	定量指标
			可用畜产品	定量指标
			第一性生产能力	定量指标
			第二性生产能力	定量指标
综合维度	草原放牧能力	评估放牧方式能够保持草原生态平衡，促进畜牧业可持续发展	放牧方式	定性指标
			生长季休牧	定性指标
	社会影响与公众参与度	分析草原资源开发利用对当地社会经济的影响，考察公众在草原资源管理和保护中的参与度及满意度，反映社会认同和支持度	就业机会创造	定性指标
			居民生活受益程度	定性指标
			当地居民参与度	定性指标
			公众对领导干部工作满意度	定性指标
			公众资源管理和保护参与度	定性指标

（三）评价指标体系构建权重确定

评价指标权重的确定在很大程度上能够直接影响审计结果的准确性和公正性。评价指标权重的大小表示该指标在评价体系中的重要程度，权重的设定方法包括主观赋权法、客观赋权法和组合赋权法[9]。这三大类方法各有特点，适用于不同的评价场景和数据特点。例如，主观赋权法有层次分析法（AHP）、专家打分法、Delphi 法等；客观赋权法有信息量权重法、CRITIC 权重法、熵权法、主成分分析法（PCA）等；组合赋权法有方差最大化赋权法、组合目标规划法、基于博弈论的综合集成赋权法、基于离差平方和的综合集成赋权法等。在实际应用中，可以根据各指标研究目的具体需求的重要性、相对重要性及数据特点选择合适的方法分配相应的权重。同时，为了得到更准确的权重结果，权重分配应体现评价的重点和导向，也可以考虑将多种赋权法结合起来使用，确保重要指标得到充分的重视。

本文采取层次分析法（AHP）和专家打分法进行指标权重的确定，能够系统地评估复杂问题中的多个因素及其相对重要性，并借助专家经验进行量化打分，有效整合定量分析与定性判断的优势。这种方法在决策制定、项目评估、方案优选等领域作用显著，通过科学分层、权重分配及专家集体智慧，提高决策的科学性和准确性。以下是详细的操作步骤说明：

第一，构造层次结构模型。根据草原资源资产管理的特点以及审计目标，将审计评价指标划分为不同的层级。一般来说，可以分为目标层、准则层和指标层。目标层是审计的总体目标，如"评价领导干部政策执行效果"；准则层是实现目标所需遵循的原则或方面，如"保护目标责任制度""生态恢复率"等；指标层则是具体可量化的评价指标，如"植被覆盖率""草原退化率"等。

第二，构建判断矩阵。构造好层级结构模型后，邀请相关领域的专家对各层级指标之间的相对重要性进行打分，采用1—9标度法进行赋值，专家根据经验判断各指标之间的相对重要性，并构造判断矩阵。

第三，计算权重并进行一致性检验。利用方根法计算判断矩阵的特征向量和最大特征根，进而得到各指标的权重。同时进行一致性检验，以确保判断矩阵的可信度。当一致性比率CR小于0.1时，认为判断矩阵通过一致性检验，否则需要调整判断矩阵直至通过检验。

第四，设计调查问卷。根据层次分析法构造的审计评价指标体系，设计一份详细的调查问卷。问卷中应包含所有指标层中的具体评价指标，并邀请相关领域的专家进行打分。打分标准可以根据实际情况设定，如采用百分制或五级评分制。

第五，收集专家打分数据进行统计处理。对于定量指标，可以直接根据专家打分结果计算平均值或加权平均值作为最终得分；对于定性指标，可以采用目标值法等方法进行量化处理。同时，应注意剔除异常值或不合理数据，以确保结果的客观性和准确性。

第六，将层次分析法计算得到的权重与专家打分结果相结合，确定各审计指标的最终权重。一般来说，可以将层次分析法得到的权重作为基准权重，再根据专家打分结果对权重进行适当调整。这样既能保证权重的科学性又能体现专家的专业意见。

通过层次分析法和专家打分法的结合使用，可以更加科学、合理地确定草原资源资产离任审计的指标权重，为草原资源资产的有效管理和保护提供决策依据和量化标准。这不仅有助于提高审计的公正性和准确性，还能为领导干部的履职情况提供客观的评价依据。同时建议在实际操作中注意以下几点：一是确保专家的权威性和代表性；二是合理设计调查问卷和打分标准；三是严格进行数据处理和一致性检验以确保结果的可靠性。

（四）评价指标体系构建评级标准

评价指标权重确定后，还需要考虑如何界定每个具体指标的优劣，为每个指标设定阈值，量化对预期目标的达成程度，从而清晰地区分出哪些指标表现优异，哪些有待提升。构建评级标准是开展草原资源资产离任审计最直接的理论依据，能够更加客观、准确地评价各项工作的实际效果，为后续的决策优化和持续改进提供依据。

本文采取期初比较法确定各项指标的得分。对比领导干部在任职初期某一单项指标的起始值，与他们在离任时该单项指标所达到的实际完成情况，以此来评估其任职期间在该指标上的工作成效。若领导干部在任期内，某单项指标数值保持不变，即未出现恶化也未实现优化，则自动赋予该指标80分的基础保护分，这体现了对其在资源环境保护方面所做努力的认可。对于激励性指标，若离任时的实际值相比上任时的起始值有所提升，每增长1%的幅度，将额外增加1分，以此激励领导干部积极推动正向发展。此加分不设上限，但总分达到100分时即停止增加，确保评分的合理性。若出现下降，每降低1%的幅度，将从基础分80分中扣除1分，以示对其未能有效推动该指标增长的批评。但减分设有下限，即当分数减至0分时停止，避免负分情况的出现。对于约束性指标，若离任时该指标的实际值相比上任时有所降低（即向更优方向变化），每降低1%的幅度，增加1分，以表彰其在限制不良因素方面的成效。同样，加分上限为20分，与总分100分的限制相协调。若其实际值在任期内有所增加（即向不良方向变化），每增加1%的幅度，从基础分80分中扣除1分，体现对未能有效控制该指标增长的负面评价。减分同样设有80分的下限，确保评分体系的公平性。

在评价草原资源资产离任审计的综合绩效时，将各单项指标的得分视为其各自领域内表现的具体量化，通过赋予指标不同的权重并进行加权汇总，以此构建一个全面、客观且具针对性的综合评分体系。不仅评估草原资源合理开发利用的效率，还深入考量环境保护与生态修复成效，特别是考虑到草原面积扩充与生态质量提升的综合目标，从而全方位反映管理者在草原资源保护与可持续发展方面的履职能力和实际成果（见表2）。

表2　　　　　　　　　　评分等级表

评价类型	评价级别	综合得分分值
好	AA	分数≥90
	A	80≤分数<90
较好	BB	70≤分数<80
	B	60≤分数<70
一般	CC	50≤分数<60
	C	40≤分数<50
较差	DD	30≤分数<40
	D	20≤分数<30
差	EE	10≤分数<20
	E	分数<10

五、内蒙古地区草原资源资产离任专项审计分析

内蒙古自治区位于我国北部边疆，是欧亚大陆草原的重要组成部分，拥有丰富的草原资源资产，其草原总面积8666.7万公顷，其中有效天然牧场6818万公顷，占全国草场面积的27%，是我国最大的草场和天然牧场，农牧业多项产值位居全国第一。此外，内蒙古还是我国北方重要的生态屏障，重视其草原资源发展、利用状况，是深入践行习近平生态文明思想的重要举措，相关经验具有一定的普适性，能够为我国其他省市保护草原资源资产提供理论支持与实践方案。因此，内蒙古自治区在草原资源资产离任专项审计中具有鲜明的代表性、先行性以及示范性。

本文以内蒙古自治区作为离任专项审计的典范区域进行分析，深入分析并应用构建的草原资源资产离任审计评价指标体系，以科学评价领导干

部在草原资源资产管理中的履职情况,以及他们在保护与利用方面所展现出的成效与意义,助推草原资源资产的科学保护和合理利用,进而推动草原资源资产管理的现代化和可持续发展,实现草原资源资产的经济、社会和生态效益的协调统一。

(一)草原资源的基本情况介绍

2021年度草资源与国土"三调"对接融合暨林草湿调查监测成果,天然草原面积13.2亿亩,草原面积占全国草原总面积的22%,占全区总面积的74%。八类大草原,21个亚类,476个型,占全国草原地类的44%,植物种类2781多种[10]。温性草甸草原、温性典型草原、温性荒漠草原、温性草原化荒漠和温性荒漠类五大地带性草原类型,占全区草原总面积的89%,全区草场地域差异性较大。根据第六次全国荒漠化和沙化监测结果,内蒙古地区荒漠化土地总面积达5931.06万公顷,占比达自治区总面积的50.14%,广泛分布于全区12个盟市的83个旗县(市、区)内。其中,极重度荒漠化面积达到668.81万公顷,重度荒漠化面积为428.84万公顷,中度荒漠化面积为1385.51万公顷,轻度荒漠化面积则为3447.90万公顷。荒漠化类型主要呈现为风蚀,风蚀荒漠化面积高达5405.35万公顷,占荒漠化土地总面积的91.14%。荒漠化问题在内蒙古地区12个盟市均有所体现,尤以阿拉善盟荒漠化土地面积最为显著,达到了1636.79万公顷。同时,区域沙化土地总面积为3981.53万公顷,占自治区总面积的33.66%,广泛分布于全区12个盟市的92个旗县(市、区)内。其中,极重度沙化土地面积为1193.36万公顷,重度沙化土地面积为565.36万公顷,中度沙化土地面积为807.39万公顷,轻度沙化土地面积则为1415.92万公顷。全区森林面积中,天然林面积2.72亿亩、占76.2%,蓄积13.02亿立方米、占89.7%;人工林面积0.85亿亩、占23.8%,蓄积1.49亿立方米、占10.3%。

在2023年度,全区在饲草总产量方面实现历史性突破,达到7543万吨,同比稳步增长2.4个百分点。草资源全产业链产值达802.1亿元,草资源生产总值稳居全国首位。奶业、牛业、羊业及绒业等四大核心产业实现近5000亿元的产值规模。全区稳定饲养6500万头以上牲畜,为稳定生产100万吨牛羊肉、6.2万吨毛绒和5.5万吨鲜奶提供了强大的物质基础。

（二）评价指标体系的实际运用

基于内蒙古地区草原资源的建档资料，并紧密结合该地区的草原资源实际情况，同时考虑到从国家林业和草原局获取相关数据的可行性，根据前文论述的草原资源资产审计评价指标体系，深入实地调研，从源头挖掘草原资源的现状和问题；详细查阅国家林业和草原局提供的权威数据，以确保评价指标的准确性和科学性。在此基础上，我们按照前文所述的评价指标体系框架，收集整理了内蒙古地区草原资源的有关数据，对其进行了全面、系统的审计评价。值得特别提及的是，由于计算草原资源资产政策落实率时，存在诸多影响因素，鉴于指标计算的便捷性考虑，本文不直接对其进行量化计算，而是采用扣分法来间接评估其落实情况。在审计流程中，若审计发现领导干部在任职期间有违法违规或监管缺失行为导致草原资源发生重大损害的事故，以及存在滥用职权、提供虚假信息等不当行为，将对相应的评价指标进行分数扣减。基于这一逻辑，本文以100分为满分设置定性评价指标。这一过程旨在全面反映内蒙古地区草原资源的数量、质量、利用状况以及保护治理成效，为制定科学合理的草原资源管理和保护政策提供支撑。综上所述，内蒙古自治区草原资源资产审计评价指标原始数据如表3所示。

表3　　内蒙古自治区草原资源资产审计评价指标原始数据

评价指标	2021年度	2022年度
资源总量与结构		
可利用面积变化率（%）	53	38
优质草种质量	100	100
生长能力状态与质量		
植被覆盖率（%）	44	45
生物多样性比例（%）	45.6	47.5
草原资源保护与监管机制		
政策执行情况	100	100
履职情况	100	100
执法力度	100	100
保护目标责任制	100	100

续表

评价指标	2021 年度	2022 年度
人工草地建设完成率（%）	36.77	34.29
开发利用与修复		
开发项目合规性	100	100
碳汇功能	100	100
禁牧休牧政策落实	100	100
草原生态旅游业经济贡献		
旅游者数量（万人）	13126.81	9249.08
旅游者增速（%）	5.06	-41.9
旅游收入（亿元）	1460.49	1053.92
载畜量（万头）	7574.69	7678.01
可用畜产品（万吨）	277.32	284.05
第一性生产能力	98.9	85.4
第二性生产能力	98.8	95.4
草原放牧能力		
放牧方式	98	96
生长季休牧	100	100
社会影响与公共参与度		
就业机会创造	98	100
居民生活受益程度	98	100
当地居民参与度	100	100
公众对领导干部工作满意度	100	100
公众资源管理和保护参与度	100	100

注：上述数据通过《内蒙古统计年鉴》和实地调研收集整理而来。

（三）结果分析

为了对内蒙古草原资源资产离任审计评价方面的绩效进行更全面、有效的审计评价，我们需要从以下七个维度进行细致评估：草原资源的总量构成、生长状况与质量、保护监管体系的完善度、开发利用与生态修复的效果、草原生态旅游业对经济的推动作用、草原的放牧承载能力，以及社会公众对此的参与度和影响。通过对内蒙古自治区过去两年各个评价指标进行综合考量与分析，可以全面评估该区在草原资源资产管理上的成效。

第一，在草原资源的总量构成方面，由于优质草种质量这两年保持持平，而可利用面积变化率呈现下降趋势，为我们提供了一个直观的视角来审视内蒙古自治区单位领导干部在草原资源管理方面的表现和责任。可利用面积变化率的下降则表明草原资源的实际可利用范围在缩减，原因可能是过度放牧、土地退化、非法占用草原等多种因素。在这种情况下，内蒙古自治区单位领导干部需要承担起更大的责任来保护和恢复草原资源。单位领导干部需要制定并执行更加严格的草原保护政策，加强对草原资源的监管和管理，以防止进一步的破坏和退化。同时，务必全力推进草原生态修复工程，采取种植优良草种、恢复植被覆盖、改善土壤质量等切实举措，以提升草原资源的可利用性和可持续性，确保草原生态系统的长期稳定发展。

第二，在生长状况与质量方面，植被覆盖率与生物多样性比例定量指标都呈现出连年向好的趋势，可以反映出内蒙古自治区在草原生态保护方面取得了较好的成效，草原生态系统逐渐恢复活力，为草原资源的可持续利用和生态平衡奠定了坚实基础。

第三，在保护监管体系的完善度和开发利用与生态修复的效果方面，虽然各项指标得分稳定持平，显示出一定的管理成效和生态恢复成果，但值得注意的是，人工草地建设完成率却呈现出略有下降的趋势，该数据提示我们，在持续强化保护监管的同时，也需关注并优化人工草地建设的策略与执行，以确保草原资源的全面健康发展。

第四，在草原生态旅游业经济贡献和草原放牧能力方面，旅游者数量和旅游收入同比下降，反映了草原生态旅游市场面临的一些挑战，如旅游资源的吸引力下降、旅游设施和服务质量有待提升、市场竞争加剧等因素。该下降趋势可能对当地经济产生一定影响，需要采取措施来振兴草原生态旅游。载畜量和可用畜产品连年上升，表明草原的畜牧业生产能力在增强。第一性生产能力下降趋势高于第二性生产能力，结合放牧方式的指标，反映草原生态系统的初级生产力受到了一定程度的破坏或限制，如气候变化、过度放牧等因素可能导致牧草生长受阻。针对当前状况，我们应全面考量草原资源的可持续利用与生态保护，制定科学的草原管理政策及技术实施方案，旨在提升草原生态系统的整体生产效能与稳定性。此外，还需强化草原生态旅游的规范开发与高效管理，着力增强旅游资源的吸引力与服务质量，以推动草原经济向多元化、高质量发展方向迈进。

第五，通过社会影响公众参与度方面指标评分，发现就业机会创造和居民生活受益程度均呈现上升趋势，反映了草原地区经济活动的活跃性和居民生活质量的持续改善。当地居民参与度、公众对领导干部工作满意度和公众资源管理保护参与度两年保持满分持平状态，表明草原地区的居民不仅积极参与到了草原资源的管理和保护工作中，而且对当地领导干部的工作给予了高度评价。同时，公众对资源管理的重视和参与也达到了一个较高的水平，为草原资源的可持续利用和生态保护奠定了坚实的基础。积极参与和高满意度的背后，可能得益于当地政府和相关部门在推动公众参与、加强干部作风建设以及提升资源管理保护水平方面所做的努力。未来，我们应继续巩固这一成果，进一步推动公众参与草原资源管理和保护的深度和广度，同时加强领导干部的培训和监督，确保他们的工作始终符合公众的期望和要求。

六、草原资源资产离任审计评价指标体系保障机制

草原资源资产离任审计评价指标体系的保障机制是一个多层次、多方面的体系，需要政策制度、组织领导、专业人才与技术以及监督考核等多方面的共同努力和保障，旨在确保审计工作的客观性、公正性和有效性，是推动草原资源可持续利用和保护的重要举措，为草原资源的有效管理和可持续发展提供全方位支持。为了确保评价体系的顺畅运行与高效实施，以下详细阐述关于该体系保障机制：

（一）政策制度保障

为了确保评价体系的顺畅运行与高效实施，加强制度建设和法治保障，提升技术支持至关重要。国家和地方政府应加快建立健全草原资源资产离任审计相关的法律法规体系，明确审计流程、界定责任主体、完善问责机制，为评价工作的顺利开展提供坚实的制度保障。地方政府根据上级政策精神，结合本地实际情况，制定具体的实施办法或细则。具体而言，需制定或完善相关法律法规，细化草原资源资产管理和保护的法律法规条款，确保审计工作的合法性、规范性和权威性，确保审计工作有法可依、有章可循。

（二）组织领导保障

审计机关需深刻认识到生态文明建设的重要性，将草原资源资产的保护与管理纳入审计工作的核心范畴。应积极设立或完善从事草原资源资产离任审计工作的专门机构，配置足够的专职人员，确保机构具备高度的专业性和独立性，能够全面、深入地开展审计工作。同时，上级审计机关应发挥引领作用，加强对下级审计机关的业务指导和监督，确保草原资源资产离任审计工作的统一标准和规范流程得到严格执行。通过上下联动、协同作战，共同构建起草原资源资产离任审计的坚固防线，为草原生态环境的可持续发展保驾护航。

（三）专业人才与技术保障

专业人才保障是草原资源资产离任审计评价指标体系顺利运行的重要保障，人才是评价体系运行的灵魂。由于草原资源资产离任审计工作的复杂性和专业性，对审计人员提出了较高的要求。审计机关应充分利用各种审计资源，加强审计队伍的专业力量，重视草原资源资产审计领域专业人才的培养，通过组织专业培训、学术交流等活动，培养一批具备草原生态学、环境科学、审计学等多学科知识的复合型人才，充实到审计队伍中，确保审计工作的专业性和连续性[11]。专职人员需不断学习新知识、新技能，紧跟草原资源保护与管理的前沿动态，确保他们能够在评价工作中发挥最大效能，为审计工作的精准实施提供专业性和先进性。同时应加强技术支持，引入先进的信息技术手段，如遥感监测、大数据分析等，提高审计效率和准确性。建立健全草原资源资产信息数据库，实现数据共享、实时监控和智能分析，为审计工作提供全面的技术支持，为评价体系的智能化、高效化运行提供强大的技术支持。通过法治保障和技术支持，共同推动草原资源资产离任审计评价体系的不断完善和发展。

（四）监督考核保障

构建草原资源资产离任审计评价指标体系保障机制，为草原资源的有效管理和可持续发展提供有力支撑。建立健全监督机制、强化考核评估、建立责任追究机制等措施，可以确保审计工作的质量和效果，保障草原资源资产离任审计评价指标体系的运行。审计机关应建立健全的监督机制与问责制度，明确监督的主体、对象、内容和方式。通过定期检查、随机抽查、专项审计等多种方式，对审计工作的全过程进行监督，确保审计工作的公正性、客观性和规范性。明确审计结果的应用范围和追责机制，将审计结果作为考核、任免、奖惩领导干部的重要依据，增强审计的震慑力和实效性。同时，接受社会外部监督，公开审计结果，接受公众和媒体的监督，提高审计工作的透明度和公信力。对审计发现的问题，特别对领导干部在草原资源管理中的失职、渎职行为零容忍，坚决追究其责任，以铁的纪律守护草原的绿水青山，确保草原资源得到永续保护与合理利用。

七、研究结论与展望

草原资源作为国家资源的重要组成部分，承载着维护生态平衡、促进畜牧业发展、保障国家食物安全等多重功能。草原资源资产离任审计能够及时发现草原资源管理中的违法违规问题，推动相关部门和单位进行整改，保障草原资源的可持续利用。构建评价指标体系，有利于评价、监督领导干部的履职成效，加强对草原资源的保护和管理，明确领导干部在草原资源保护中的责任，促进领导干部对草原资源管理工作的重视和投入，提高草原资源管理水平，在保护草原资源、促进生态文明建设方面发挥着重要作用。

未来研究还需要对草原资源资产审计评价指标体系进行细化和延伸。针对草原资源资产审计工作的深化与精准化，进一步健全现有的评价指标体系。前瞻性地引入新兴指标，以捕捉草原生态系统在气候变化、生物多样性保护等方面的新挑战与机遇。同时，加大对评价指标体系建设的投入力度，强化草原资源保护与管理，推动研究创新，提升评价技术的智能化、信息化水平。在此基础上，政府和相关部门完善草原资源保护法律法规和政策制度，出台一系列激励与约束并重的政策措施，以引导社会各界积极参与草原生态保护与建设，形成全社会共治共享的良好局面。旨在构建一套长效管理机制，确保草原资源资产离任审计评价指标体系的持续优化与有效运行。这一机制将涵盖从指标设计、数据采集、分析评价到结果应用的全过程管理，为草原资源的可持续利用和生态安全提供坚实保障。

参考文献：

[1] 罗永红，唐生路．以"四个意识"高度看"扎扎实实推进生态环境保护"[N]．柴达木日报，2017-09-15（003）．

[2] 王振铎，张心灵．领导干部草原资源资产离任审计内容研究——基于内蒙古自治区审计实践[J]．审计研究，2017（02）：31-39．

[3] 王伟，许红晴．自然资源资产离任审计评价指标体系构建与测度研究[J]．财会通讯，2024（07）：121-126．

[4] 范兴宇．自然资源资产审计评价指标体系构建综述[J]．审计与理财，2024（03）：19-20．

[5] 王海兵，赵李丽，杜娟．环境资源保护审计体系构建研究[J]．财会通讯，2019（07）：90-95．

[6] 刘宇晨，王振铎，张心灵．草原资源资产负债离任审计评价指标构建研究[J]．财会通讯，2018（25）：93-95，129．

[7] 郭三杰，巴特，张娇，等．基于地理信息技术的草原资源资产离任审计[J]．测绘与空间地理信息，2021，44（03）：88-92．

[8] 王智涛，赵雁伟，刘利民．过度放牧对草原生态保护建设的影响与思考[J]．畜牧业环境，2023（07）：28-30．

[9] 王佳楠，程启先，陈庆锋，等．山东省区域经济—生态安全—环境保护耦合协调水平测度及时空分异格局[J]．济南大学学报（自然科学版），2023，37（01）：26-33，47．

[10] 马秀梅．保护草原生态共享绿色空间[J]．内蒙古林业，2021（08）：1．

[11] 曾杉杉．H市领导干部草原资源资产离任审计问题探讨[D]．南昌：江西财经大学，2021．

乡村振兴背景下田长制管理绩效审计体系构建研究

摘　要：田长制作为一种旨在保护耕地和永久基本农田的网格化管理机制，在增强耕地数量、质量及生态保护的综合建设方面具有深远的意义，尤其在维护国家粮食安全的背景下。构建田长制管理绩效审计体系有助于促进田长制管理绩效审计工作的开展，进而实现对农村耕地资源的更科学规划与合理利用，助力乡村振兴。当前我国在田长制管理绩效审计领域的研究基础仍然相对薄弱，还存在诸多问题。基于此，本文从环境、目标、主体、内容、程序、方法、评价指标和报告八个维度，构建适应乡村振兴背景的田长制管理绩效审计体系。旨在提高田长制管理绩效审计效能，促进田长制的有效实施，减少非农化现象，提高耕地的利用率和产出率，加速推进乡村振兴的建设进程。

关键词：乡村振兴；田长制；绩效审计体系

一、引言

2023年中央农村工作会议上，习近平总书记对"三农"工作作出重要指示。推进中国式现代化，必须坚持不懈夯实农业基础，推进乡村全面振兴。在这一背景下，田长制政策的实施显得尤为重要，它对保护农村耕地资源、提升粮食生产能力和加速乡村振兴进程等方面具有显著影响。田长制作为落实永久基本农田保护的管理机制,以村(社区)为单位进行网格化管理。根据该制度,市政府、区(县、市)政府及乡(镇、街道)的主要领导分别担任不同层级的田长,而村(社区)负责人则作为网格长,负责对耕地进行精细化管理。该管理机制旨在强化地方政府和党委的责任,确保土地资源的有效管理和监督,合理利用土地,减少土地非粮化现象。据统计,在"十三五"期间,我国粮食产量持续保持在1.3万亿斤以上,农产品质量和食品安全水平进一步提升,农民人均收入较2010年翻了一番以上,现代农业建设取得了显著进展,乡村振兴也实现了良好的开局。

然而,我国在农村耕地保护方面仍面临诸多挑战。农民对耕地的保护意识相对薄弱、农村耕地非农化和非粮化现象严重、粮食产量尚未达到预期、基础设施建设相对滞后以及相关部门的监管力度不足等诸多问题,不仅妨碍了耕地资源保护政策的实施,还影响了乡村振兴建设的整体进程。因此,完善政策体系建设和发挥审计监督作用显得至关重要。通过完善田长制管理绩效审计体系的构建,可以明确田长制审计监督的主体、内容程序等,并根据田长制实际发展情况构建科学合理的绩效评价指标体系,充分发挥审计的积极作用,这不仅关系到耕地资源的保护,还关乎人民基本生活保障、社会稳定、国家和农业经济的可持续发展。对田长制管理绩效审计体系构建的研究,不仅具有深厚的理论意义,也蕴含重大的现实意义。

二、研究综述

在乡村振兴战略的推动下,我国农村发展面临着前所未有的机遇与挑战。田长制作为一种新兴的农村管理模式,逐渐引起了社会广泛关注。其中,建立科学合理的管理绩效审计体系不仅能够全面评估田长制的执行效果,还能够识别其中存在的问题并提出相应的改进建议,从而促进乡村振兴目标的实现。目前,我国在乡村振兴背景下的田长制管理绩效审计体系构建方面的研究仍显不足。本文将从土地资源审计和农村审计两个方面进行文献回顾,以期为田长制管理绩效审计体系的构建提供理论支持。

(一)土地资源审计研究现状

当前,已有学者围绕自然资源绩效审计开展大量研究,李素英等

(2018）构建了自然资源资产审计评价指标体系[1]。唐勇军等（2023）指出领导干部自然资源资产离任审计将环保压力从宏观政策传导至微观企业，对企业提高环境绩效具有重要作用[2]。

土地是自然资源的重要组成部分，何利和李阳阳（2023）对基于自然资源的高标准农田建设项目绩效审计展开了研究，构建评价指标体系[3]。然而，土地资源审计方面尚未形成完整和成熟的土地资源审计框架。马志娟等（2020）提出从审计环境、审计目标、审计要素三个方面构建土地资源审计实施框架，并阐释了审计保障机制，提出了优化建议，进一步推动土地资源审计实务的发展[4]。虽然土地资源审计的研究一直在进行，但是土地资源保护和利用方面依然存在着许多的问题。顾奋玲和杜冰青（2019）从领导干部履职不当的角度对土地资源的问题进行研究，强调要加强领导干部责任的规范和监督，以促进土地资源的高效利用[5]。周远祎和王艺婷（2024）从数字化转型角度出发，分析了数字化转型时期土地资源绩效审计监督的现状和特征，在此基础上构建了土地资源绩效审计监督的评价指标体系[6]，加强了土地资源审计监督作用。要想提高土地资源利用的公平性合理性，需要重点解决土地资源建设过程中的贪污腐败问题，杨晓和等（2017）将领导干部土地资源资产离任审计作为考核地方政府和领导干部管理行为的重要依据，以减少因为领导干部履职不当而造成的土地资源破坏和浪费的情况[7]。此外，谭小琴等（2023）通过网络地理信息技术与审计信息化相结合的方法，构建了土地资源资产审计时空数据分析系统，以此摸清相关领导干部对土地资源资产管理职责履职情况，为进行公平客观的审计评价提供科学的数据支持[8]。

（二）农村审计研究现状

在当前国际形势严峻的背景下，农业发展对国家安全的重要性日益凸显。农村发展不仅关乎我国广大农民的生活，还直接影响到国家的粮食安全。研究田长制的绩效审计，有助于推动乡村经济发展、促进乡村振兴，并为构建现代化新农村奠定基础。

黄越和李娇（2020）对乡村振兴如何驱动农村审计进行了深入分析，指出农村审计应以政府审计为主导，乡镇审计为主体，社会审计为辅助，从而形成政府与村民之间的委托代理关系[9]。明确了农村审计与乡村振兴战略之间的关系，为农村审计的发展指明了方向。农村审计的构建方面，宋心（2021）从审计的主体、对象、标准和结果等五个方面厘清了乡村振兴战略下农村审计所需关注的要素，并阐明了其内涵[10]。目前，农村审计的发展相较于农村经济发展存在滞后现象，亟待改进。刘尚睿（2016）提出了农村审计存在的问题，并通过健全农村审计法律体系、抓好农村审计人员队伍建设、探索创新农村审计方式、注重农村审计结果运用四项措施改进农村审计，进一步推动农村的和谐发展[11]。

此外，农村审计还面临审计立法不及时、农村机构不完善、职责权限受限及结果处理困难等问题。李明岩和纪海棠（2015）构建了农村审计的三方关系和财务活动关系，提出完善农村审计机构、落实审计决定、提高农村审计权威性、加强综合分析、提高审计质量等措施[12]。随着国家对农村的建设越来越重视，投入大量的扶贫资金，涉农资金使用的效率和效果问题备受关注。和杰和游飞贵（2021）为了提高扶贫资金的使用效率，分析了涉农资金绩效审计研究的现状和问题，提出为推动和开展涉农统筹整合绩效审计，应当采取提升绩效审计意识和能力、引导支持创新绩效审计、总结经验编制绩效审计指南、统筹编制实施审计计划方案、科学设计评价指标体系、探索运用大数据审计技术等方式[13]。

（三）研究述评

综上所述，我国在土地资源审计和农村审计方面的研究已取得一定成效，相关体系构建也日趋完善。耕地资源是重要的土地资源，我们对田长制管理绩效审计的研究不能仅停留在提升耕地利用效率上面，还需重视对耕地的面积和生态环境的保护，推动高标准农田建设并提高农田利用率。这与土地资源绩效审计之间存在密切关联。然而，土地资源不仅包括耕地，还涵盖林地、牧地、水域、城镇居民用地、交通用地以及其他用地。因此，研究田长制绩效审计不能仅仅依赖于土地资源绩效审计的相关成果，还应有其独特性。在田长制政策的实施过程中，涉及政策、资金、人力和物力等方面的审计必然与农村审计密切相关。然而，田长制管理绩效审计体系的研究仍显匮乏，理论发展滞后于实践。为了推动田长制政策的进一步完善与发展，本文将基于乡村振兴的时代背景，从审计环境、目标、主体、内容、程序、方法、评价指标和报告八个方面进行深入分析，构建相对完善的田长制管理绩效审计体系[14]，以促进农村土地资源的保护，不断提升农民生活质量，助力乡村振兴。

三、我国田长制审计实践发展现状

（一）我国田长制相关政策

党中央、国务院始终高度重视农村耕地的保护问题。习近平总书记就耕地的"非农化"和"非粮化"作出相应指示，指出耕地是粮食生产的命根子，要扎实抓好耕地这两大问题，保住中华民族的"铁饭碗"，习近平总书记还多次强调要严守耕地红线，不能搞形式主义和变通，出了问题要进行问责。政协十三届全国委员会第三次会议第 3965 号（农业水利类 341 号）提案——《关于在耕地保护关键节点试行田长制的提案》提出"先期在重要区域、关键节点试行田长制，再分步扩大范围"。部分地方实行田长制是新时期加强耕地保护监督的创新举措，通过在县（市）乡（镇）、村组建立耕地保护网格长、监督员等监管网络，将耕地保护任务落实到责任人、责任地块，一级抓一级，层层抓落实，使耕地保护工作向末端延伸，动态掌握管辖范围内耕地保护和利用情况，并及时上报。形成"村级发现、乡级制止、市县查处"的层级责任分工体系（见表1），有效解决"看得见的管不了、管得了的看不见"的突出问题，确保违法违规行为早发现、早制止、早查处。

关于田长制政策的实施方面，田长制建设现已在全国各个地区开展。其中，高标准农田是耕地的重要组成部分，截至 2023 年底，全国共建成高标准农田超过 10 亿亩，2024 年有望继续增加。对于永久基本农田的保护，主要是从质和量两个方面进行把控。质的重点是要建设高标准的农田，提高农田的使用效率，保障稻谷、小麦、玉米三大谷物的产出，提升农业技术、优化农业配套设施建设。量是指耕地的面积，不得随意占用，严厉打击非法占用耕地进行植树、荒废、建造房屋、墓园、企业园区和养殖区等行为，从而减少农村耕地"非农化""非粮化"的情况。国家高度重视农村耕地保护工作，持续加大了物力上的投入，2016 年以来，中央财政全面推行农业"三项补贴"改革工作，对于拥有耕地承包权的农民进行保护补

表 1　　　　　　　　　　田长制层级结构

层级	职位	负责人	主要职责
省	总田长	省委书记、省长	严格施行耕地保护的监督措施，合理配置资源，传递政策和市场信息，评估生产绩效，参与收益分配，以及推动生态环境保护等
省	副总田长	省委副书记和省政府分管自然资源、农业农村工作的副省长	
省	田长	省委、省政府负责同志	
市	总田长	市委书记、市长	
市	副总田长	市委副书记和市政府分管自然资源、农业农村工作的负责同志	
市	田长	市委、市政府负责同志	
县	总田长	县委书记和县政府县长	
县	副总田长	县委副书记和县政府分管自然资源和规划、农业农村的县级领导	
县	田长	县级领导	
乡	田长	乡（镇）党委书记、乡（镇）长	
乡	副田长	班子成员或包村干部	
村	田长	村支部书记、村两委干部	

贴。新颁布的《土地管理法实施条例》规定要"建立耕地保护补偿制度"。国家还设立了农业产业发展基金、贫困地区产业发展基金、中国农垦产业发展基金等，实行奖惩并行的举措。

（二）田长制审计落实情况

随着田长制工作的稳步推进，各地审计机关也在不断扎实开展耕地保护相关审计工作，坚守耕地红线。在制度建设方面，地方审计局坚持机关党建和审计业务都是主责主业导向，紧盯相关部门田长制建设落实情况，加强围绕审计服务田长制政策落实开展跟踪审计，落实最严格耕地保护制度。建立健全农田保护共同责任体系，厘清责任边界，将田长制落实情况纳入耕地保护目标责任考核，强化考核结果运用，统筹做好验收、审计、督查等工作。

在资金发放方面，审计局会同财政局、农业农村委等部门，认真分析研究问题的深层次原因，提出切实可行的整改措施，明确耕地保护补贴资金发放要求，保障资金拨付的及时性和安全性。安排高标准农田建设管理情况专项审计、农机具购置补贴资金管理使用情况专项审计等。聚焦补贴发放的关键环节，审计组定期督促各区，紧盯粮食补贴发放进度，要求严格按照规定的时间节点申报、审核、发放，并及时提交发放数据和相关情况。一些地区还出台了耕地保护专项资金管理和补偿激励两个暂行办法，对于政府下达的资金进行专项的审计，并采取补偿激励的措施，从而推动农村耕地保护工作。

在技术方面，一些地方运用无人机测量和雷达测量技术核查土地资源的实际情况，大大提高了审计效率，构建了保护和利用相结合的田长制组织体系。此外，田长制信息化技术监管平台开始建立，该平台运用信息化技术、大数据技术和卫星遥感技术，建立网格化的管理平台。从而检测农村耕地、高标准农田、永久基本农田的利用和保护情况。切实遏制耕地"非农化"，严控耕地"非粮化"，规范耕地占补平衡。

从各地区对田长制的审计工作情况可以看出，现行的审计一般都是对田长制的落实情况、相关资金的到位情况、政策的执行情况进行的审计。但是缺乏对田长制政策的执行情况、专项资金运用效益等方面的审计。随着田长制审计的不断发展，相关政策的不断落实，审计部门应该将重心慢慢转移到田长制管理绩效审计工作上来，确保田长制政策得到更加有效的执行、相关的资金得到有效的利用、土地资源得到有效的保护，同时揭示土地资源治理项目中的贪污腐败问题。从而构建一个科学、合理的田长制管理绩效审计体系，使得田长制政策真正落到实处，发挥出其应有的作用，加快乡村振兴建设。

四、乡村振兴背景下田长制管理绩效审计体系构建

（一）田长制管理绩效审计环境

田长制管理绩效审计的环境主要是指影响绩效审计工作的一系列因素的总和。主要包括制度和法律环境、经济和社会环境、生态环境、信息技术环境。

1. 制度和法律环境

关于田长制，国家并没有专门为此颁布独立的法律或政策，而是通过

多个相关的政策文件和指导意见推动这一制度的实施。2013年11月,《中共中央关于全面深化改革若干重大问题的决定》首次明确提出要探索和推行田长制,强调加强农村土地管理和耕地保护,提出农业管理创新。2016年4月颁布《全国农村集体经济发展规划(2017—2022年)》明确提出推动农村集体经济发展与田长制的结合,以提升农业生产效率和农村治理水平。2019年8月,《耕地保护补偿办法》的出台涉及具体的耕地保护管理措施,为田长制的实施提供了间接支持,确保耕地的合理利用与保护。此外,自2018年以来,各省市陆续发布与田长制相关的地方性实施细则,进一步推动了这一制度的落地与发展。

关于法律法规方面,相关的重要文件包括《中华人民共和国土地管理法》《中华人民共和国农业法》《耕地保护法(草案)》《关于加强耕地保护和改进占补平衡的指导意见》《中华人民共和国环境保护法》《全国农业现代化规划(2016—2020年)》等。尽管田长制并未被单独立法,但上述法律法规及政策文件为其实施提供了必要的法律保障与指导。此外,2021年自然资源部下发了2021年33号文,明确提出了田长制,对符合《党政领导干部生态环境损害责任追究方法(试行)》和《违反土地管理规定行为处分办法》等规定的地区,尤其是新增乱占耕地建房问题突出的,要作为问题线索,移交纪检监察机关处理,从而压实耕地保护责任,为田长制管理绩效审计提供了有力的法律支持。

2. 经济和社会环境

农业不仅为人民的基本生活提供了保障,还在促进经济增长方面发挥了重要作用。它推动了工业和旅游业的发展,解决了一部分就业问题,并增加了粮食出口,成为我国经济可持续发展的重要支柱。从经济角度看,田长制通过优化农业生产效率和合理配置土地资源,显著提高了农民的收入水平,并促进了农村集体经济的蓬勃发展。在社会层面上,田长制强化了土地管理与社会治理的有效性,明确了各级政府和村委会的职责,促进了农村社区的和谐与稳定。该制度特别强调耕地保护与生态环境的可持续性,提升了农民的环保意识和责任感,进一步改善了农村的人居环境。此外,田长制的推广鼓励了农民的积极参与,使他们对土地管理的关注度和对自身权益的认知显著提高,从而增强了社会的凝聚力和治理能力。田长制与绩效审计的结合,不仅为农业现代化和乡村振兴奠定了坚实的基础,也在推动经济增长、改善人民生活质量方面发挥了关键作用。

3. 生态环境

田长制通过设置"田长",即在每片耕地上指定负责的农业工作者,强化对耕地的责任和管理。这不仅有助于保护耕地,防止耕地的过度开发和浪费,还能促进生态农业的发展。田长制下,鼓励管理者采用科学的种植方式,减少化肥和农药的使用,以降低对土壤和水源的污染。这种方法能有效改善土壤的生态质量,保护水源,提升农作物的品质与产量。同时,田长制增强了农民的环保意识,鼓励他们积极参与生态保护和资源合理利用。通过生态补偿机制,农民可以获得经济激励,以推动他们采取更为绿色的农业发展措施。此外,田长制还推动了绿色基础设施的建设,如水利设施、生态景观等,提高了农村的生态恢复能力。这不仅改善了农村的居住环境,也为农民的可持续收入提供了保障。所以在田长制管理绩效审计的研究过程中还应该充分关注生态环境方面,通过构建相应环境性指标,有效保护耕地的生态环境,助力乡村的全面可持续发展。

4. 信息技术环境

审计工作具有很强的技术性,随着时代的发展,会计工作逐渐趋于电算化、网络化。使得审计的线索,审计的技术手段也在发生变化。从全球范围上来看,信息技术发达的国家,绩效审计发展得也越好。在田长制管理绩效审计中,也会用到一些技术手段,包括构建智能化自然资源视频监管指挥中心,采用无人机技术,对农田进行定期的航拍,"田长"针对得到的数据进行日常的线上汇报,构建相应的管理机制。对上传的实时农田图进行勘察,并及时进行对比分析,更好地发挥出耕地保护前端作用。努力构建"高空看、智能判、现场查、网上管"的闭环管控体系,努力实现对农田的全覆盖管理,为田长制管理绩效审计提供良好的数据支撑。

(二) 田长制管理绩效审计目标

田长制管理绩效审计的目标是通过一系列审计活动实现预期的结果,所有审计活动的出发点均是为了达成这些目标。田长制管理绩效审计的主要目标包括促进田长制政策的落实、提高资金使用的效率和效果等。这表明审计的核心在于评估田长制的执行情况及其存在的问题,包括政策落实的有效性、资金使用是否达到预期结果,以及是否存在滥用职权、贪污腐败和资源浪费等现象。因此，审计人员需深入田长制管理的各个环节，全面了解实际情况，并根据审计结果为决策者提供切实可行的改进建议。

积极探索"多长合一"的工作模式，会同自治区河长办、林长办等部门及各地共同探索基层田长、河长、林长等"多长合一"，推动构建"多长合一、一巡多查"的工作机制。推动"田长＋检察长"协作机制走深入实，以"田长＋"等多种方式形成耕地保护合力。田长制还在不断地发展阶段，还有许多有待完善的地方，审计应该为田长制赋能，不断地改进土地监管机制中存在的问题，实现乡村振兴的目标。

（三）田长制管理绩效审计主体

田长制管理绩效审计主体是指在田长制管理绩效审计活动中实施审计行为、行使审计监督权的审计机构及审计人员，主要包括：国家审计机关、社会审计组织和内部审计机构。其中，内部审计是基础，政府审计是关键，社会审计是补充和完善，三大审计主体之间既存在共性，又相对独立[15]。因此在田长制管理绩效审计中要积极发挥出这三大主体的优势，发挥联动效应。实现以政府审计为主，社会审计和内部审计为辅的"三位一体"审计体系，从而提升审计的效率和效果。

政府审计主要是对政府机关在开展田长制方面的相关工作实施监督，保障其财务行政活动与田长制政策的一致性，有助于提高在田长制体系构建方面、土地资源保护方面和田长制项目资金运用方面的合理性、合法性和效率性。内部审计部门作为被审计单位的内部机构，对相关业务更加了解，可以利用掌握的资料为审计提供必要的参考和依据。其审计的侧重点在于加强企业对于土地资源保护方面的管控，保证企业遵守国家相关规定，不乱占乱用土地资源，特别是永久基本农田，不乱排乱放废水和废气，保障农田的质量，保护生态环境。社会审计的专业性更强，效率更高，可以对审计结果进行检查和监督，政府审计可以利用将项目外包给事务所的方式来达到协同的作用，以缓解自身时间、精力不足等情况。政府审计、内部审计、社会审计应该加强协作，以减少资源和时间的浪费，更高效地达到预期的目标。

（四）田长制管理绩效审计内容

在田长制管理绩效审计中，应该重点关注的是田长制制度的合理性、政策的执行落实的有效性、相关项目资金的效益性等。绩效审计的对象是与田长制有关的国家各级政府及其事业单位组织等。审计人员应对审计对象开展田长制相关经济活动的经济性、效果性和效率性进行审计。

1. 田长制政策跟踪审计

政策跟踪审计主要是对贯彻落实田长制政策的执行情况进行监督、评价、建议、咨询等审计活动，检查田长制政策的执行是否符合相应的法律法规。主要从形式、事实、价值三个维度进行审计，形式维度指的是审计相关政策措施出台、会议的贯彻、领导组织的部署、文件的制定、措施的执行和跟进、保障措施和绩效考核办法的制定等方面。事实维度主要指的政策的落实情况、具体指标的审查情况等。价值维度是对政策价值的评估，主要关注的是政策的目标、相关资金的绩效以及社会价值的实现情况等。

2. 田长制制度合规审计

田长制的制度合规审计指的是对各个地区田长制制度构建的合理性进行审计，相关制度应该做到层层监督，与各地实际情况相结合，不遗漏每一个区市、县、乡镇、村等，不遗漏每一块基本农田。各个监管环节是否合理，是否能达到想要的效果并且能得到广大农民的满意，以期在土地资源保护和乡村振兴建设方面能达到一个良好的效果。政府机构和相关单位应该不断完善制度建设，提高工作效能。

3. 田长制经济责任审计

田长制的经济责任审计主要针对田长制政策实施过程中各级管理人员的经济责任进行评估，旨在确保资源的有效利用和财务管理的合规性。审计人员应对各个地区市财政局、农业农村局、自然资源局、统计局等单位关于耕地保护相关政策的落实，资金的使用和管理、项目的建设和维护绩效等情况进行排查，明确责任主体。实行"同级审""上下审""交叉审"的模式。此外，审计人员需评估田长、村干部及其他相关责任人在资源配置效率方面的表现，以确保土地、资金和人力资源的合理利用，避免资源的浪费。通过全面的审计，可以深入了解各级管理人员在田长制政策执行中的经济责任，从而确保政策目标的实现，并推动农业和地方经济的可持续发展。

4. 田长制资金绩效审计

田长制资金效益审计指的是对田长制相关的专项资金收支的真实性、

效益性和合法合规性进行的审计监督活动。同时,审计还应关注政策实施后所产生的经济效益,分析其对农业生产、农民收入以及地方经济发展的具体影响,涵盖产值增长和成本控制等方面。在注重账簿的审计过程中还需要将实际资金与上级下达的指标进行对比,看资金是否被挤占、挪用、忽略资金使用效益等情况[16]。对于土地的实际面积,要深入进行核查、丈量、记录,明确专项资金数额与土地资源的配比。

(五) 田长制管理绩效审计程序

田长制管理绩效审计程序可以分为审计的准备阶段、实施阶段、审计报告阶段和后续的审计阶段。在田长制管理绩效审计的准备阶段,我们需要进行审计前的调查、编制审计计划和发出审计通知书等工作。审前调查即要调查田长制建设过程中相关的材料信息,例如,田长制管理涉及的主要业务、相关影响因素、各方的责任关系、资金往来情况等。并整合这些资料,为后续编制审计计划奠定良好的基础。审计计划包括田长制管理绩效审计的审计范围、审计的方法以及审计资源和人员的分配情况等。

审计的实施阶段,对田长制专项资金使用的会计资料进行收集和整理,可以运用大数据技术检测其数据的相关性以及信息的真实性和完整性。通常的检测方法还有:实地观察法、程序分析法、资料分析法、问卷调查法、业务活动测试法等。同时还需审查相关的政府部门是否在田长制政策落实过程中,存在贪污受贿,挪用专项资金、包庇和不作为等违反相关法律法规的行为[17],并对田长制相关业务的效益性、对社会的贡献度和相关人员的履职情况进行综合的评价。

审计的报告阶段,通过相关的取证和分析,审计人员综合各方的信息,运用科学的方法得出审计结果,对田长制工作的经济性和效益性进行评价,并且明确指出影响其绩效的原因在哪里。在此基础上,形成审计报告,并联合专家和技术人员,与政府部门和相关负责人进行沟通,并制定出合理有效的整改方案。

(六) 田长制管理绩效审计方法

田长制管理绩效审计过程中除了广泛使用审阅、观察、计算、分析等技术和方法外,还要运用调查研究和统计分析技术。调查法常常有访谈和问卷两种方法，要求审计人员对农村土地、田长制政策落实、项目资金的到位等真实情况进行调查。可以对当地居民采取问卷、电话、面对面、访谈、信函的形式进行调查，并将收集到的信息进行整理核实。统计分析主要是回归分析法，回归分析指的是分析出两类或者多类数据之间的因果关系，比如耕地质量和肥力状况、周边环境、基础设施、生产条件、管理水平、资金投入等因素之间的关系。绩效审计往往会融合多学科的方法，比如管理学、社会学、统计学、经济学等社会学科。在对田长制管理绩效审计过程中，因为土地资源的范围广，情况复杂多样，所以将计算机、互联网、大数据、人工智能等技术运用其中，会带来更大的便捷。还可以建立田长制终端"田长巡"APP、小程序等管理平台，采用信息化、数字化手段辅助耕地动态巡查，并建立公开的查询举报途径从而保护公众的权益。对于田长制管理绩效审计的审计人员，应该熟悉掌握这些信息技术，不仅可以审查相关政策的落实，还可以辅助审计工作的开展。

（七）田长制管理绩效审计评价指标体系

目前，对于田长制管理方面的绩效审计方面的研究相对欠缺，在乡村振兴背景下，田长制管理绩效审计评价指标体系构建比较宽泛，需要制定具体的方向进行专项研究。本文基于绩效审计的5E理论，从经济性、效率性、效果性、公平性、环境性五个维度对田长制管理绩效审计评价指标体系进行设计（见表2）。

表2　　　　　　　田长制管理绩效审计评价指标体系

评价维度	一级指标	二级指标	指标性质
经济性	资金运用情况	田长制项目资金投放的科学性和合理性	定性指标
		田长制平均专项资金支出	定量指标
	资金管理情况	田长制项目资金筹集、发放和利用的合规性	定性指标
		田长制项目资金的节约率	定量指标
		田长制项目资金的闲置率	定量指标
效率性	资金的效率性	田长制项目资金的到位率	定量指标
		田长制项目资金利用效率	定量指标
		田长制项目资金的违规率	定量指标
		田长制项目资金的统筹整合效率	定量指标

续表

评价维度	一级指标	二级指标	指标性质
效率性	政策的效率性	制度设立的完整性和政策执行的有效性	定性指标
		政策的传达、贯彻效率	定性指标
		年度期间田长制项目计划完成率	定量指标
		土地资源状况的传达效率	定性指标
		土地资源问题处理效率	定性指标
效果性	社会效益	群众的满意度	定性指标
		受益总人数年增长率	定量指标
	经济效益	人力物力的投入与粮食产出比	定量指标
		农民人均年收入的增长率	定量指标
	土地资源保护方面	高标准农田的增长率	定量指标
		基础设施建设覆盖率	定量指标
		机械化面积的增长率	定量指标
公平性	政府组织服务情况	田长制政策实施的公正性和均衡性	定性指标
		田长制建设规划、相关进度等信息的透明度	定性指标
		反映、投诉渠道的有效性	定性指标
		公务人员服务态度情况	定性指标
		耕地资源分配的公正性	定性指标
		基础设施建设是否均衡覆盖	定性指标
	经济方面	群众项目资金的收益情况	定性指标
		资金发放是否公开透明	定性指标
		招投标的公平竞争性	定性指标
		农民收入差距指数	定量指标
	权益方面	农民是否享有公平的就业和受教育的机会	定性指标
		农民享受土地资源的权利是否受到侵犯	定性指标
环境性	环境保护方面	农田附近工业污染物排放是否达标	定性指标
		农药的使用是否符合规定	定性指标
		基础设施建设有无破坏生态环境的情况	定性指标

1. 经济性指标

经济性指标是用来评价田长制项目资金应用和资金管理情况的指标，主要是从资金投放的科学性和合理性、资金发放的合规性、资金的利用率、节约率和闲置率等方面对实际的经济活动进行调查分析，分析该地区田长制项目的经济运行状况，以便为其所支配的经济活动进行更合理的评价，并在田长制相关政策、决策和经济规划方面提供更有力的指导。

2. 效率性指标

效率性指标的评估主要从资金和政策两个维度展开。近年来，随着财政支出的持续增加，我国财政压力日益加重，因此，提高涉农资金的使用效率显得尤为重要。这不仅能够确保资金的有效利用，还能最大限度地发挥其在经济和社会发展中的作用。

在资金层面，审计应重点关注资金的到位率、利用率、违规率和整合率。资金到位率反映了资金拨付的及时性，利用率则表明资金的有效使用。违规率揭示资金使用过程中的不合规行为，整合率强调不同资金来源的协同使用。在政策层面，审计应关注政策的传达与贯彻效率以及问题的处理效率。有效的政策传播确保信息在管理层和执行层之间的顺畅流动，而高效的问题处理则是政策实施效果的重要保障。通过充分发挥田长制管理绩效审计的积极作用，对上述效率性指标进行评定，有助于提高资金到位率和政策贯彻效率。这一过程不仅促进农村基础设施建设，还为农业和农村现代化奠定基础，推动农村经济的可持续增长。

3. 效果性指标

效果性主要从经济效益、社会效益和土地资源保护三个方面进行评价。田长制的建设主要是保护和利用好农村耕地资源，加强高标准农田的建设工作，从而实现乡村振兴实现农村现代化。这往往体现在粮食的产出、人民收入的增长、受益人数、群众满意度、高标准农田的增长率、基础设施建设的覆盖率以及机械化面积的增长率等各个方面。通过对这些数据的统计、对比、分析，可以反映出政策的实施效果。耕地保护和乡村建设不是一蹴而就的，所以采用增长率来进行评定所达到的效果。并将得到的结果与预期的数据进行对比，分析导致差距产生的原因，为建设者们提供改进的思路。

4. 公平性指标

公平性要关注的问题是受政府公共服务的团体或者个人，有没有受到公平的待遇？弱势群体有没有享受到更多的资源？传统的绩效评价指标更加注重效率性和效果性，对于公平性的重视度还有待提升[18]。应通过公众听证会、社区会议等形式，让公众积极参与乡村振兴政策的实施和监督，收集公众反馈，提高政策的适应性和有效性。科学发展观要求我们必须人与社会、人与环境协调发展。田长制项目的建设应该为公众提供更好的服务，这也是群众的整体诉求。在政府组织服务方面、资金发放和各种权益方面的相关分配，是否达到公平且透明，关系到大家的切身利益。只有让人民和社会满意，田长制管理绩效审计的建设才能发挥到更大的作用。

5. 环境性指标

田长制建设过程中对于环境的保护同样也是至关重要的，田长制发展过程中应该注重生态环境保护，坚持绿色发展理念，不能以牺牲环境为代价发展农村经济。在对田长制进行审计时也应该时刻关注环境性相关指标，包括农田周边污染物排放是否达标、农药的使用是否合规、基础设施建设是否对环境友好等情况。农村经济发展应该与环境发展是相辅相成的，要做到建设更加绿色环保的新农村，促进乡村可持续性发展。

综上所述，田长制管理绩效审计指标应该按照系统、全面、重要、相关、可比、动态、经济和数据可获得等原则设定。首先要重点关注田长制相关决策的科学性，制度建设的合理性，以及是否根据当地的实际情况进行持续性的调整改进。对于与田长制相关的项目建设，在项目策划、启动、拨款以及验收阶段都要进行全面考核，重点关注项目实施过程中资金使用的效率和效果指标。除此之外，田长制绩效审计还不能忽视公平性和环境性。鉴于不同农村在经济状况、劳动力占比及耕地资源等方面的差异，田长制管理应因地制宜，评价指标的选择应有所侧重。审计人员应结合当地实际，对各一级指标进行事前评估，识别耕地资源发展中的薄弱环节及亟待解决的问题，以便进行重点关注和整改，从而更科学合理地运用田长制管理绩效审计评价指标。

（八）田长制管理绩效审计报告

在田长制管理绩效审计报告中，应确保信息的完整性和可理解性。完整性意味着在排除一些涉密信息的情况下，报告应尽可能全面地披露其他相关内容，以便公众能够更充分地了解实际情况，并有效监督田长制相关措施的实施。这一审计过程面向不同层次的使用者，因此报告的可理解性同样至关重要。这不仅能满足不同层次使用者的需求，还能促进公众与政府之间的沟通与理解。此外，田长制管理绩效审计报告应考虑对审计机关自身工作进行披露,包括年度目标的达成情况和存在的问题等方面的详细分析,从而增强对监督者的监督力度。同时,报告应重点披露重大资金项目的使用情况,特别是针对田长制建设专项资金的合规性和合法性进行详尽说明,以提高资金收支的透明度,确保资金的有效利用[19]。还可以考虑对耕地和永久性基本农田的数量和质量、当地粮食产量、经济增长量等相关数据进行披露。这不仅能够直观地帮助管理者识别问题,还能促进与相关负责人的沟通,从而及时制定科学合理的解决方案并进行整改。最终,这种透明度将使公众能够看到政府部门工作的成效,从而增强对田长制审计工作的理解和支持。

五、研究结论和展望

农村耕地资源的保护关系到国家的粮食安全、我国经济的可持续发展、社会稳定和生态环境保护。耕地是农业的基本生产资料,并且具有区域性、不可移动性和有限性等特征,我国的人均耕地面积少,耕地后备资源不足,亟须对现有的耕地资源进行严格保护。应当加强对农村永久基本农田的保护,建设好田长制制度,强化耕地资源的管理,不断提高粮食的生产率和农村的经济发展,助力乡村振兴的发展。构建田长制管理绩效审计体系能够为动态掌握田长制制度建设情况、耕地的保护情况、粮食产量、乡村经济发展状况等提供有力支持。

未来可以借助田长制管理绩效审计体系,并以政府审计机关为总抓手,其他部门相互配合的方式共同对农村耕地资源进行保护和管理,加快高标准农田的建设工作。通过田长制管理绩效审计的评价指标,我们可以分析出耕地保护工作中所存在的具体问题,并及时地进行处理。在资金应用方面,要运用资金效益审计,对资金的下发数额、实际到款额以及所运用的效果进行严格的管控,防止出现贪污腐败的问题,并且划分好职权范围,当出现问题时要及时地对相关的负责人进行问责。对于永久性基本农田的范围以及质量要随时地进行监控和上报,建立数量和质量清单,相关的负责人应该做到离任交清单和接任交清单。对于私自圈地放牧,修建房屋或者墓地等减少耕地范围的行为要及时地进行阻止。信息的管理方面也要做到公开透明,加强信息化管控,开通民众监督举报的信息通道,建立奖惩机制，使得保护耕地的思想深入人心，让农民自主地进行耕地的保护，互相的监督，建立共同治理的机制。开展田长制管理工作事前、事中和事后跟踪审计，加强监督管理。将信息技术、大数据和计算机技术运用到田长制管理绩效审计中，还可以运用无人机技术对耕地进行实时核查[20]。对田长制管理绩效审计报告和结果进行研究，建立审计成果运用和整改机制，形成更加精细化的田长制管理绩效审计体系。强化审计结果运用，分析耕地保护工作中所存在的具体问题，提升管理效度，因地制宜地加快乡村振兴建设，实现农业农村的中国式现代化。

参考文献：

[1] 李素英，解华，卢丽娜. 自然资源资产审计评价指标体系构建及应用——基于模糊层次分析法［J］. 会计之友，2018（10）：27－30.

[2] 唐勇军，马欣钰，马文超. 领导干部自然资源资产离任审计、社会资本和企业环境效——基于试点方案的准自然实验［J］. 审计研究，2023（02）：20－32.

[3] 何利，李阳阳. 基于自然资源的高标准农田建设项目绩效审计研究［J］. 会计之友，2023（05）：118－125.

[4] 马志娟，曾雨，梁思源. 土地资源审计探讨［J］. 审计研究，2020（05）：10－18，95.

[5] 顾奋玲，杜冰青. 土地资源审计所发现问题的研究［J］. 中国注册会计师，2019（05）：63－67.

[6] 周远祎，王艺婷. 数字化转型背景下土地资源绩效审计监督内容及评价体系研究［J］. 商业会计，2024（03）：83－87.

[7] 杨晓和，冯丽丽，荣欢. 领导干部土地资源资产离任审计研究［J］. 审计研究，2017（06）：22－27.

[8] 谭小琴，张洪吉，李思佳，等. 土地资源资产审计时空数据分析系统设计与实现［J］. 测绘与空间地理信息，2023，46（11）：42－44.

[9] 黄越，李娇. 乡村振兴战略驱动农村审计的作用机理剖析［J］. 财会月刊，2020（23）：86－90.

[10] 宋心. 乡村振兴战略视角下农村审计要素研究［J］. 会计之友，

2021 (04): 146-150.

[11] 刘尚睿. 全面加强农村审计夯实基层发展根基 [J]. 经济研究参考, 2016 (65): 98-99.

[12] 李明岩, 纪海荣. 农村审计问题的探讨 [J]. 农业经济, 2015 (11): 67-68.

[13] 和杰, 游飞贵, 冯涛. 涉农统筹整合资金绩效审计研究 [J]. 审计研究, 2021 (01): 3-10.

[14] 王海兵, 张蓉莲. 大气环境治理绩效审计框架构建研究 [J]. 会计之友, 2022 (22): 111-119.

[15] 马雪慧. 资源环境审计中三大审计主体协同研究 [J]. 北方经贸, 2020 (05): 69-71.

[16] 伍康屹祺. 乡村振兴资金绩效审计情况探讨 [J]. 农村经济与科技, 2023, 34 (12): 193-196.

[17] 王帆. 国外绩效审计报告框架评析及启示 [J]. 财会通讯, 2010 (25): 128-129.

[18] 蒋海勇, 唐振达. 财政资金绩效评价中的公平性评估 [J]. 商业时代, 2011 (21): 71-72.

[19] 张阳. 绩效审计报告: 促进社会和谐的制度耦合视角分析 [J]. 审计研究, 2010 (06): 41-46.

[20] 王海兵, 李艳琳. 数智化环境下人本审计治理基本框架构建与实现路径 [J]. 商业会计, 2022 (19): 4-9.

乡村振兴背景下路长制审计框架与路径研究

摘　要：农村公路"路长制"通过明确县、乡、村三级路长责任，全方位覆盖了农村公路的建设、管理、养护、运营各环节。农村公路"路长制"作为实现巩固拓展脱贫攻坚成果同乡村振兴有效衔接的关键举措，其有效实施和监督尤为重要。审计署在《关于在乡村振兴战略实施中加强审计监督的意见》中明确了审计机关在乡村振兴战略中的重要工作职责和任务，路长制审计作为乡村振兴审计在乡村道路建设和管理领域的具体体现和深化，对路长制审计框架与实施路径的研究具有重要意义。本文通过构建"路长制""路长""路"三维度审计框架，促进路长制的有效落实，并探索出路长制审计赋能乡村振兴的实施路径，以期达成以审促路，以路促兴之效。

关键词：乡村振兴；路长制；路长制审计

一、引言

早在 2014 年 3 月，习近平总书记就作出了建设"四好农村路"的重要指示，明确要求农村公路要"建好、管好、护好、运营好"，这一战略强调农村公路建设需因地制宜、以人为本，旨在逐步消除制约农村发展的交通瓶颈。为深化农村公路管理养护体制改革，交通运输部及有关部门不断完善政策机制，探索出农村公路治理模式"路长制"。农村公路路长制作为一种管理制度，于县、乡、村三级分别设置路长。各级路长对其管辖范围内农村公路的建设进程、管理效能、养护水平、运营状况以及路域环境的综合整治承担直接责任，并负责完成总路长所部署的各项工作任务。这一制度的核心原则为"全路实名、全长有责、路格集合"，确保了责任到人，管理无死角，路长制的实施有助于推动"四好农村路"的建设。2014年，浙江省湖州市率先在重要县道上试点实施了"路长制"管理，这一实践标志着路长制的初步探索与成功实施。随后，该制度在浙江省范围内逐步推广和完善，也为其他地区的实践提供了宝贵经验。2017年，福建省正式发布《关于进一步创新农村公路管理体制机制的意见》，并从2018年起全面推行路长制，成为全国首个全省实施农村公路路长制的省份。此后，"路长制"在江西、安徽、上海、湖南等地也相继得到推广实施，其中，湖南省浏阳市更是实现了全市公路"路长"全覆盖，形成了独具特色的"浏阳样本"。2018年1月发布的《关于实施乡村振兴战略的意见》明确提出，要探索实施"路长制"的指导方针。交通运输部积极推动将路长制纳入中央和各级机关政策文件要求，在2019年中央一号文件《关于坚持农业农村优先发展做好"三农"工作的若干意见》中提出，"全面推进'四好农村路'建设，加大'路长制'和示范县实施力度"，为路长制的深入发展指明了方向。2021年6月，交通运输部发布《关于巩固拓展交通运输脱贫攻坚成果全面推进乡村振兴的实施意见》，从建管养护等方面提出了到2025年农村交通发展的具体目标，为"路长制"的实施提供了宏观指导和支持。

2018年9月，审计署在《关于在乡村振兴战略实施中加强审计监督的意见》中提出在乡村振兴战略实施中加强审计监督，是审计机关的重要职责和任务。审计机关要着力监督检查乡村振兴各项政策措施落实情况，路长制审计是指对实施"路长制"管理的路长制的政策落实、路长的经济责任审计、路本身的资金专项审计等方面进行的独立、客观的监督和评价活动，其核心目标是确保农村公路建设、管理和维护的规范性和有效性，保障乡村交通设施的安全、顺畅和便捷。这一目标与乡村振兴审计中的基础设施完善、乡村环境改善等目标紧密相连，乡村振兴审计旨在全面监督和评估乡村振兴战略的实施情况，确保各项政策、规划和资金得到有效落实，其中就包括农村公路的建设和管理。庞文群（2016）[1]认为对公路工程进行审计监督全覆盖是全面实现国家审计监督全覆盖的重要工作内容。乡村振兴审计可以从更宏观的角度审视农村公路建设在乡村振兴战略中的地位和作用，而路长制审计则可以从更微观的角度发现和解决农村公路建设和管理中的具体问题。作为全国农村公路管理养护体制改革试点市，山东省临沂市就曾在夯实"路长制"的基础上，创新建立了"路长制+"模式，助力着乡村振兴[2]。徐宇晗（2023）[3]曾针对农村道路治理的价值意涵进行了归纳，认为只有治理好、维护好农村道路才能增进民生福祉，才能提高农村居民的幸福指数。龙长安和高宇飞（2022）[4]分析了在具体实践中，路长制依旧面临着权责不清、合作机制缺失、激励制度设计不足等诸多挑战，实际应用上存在碎片化现象。从整体性治理视角出发，通过完善路长制审计体系来突破路长制的实践困境存在迫切的现实需求，目前路长制审计尚未形成系统的审计框架和管理体系，在实践中未能实现对路长制政策、资金和项目审计的全覆盖，相关政策执行偏差、体制机制问题等难以得到改进，审计功能未得到充分发挥。因此本文基于政策落实审计、经济责任审计、资金专项审计、绩效审计、资源环境审计等审计理论，构建形式维度的"路长制"审计、事实维度的"路长"审计、价值维度的"路"审计三维度审计框架，并探索出路长制审计促进乡村振兴战略的路径，助力路长制审计的规范化、高效化和可持续发展，推动着乡村的全面振兴。

二、乡村振兴背景下路长制审计框架构建

路长制审计的开展被赋予了明确而深远的目标，即确保农村公路建设与管理的合规性，切实提升公路质量与效益，深度融入乡村振兴战略，并加强监督与问责机制，这些目标的逐一实现，将成为农村公路建设健康发展的强大驱动力，为乡村振兴战略的稳步前行筑牢坚实基石。王姝（2012）[5]认为公共政策审计是审计机关依法从形式、事实、价值三个维度对公共政策主体、过程及结果进行全面监督、评价与建议咨询的重要工具。路长制审计，作为公共政策审计的分支，同样能够从形式、事实、价值三个维度出发，对路长制政策的制定、传达、落实过程，路长的实际履职成效，以及道路本身产生的综合效益进行动态跟踪、评价与反馈。路长

制审计以"制"为基石,构筑起农村公路资源养护的全局视野;以"长"为桥梁,打破各级部门间的壁垒,确保责任层层落实;以"路"为主线,清晰勾勒出目标任务,引领前行方向。尽管路长制在实施过程中已取得显著成就,但相较于其他"某长制",路长制审计在经验积累与审计体系构建方面仍有待完善。因此,本文立足于我国路长制政策的现实土壤与乡村振兴战略的高远要求,从形式维度的"路长制"审计、事实维度的"路长"审计、价值维度的"路"审计三个层面,构建路长制审计框架,这一框架旨在与乡村振兴战略中的"产业振兴、人才振兴、文化振兴、生态振兴、组织振兴"五大目标紧密对接,逐步实现"以审促路,以路促兴"的美好愿景(见图1)。

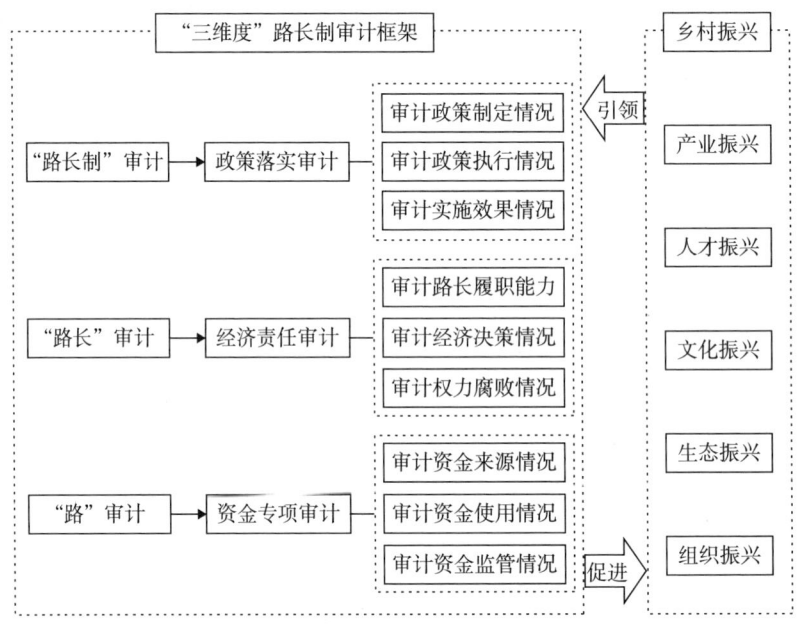

图1 乡村振兴背景下的路长制审计框架与路径研究

(一)形式维度:基于"路长制"的政策落实审计

针对形式维度的"路长制"政策落实审计,旨在实现自上而下的政策政令畅通,确保政策的执行力和有效性,进而提升政策的科学性和协调性[6]。其审计主要依据审计署《关于在乡村振兴战略实施中加强审计监督的意见》以及《交通运输部关于全面做好农村公路"路长制"工作的通知》等文件,深入检查各地区路长制政策的贯彻部署情况。我国现行法律对路长制审计的审计主体未作出具体限定,大多由各地区政府审计机关牵头推进,对各地路长制政策制定情况、政策执行情况、实施效果进行综合评价。在政策制定审计方面,要关注政策目标的设定是否明确、具体且符合乡村振兴战略的整体导向,深入剖析路长制政策内容的合理性,确保各项条款既符合法律法规要求,又能有效应对农村公路管理面临的实际问题。审计过程中需仔细考量政策目标是否紧密围绕提升农村公路的管理水平和养护质量这一核心,是否旨在通过建立健全的管理体系,促进农村交通基础设施的可持续发展,进而为乡村振兴战略的实施提供支撑,以及要求审计机关将政策置于乡村振兴战略的大局中进行考量,分析政策是否有助于推动农村经济社会发展,是否有利于改善农村交通条件,提升农民群众的生活品质。通过全面审视政策的战略定位,确保"路长制"政策不仅能够有效提升农村公路的管理水平和养护质量,还能与乡村振兴的其他政策措施形成协同效应,共同推动乡村的全面振兴。在政策执行方面,审计机关应严谨评估政策的实施情况。这要求审计机关不仅要审查政策措施是否具备可操作性,关注措施是否充分考虑了地区差异、农村公路的特殊性以及农民群众的实际需求,能否在现有资源条件下得到有效执行。通过综合考量政策措施的针对性、灵活性和创新性,确保"路长制"政策能够因地制宜、精准施策,真正落到实处、发挥实效。在实施效果审计方面,不仅要求对路长制政策实施后的直接效果进行量化分析,如农村公路管理水平的提升、养护质量的改善以及交通事故率的下降等,还需深入剖析其间接影响,包括促进农村经济社会发展、提升农民群众出行便利度与满意度等长远效益。在政策落实上,还要重点关注政策落实效果的可持续性,即评估"路长制"政策在乡村振兴的长期进程中是否能持续发挥作用,是否存在因资源投入不足、管理机制不健全等因素导致政策效果逐渐减弱的风险。通过综合考量政策实施效果的直接性、间接性以及可持续性,确保"路长制"政策在乡村振兴的进程中能够发挥持久而深远的影响,真正推动农村公路管理水平的全面提升,为乡村振兴战略的深入实施提供坚实支撑。

(二)事实维度:聚焦"路长"的经济责任审计

"路长制",亦称"路长责任制",该制度由各级"路长"负责道路交通秩序的管理，路长作为路长制政策的具体执行者，其履职成效直接关乎政策能否有效实施，同时路长作为村级小微权力的一种具体体现，也要严格遵循权力用到哪里，审计跟到哪里的原则[7]。因此，对路长的经济责任审计应聚焦于评估路长在管理过程中的经济活动是否符合法规政策，资源利用是否高效，以及管理效果能否达到预期。审计对象明确为各级"路长"，涵盖总路长、县道路长、乡道路长及村道路长等。在审计各级路长履职情况时，首要任务是审查路长及其相关工作人员的配备情况及履职能力，确保路长的考核标准科学合理，考核过程公开透明，奖惩机制落实到位。关注是否设有专门部门负责路长的组织管理，具体评估路长对"路长制"政策的理解深度与执行效果，以及将政策要求转化为具体工作的实践能力。通过实地考察、查阅文件资料、工作报告等，核实路长的规划与执行能力。针对路长在潜在风险防范与应对方面的能力，需评估其风险防控意识及措施的有效性，判断其是否能及时发现并妥善化解风险。在组织协调能力上，重点审查各地区路长制政策的执行进度管理、路长权责落实等情况，特别关注责任推诿、执行不力等问题。同时，检查交通、财政、农业农村等相关部门在路长制管理工作中的沟通配合情况，确认是否建立了有效的沟通协调机制。针对路长的经济决策过程，目标应锁定在经济决策的合规性、透明性及有效性上。检查路长在经济决策过程中是否遵循了民主讨论和集体决策的程序，是否存在未经批准擅自决策或改变决策的情况，警惕权力滥用、决策失误等风险。评估路长的经济决策是否基于充分的市场调研和数据分析，是否考虑了项目的可行性和经济效益。在信息公开方面，关注路长制是否建立了信息公开机制接受公众监督。通过问卷调查等方式，了解农村群众对路长制工作的知晓率及满意度，确保路长在信息公开上做到及时、准确、全面。此外，对路长在农村公路项目建设管理中的表现进行全面评估，包括项目进度、质量控制及安全管理等方面，确保项目管理规范、质量控制达标，检查路长的经济决策是否得到了有效执行，是否实现了预期目标和效益。针对路长的公权腐败问题，检查路长是否存在滥用职权、违规操作等行为，如擅自改变项目资金用途、违规审批项目等。同时，严查路长是否存在利用职权谋取私利、收受贿赂等腐败行为，密切监视路长与相关企业、个人之间的经济往来，防范不正当利益输送。检查路长所在部门或单位是否建立了有效的权力监督与制约机制，如内部审计、纪检监察等，评估路长是否遵守廉洁自律规定，保持清正廉洁的作风。经济责任审计与党政领导干部选任共同构成领导干部考核评价体系，将路长制中的经济责任审计与领导干部选任相结合，能显著强化路长的监管力度[8]。因此，路长制经济责任审计报告成为政府部门识别风险、完善廉政防控机制的关键依据和手段，应充分利用该报告，通过评价推动建设进程。

（三）价值维度：围绕"路"的资金专项审计

针对价值维度下"路"的资金专项审计，其核心目标为审查政府及相关部门在农村公路的建设、养护与管理过程中，财政性资金及其他专项资金运用的经济性、效率性与效果性。审计范围需全面覆盖农村公路建设的整个生命周期，包括立项规划、招投标、施工、验收、养护及管理等各个关键流程。在资金来源审查环节，审计机关需对农村公路建设项目资金的来源进行全面而细致的核查，不仅要确认政府拨款、专项基金、社会捐赠等资金来源的合法性，还需深入探究资金来源的明确性和渠道的畅通性。这意味着，审计需验证每一笔资金的来源是否清晰可查，其流转路径是否公开透明，以及是否存在任何形式的非法集资或挪用其他资金的行为，此环节旨在确保项目资金的来源合法合规，为项目的顺利实施奠定坚实基础。

在资金拨付使用环节，需细致核查拨付是否及时足额，是否存在拖延、截留、挪用等问题，并校验资金拨付与项目进度的同步性。严格审查支出是否符合预算安排，是否做到专款专用，同时加强对审批流程、报销凭证合规性的监督，确保资金使用过程的透明与规范。资金监管机制的健全有效性，也是审计工作的重要考察点。具体而言，审计需深入审查是否已建立全面、系统的资金管理制度，该制度是否涵盖了资金的筹集、分配、使用、监督等。在风险控制措施方面，审计需全面评估项目资金在使用过程中可能面临的各类风险，包括但不限于资金被挪用、贪污、浪费等风险。针对这些风险，审计需细致检查是否已采取了一系列有效的风险控制措施，如建立风险预警系统、加强内部控制、实行严格的审批制度等。针对道路本身能够带来的经济效益与社会效益，审计将深入分析农村公路建管养护资金对乡村振兴战略的贡献度，评估建设资金的使用效益与成本合理性，审查是否存在不必要的开支或浪费现象。同时，重点关注农村公路建设的长期效益，如交通流量的增长、土地价值的提升，以及投资回报率的计算，以此评估经济可行性。路长制下的农村公路不仅能显著改善当地交通条件，降低物流成本，提升农产品的市场竞争力，还能促进农业产业链的延伸，如完善农产品加工、仓储、物流等环节，助力当地特色产业的培育与发展，以及发展如乡村旅游、沿线农家乐等"路衍经济"。此外，审计还将关注农村公路建设是否有效提升了农民的出行便捷性，增强了交通安全，减少了交通事故，优化了交通网格布局，提高了交通系统效率。在居民收入层面，审计将审查农村公路建设是否带动了当地居民的就业与创业，提高了居民收入水平，从而全面评估路长制下农村公路建设的综合效益。

三、路长制审计促进乡村振兴的路径

路长制审计促进乡村振兴，标志着一种相互促进、共赴繁荣的治理新境界。乡村振兴战略为路长制审计明确了目标导向与工作重点，使得审计工作的开展能够有的放矢，精准发力。路长制审计则能够充当乡村振兴的经济监督者、鉴证评价者、风险预警者、权力制衡者[9]，为乡村振兴战略的深入贯彻提供了坚实的后盾与保障，彰显出"无审计，不治理"的理念。通过路长制的全面推行与审计监督力度的不断强化，能够显著促进乡村在产业、人才、文化、生态以及组织层面上的全面振兴。在产业方面，审计监督能够确保各类扶持资金的有效利用，推动乡村特色产业与现代农业的蓬勃发展；在人才方面，审计活动有助于发现并纠正人才政策执行中的偏差，为乡村吸引并留住更多优秀人才；在文化方面，通过审计监督，可以保障乡村文化保护与传承工作的有序开展；在生态方面，路长制审计能监督生态环境保护政策的落实情况，促进乡村生态环境的持续改善；在组织方面，审计活动能够提升党管干部的治理能力，增强基层组织的凝聚力与战斗力。路长制审计助力构建"道路通畅、产业兴旺、人才辈出、文化繁荣、生态宜居、组织有力"的乡村振兴格局。

（一）路长制审计促进产业振兴，铸就"致富之路"

产业振兴是乡村振兴的物质基础。要实现以路富民、以路兴业、以业振兴，路长制审计聚焦形式维度的"路长制"政策的贯彻部署情况，深入剖析交通基础设施建设与产业发展的关联，以审计监督保障路长制政策在促进产业资源整合、优化产业布局、提升产业发展效能等方面发挥积极作用，推动沿线产业蓬勃发展，为区域经济增长开辟广阔空间，助力民众踏上"致富之路"。在政策制定方面，要坚持以路构网，确保路长制支撑着农村交通路网。审计机关需严格依据中央和国务院的路长制战略规划与指导意见，严格审查各地路长制政策的科学性、合理性及可行性，确保路长制政策与地方产业振兴的实际需求高度契合。乡村振兴的基石在于基础设施的全面提升，道路建设更是重中之重。路长制审计通过揭示资源分配不均、重复建设等问题，推动政府根据产业发展需求，优化农村公路网络布局，创造了便捷的物流条件。便捷的物流条件降低了物流成本，促进了农产品和乡村特色产品的外销，增加了农民收入。同时，良好的交通条件也吸引了外部投资，推动了乡村旅游、手工艺品等产业的发展，为乡村经济注入了新的活力。这种交通与产业的良性互动，为"致富路"的实现奠定了坚实的物质基础。正如马正乡（2020）[10]曾借助河北魏县建设四好农村路助力乡村振兴的例子，即优质农村公路的修建，能够汇聚人流、车流、物流，为村域产业的繁荣注入强劲动力。在政策执行上，坚持以路为线，通过对农村公路建管养护执行情况的全面审查，确保各项路长制政策能够精准落地。路长制审计严格审查农村公路建设等项目的资金使用情况，确保每一笔资金都用在刀刃上，为产业振兴提供充足的资金支持。通过审计，可以发现并纠正资金浪费、挪用等问题，推动建立健全资金监管机制，提高资金使用效率和透明度。此外，审计还应关注产业扶持资金的使用效果，评估其对产业发展的实际贡献，为政府决策提供科学依据。在实施效果方面，审计机关在审计实践中，密切关注乡村特色产业的发展态势，坚持以交通路网串联乡村特色产业，促进产业沿线集聚，提升乡村经济发展水平。路长制审计通过重点关注产业布局的合理性，引导相关产业在交通便利的地区集中发展，形成具有地方特色的产业集群。这种产业集聚效应不仅能够提高生产效率，还能促进技术创新和产业升级，增强乡村经济的整体竞争力。随着产业的发展壮大，乡村居民的收入水平不断提高，为共同富裕的实现提供了有力支撑。路长制审计不仅要关注短期内的政策执行效果，更要着眼于长远发展，推动建立产业振兴的长效机制。通过审计，可以发现政策执行中的薄弱环节和潜在风险，为政府提供改进建议，推动完善路长制政策体系。同时，还应关注产业可持续发展的能力，评估产业对当地经济的贡献度、对农民增收的带动作用等，为政府制定更加科学合理的产业政策提供依据，进而实现以路富民，以路兴业。最后，路长制审计能够促进乡村治理水平的全面提升。审计机关通过严格审查乡村治理机制的健全性与有效性，并督促整改落实，这一系列举措有效推动了乡村治理机制的完善，提高了治理效率与公信力，为乡村社会的和谐稳定及产业的健康发展提供了良好的社会环境与政策保障。

（二）路长制审计促进人才振兴，构筑"标杆之路"

人才振兴是乡村振兴的关键所在。路长制审计通过聚焦于事实维度的"路长"的人才培养、引进及流动相关环节的审计评估，凭借科学的审计手段分析道路建设与人才振兴战略的协同效应，确保道路设施完善为人才集聚创造良好条件，促进人才在区域间合理流动与高效配置，进而在沿线形成人才引领发展的"示范路"，带动周边地区共同进步。首先，路长制审计深度剖析各级路长的履职能力与表现，这一过程驱动路长主动汲取先进的道路管理理念与技术，不断提升自身的管理技艺。审计内容涵盖路长的学历背景、专业技能及相关工作经验，确保每位路长均具备胜任岗位的必要资质。同时，对道路巡查、维护保养、安全规范执行等日常工作进行细致评估，以此衡量路长工作的科学性、可行性与实效性。这种全面的审核机制，为乡村道路管理领域选拔并培养了一批高素质、专业化的路长队伍。在路长制审计的推动下，农村地区加强了对第一驻村书记等党管干部的培育力度。通过定期开展培训、交流和学习活动，提升他们的政治素养、业务能力和领导能力。其次，路长制审计注重群众利益的体现，通过经济责任审计等方式，确保路长、党管干部在选拔任用过程中符合民主、公正、透明的原则，提升审计的高度[11]。审计机关通过问卷调查、实地走访等手段，广泛收集民众对路长工作的满意度反馈，综合评估路长对民众诉求的响应程度与处理成效。路长在道路管理领域的杰出表现，经由审计机关的权威认可，成为乡村干部与民众学习的典范，从而激励更多人才在乡村建设中发挥引领作用。再次，路长制审计通过加强农村公路的建设与管理，确保道路畅通无阻，提升农村地区的交通便捷性。这一举措不仅吸引着人才回流，还促进着本土人才的成长与发展。审计机关关注道路的物理状况、安全性和服务质量，通过清理路障、绿化道路、增设交通设施等措施，改善农村整体环境，增强了农村对外部人才的吸引力。同时，路长通过言传身教、组织专业培训等方式，有效带动了乡村道路建设与管理专业人才的培养，进一步丰富了乡村地区的人才资源。最后，路长制审计还关注农村产业的发展情况，通过审计推动农村产业结构的优化升级。这为本土人才提供了广阔的实践平台和发展空间，促进了他们在农村产业项目规划、实施和管理中的成长与进步。良好的道路条件不仅吸引了外出务工人员和城市人才回流，也为本土人才提供了更多发展机遇，实现了人才数量与质量上的双重"富集"，构筑一条优质人才的"标杆之路"。

（三）路长制审计促进文化振兴，铺设"民心之路"

文化振兴作为乡村振兴的内生动力，既要"塑形"于物质建设，亦需"铸魂"于精神文化。文化振兴下的路长制审计侧重在价值维度的"路"审计，围绕路长制在传承地域文化、弘扬时代精神等文化建设领域的作用开展审计研究，以专业审计视角审视道路规划与文化元素融合、文化设施建设及文化活动开展等方面情况。致力于通过审计推动文化在道路沿线的传承与创新，增强民众文化认同感与归属感，使道路成为凝聚民心、传播文化的重要纽带。路长制审计在文化振兴方面的实践，首要在于审视道路规划与建设是否融入了当地深厚的文化底蕴，包括历史文化、红色文化和民族文化的保护与传承。审计过程中，需细致核查农村公路规划是否充分考虑了文物古迹和传统村落的保护，确保道路选线合理规避重要文化遗产，同时道路设计应巧妙融入当地建筑风格和文化符号，使每一条农村公路都成为展现乡村独特文化魅力的风景线。针对连接乡村文化景点的道路，路长制审计需着重确保文化旅游路线的道路建设质量，为乡村文化旅游业的发展提供坚实支撑。通过审计监督，推动路长在道路建设中注重文化资源的保护与传承，将农村道路打造成为展示乡村文化、吸引游客的重要窗口。审计机关应严格评估路长在乡村道路建设和管理过程中，对周边历史文化、红色文化及民族文化的保护工作是否到位，督促其积极履行文化保护职责，增强文化保护意识，确保乡村文化的根脉得以延续。进一步地，路长制审计应依据乡村的文化特色和资源优势，提出乡村道路与文化产业协同发展的策略建议。例如，在乡村道路沿线建设文化创意产业园、红色文化纪念馆、民俗博物馆等，为乡村文化振兴注入新的活力与方向。这不仅有助于提升乡村道路的文化内涵，还能促进乡村文化产业的繁荣发展，为乡村经济注入新的增长点。此外，路长制审计还可借助农村公路的广泛覆盖和人流量，成为传播乡村文化、提升乡村文化影响力和知名度的重要渠道。通过在农村公路旁设置文化宣传栏、文化墙等，将农村公路转变为文化传播的载体，让乡村文化的底蕴深入人心，真正形成一条连接城乡、服务居民、传承文化的"民心之路"。最后，为确保文化设施能够持续、高效地服务于农村居民，促进乡村文化的繁荣发展，审计机关应推动建立健全文化运管体制。建立由文化部门、交通运输部门、政府审计部门等多方参与的协作机制，确保路长制审计工作的全面性、专业性和有效性。通过试点推广，不断提升道路文化价值的保护与利用水平，这是道路本身价值维度效益与文化振兴的深度融合、是共同发展的生动实践。

（四）路长制审计促进生态振兴，打造"幸福之路"

生态振兴作为乡村振兴的内在要求，体现着绿色发展理念的核心价值。路长制审计紧密围绕价值维度的"路"审计，从生态环境保护与可持续发展角度出发，运用严格的审计方法对路长制实施中生态保护措施落实、生态资源利用效率等进行监督检查，确保道路建设与生态建设协调共进，推动沿线生态环境质量持续提升，让民众在优美生态环境中畅享幸福生活，为农村居民打造一条绿色的"幸福之路"。在强化生态保护措施的执行与监督层面，路长制审计要求严格遵循公路建设与养护的生态标准，确保公路建设与养护过程中环保材料与技术的广泛应用，以及自然资源破坏与消耗的显著减少。对于未能满足生态保护要求的公路建设项目，审计机关持续跟踪整改落实情况，确保问题得到彻底解决。同时，在推动公路沿线绿化与植被恢复方面，审计机关深入评估绿化与植被恢复成效，确保公路两侧形成有效的绿化带，有效改善空气质量，遏制水土流失，为农村居民营造一个更加宜居的生活环境。针对植被破坏严重的区域，路长制审计积极推动相关部门开展植被恢复工作，助力生态修复，让农村居民亲眼见证生态环境、居住环境的显著改善。此外，审计机关还着重检查农村公路沿线的水土保持措施与水资源保护情况，通过审查排水措施、护坡等水土保持设施的完备性，以及水资源免受污染与过度开发的保护措施，有效防范水土流失、山体滑坡等自然灾害的发生，为农村居民的生命财产安全提供坚实保障。在促进资源合理利用与污染防治方面，路长制审计综合评估公路沿线土地、水资源等自然资源的利用状况，确保资源的节约与高效利用。同时，针对扬尘治理、污水处理等污染防治措施的实施情况，审计机关进行严格检查，对于污染严重的区域，推动相关部门开展污染治理，并持续跟踪治理成效，让农村居民在享受便捷交通的同时，也能享受到清新的空气和干净的水源。生态振兴作为一项长期而复杂的系统工程，需构建长效机制以确保其持续稳定推进。路长制审计通过持续关注与监督乡村生态环境，推动建立并完善垃圾分类、污水处理、秸秆综合利用等生态保护制度，为乡村生态环境问题的长期有效治理提供有力支撑。在推动绿色交通与可持续发展方面，路长制审计机制深入评估农村公路的绿色养护情况，确保项目设计与实施符合绿色交通与可持续发展的核心理念。通过审查农村公路养护中的可持续发展措施落实情况，路长制审计结果成为指导农村公路生态振兴与环境治理的重要依据，有力提升了农村生态环境质量，为农村居民的生产生活环境注入了更多的绿色元素和幸福因子。

（五）路长制审计促进组织振兴，筑牢"廉洁之路"

组织振兴作为乡村振兴的根本保障，其深化实践离不开农村基层党组织的领导核心作用。以党建为引领，健全自治、法治、德治相结合的乡村治理体系，是厚植党在农村执政基础的关键路径。针对事实维度的"路长"执行过程中的组织管理、权力运行及廉政建设情况展开全面审计，通过规范审计流程与严格审计标准，深入查找可能存在的组织管理漏洞、权力寻租风险及腐败隐患，强化审计监督在促进组织健全管理机制、规范权力运行、加强廉政建设方面的关键作用，筑牢反腐倡廉、高效治理的"廉洁之路"。农村基层干部，作为连接国家与农民群众的桥梁，承载着乡村"小微权力"的运行。路长制审计通过高效监督路长及相关组织，精准把握农村公路建设项目及其组织管理的规范性，有效预防与惩治小微权力腐败，确保乡村治理的廉洁高效。审计机关深入审查路长的组织架构、职责划分及管理制度，以确保路长组织管理的规范性和实效性，为乡村组织振兴提供坚实的治理保障。河长制通过党政同责、一岗双责的原则，实现了水环境治理的多元协同[12]。路长制审计在促进组织振兴时，同样应强调党政同责，明确各级党委和政府在农村公路管理中的主体责任，推动相关部门间的协同合作。形成推动乡村振兴的强大合力，彰显出党建引领下的组织创新力量。金华市推行的"红色路长制"农村道路管养机制，创新性地融合了"党建+农村公路"模式，实现了思政引领与组织监督的深度融合，为路长制审计提供了全新视角[13]。通过审查基层党组织在路长制实施中的决策、执行与监督环节，以及党管干部的先锋模范作用，路长制审计强化了基层党组织在乡村道路建设与管理中的领导核心地位，确保党的路线方针政策在基层得到切实贯彻。同时，这一审计过程中加强了基层党组织对乡村公共事务的领导，增强了组织凝聚力与战斗力，为组织振兴奠定了坚实基础。党建引领下的农村道路建设，不仅搭建了组织间、部门间、路长间的合作桥梁，更充分发挥了"路域党建"的品牌效应。通过审查农村道路群管网络的建立情况，确保乡镇有协管员、村有护路员，各村委制定并执行爱路护路的乡规民约、村规民约，形成了完整的农村道路管理组织体系。上海市浦东新区北蔡镇的实践，以路长制为抓手，推进组织"微治理"，通过整合多方力量，构建共建共治共享的制度框架与机制体系，彰显了基层党组织在推动社会共治与自治中的领导核心作用[14]。在乡村振兴进程中，组织廉政建设是确保项目顺利实施与资金安全使用的关键。路长制审计密切关注组织廉政建设情况，及时发现并处理路长贪污腐败、权力寻租等问题，推动相关组织加强廉政教育与制度建设，营造风清气正的良好氛围，实现"路长清，乡村兴"，筑牢"廉洁之路"。同时，加强村级基层党组织建设，以党建带动村建，以村规民约树立乡村新风，以数字化手段夯实乡村治理基础，增强村干部的规矩意识、责任意识和廉政意识，加大对乡村振兴领域突出问题的惩处力度，全面提升乡村治理能力[15]。路长制审计在促进组织振兴中发挥着不可替代的作用，通过党建引领，打造出属于路长的"廉洁路"，以及党和人民心连心的路，持续推进乡村振兴的走深走实。

四、研究结论与展望

乡村振兴背景下，路长制作为一种有效的公路管理模式，通过明确各级路长的职责，对农村道路进行全方位的管理和维护，在提升农村道路质量、促进乡村经济发展和社会进步方面发挥了重要作用，即铺下的是道路，连接的是民心，获得的是财富，通达的是幸福。路长制审计通过对"路""路长"和"路长制"实施三位一体的审计监督，促进农村公路建设与管理的规范性、有效性，进而推动乡村振兴战略的全面落地。研究发现，路长制审计在促进生态振兴、产业振兴、人才振兴、文化振兴和组织振兴等方面均发挥了积极作用，体现出"以审促路，以路促兴"的核心理念。

未来可以进一步完善和优化路长制审计，推动其在更大范围内的推广和应用，为乡村振兴战略的实施提供有力保障。例如，审计技术可升级到区块链技术应用层面，区块链技术的应用能够提高资金流向和使用的可追溯性，有效防止腐败和资金浪费。制定和完善全国统一的路长制审计标准，确保各地在实施和审计过程中有章可循，标准一致。在全国统一标准的基础上，根据地方实际情况，制定具有地方特色的审计标准，使审计工作更具针对性和实效性。为了确保路长制的有效实施，审计人才队伍也会更加专业化，逐渐向交通、环保、经济等领域渗透，提升路长制审计的全面性和专业性。未来，还需进一步深入学习贯彻落实习近平总书记关于加快建设交通强国重要指示精神，结合乡村振兴战略，高起点规划，织密农村公路网，全力建设优质"四好农村路"，为推动经济社会高质量发展奠定坚实基础。通过不断深化路长制审计实践，探索符合中国国情、具有中国特色的审计促进乡村振兴路径，为推进乡村振兴战略、实现共同富裕和促进中国式现代化贡献审计力量。

参考文献：

[1] 庞文群. 公路工程审计监督全覆盖的现实意义与实现途径 [J]. 交通财会，2016（10）：31－36.

[2] 刘伟，唐贡辉. "路长制＋"为平邑经济发展注入新动能 [J]. 中国公路，2023（02）：60－61.

[3] 徐宇晗. 乡村道路治理的价值意涵、现实挑战与实施路径 [J]. 行政科学论坛，2023（09）：64－70.

［4］龙长安，高宇飞．整体性治理视域下的路长制实践困境与路径优化［J］．徐州工程学院学报（社会科学版），2022（04）：28－37．

［5］王姝．国家审计如何更好地服务国家治理——基于公共政策过程的分析［J］．审计研究，2012（06）：34－39．

［6］尹长萍，蒋水全，孙芳城．生态文明战略下林长制政策跟踪审计模式探析［J］．财会月刊，2022（24）：92－98．

［7］王海兵，李文君．乡村振兴背景下村级小微权力审计研究［J］．财会通讯，2023（13）：111－115．

［8］姜霁航，郝玉贵．林长制背景下经济责任审计评价指标体系构建——基于层次分析模型［J］．中国林业经济，2023（06）：9－15．

［9］毕秀玲，陈帅．国家审计助推乡村振兴：角色定位、作用机制与路径建议［J］．东岳论丛，2023，44（05）：160－166．

［10］马正乡．河北魏县：积极探索农村公路管护新体制，助力全县乡村振兴［J］．人民交通，2020（05）：44－48．

［11］王海兵，於铃蒨．国家审计推进乡村全过程人民民主的实现路径研究［J］．财会通讯，2022（23）：118－122．

［12］张敏纯．党政协同视阈下的河长制体系定位与制度优化［J］．中南民族大学学报（人文社会科学版），2022，42（09）：105－113．

［13］朱文文．"红色路长制"的推行在农村公路管养中的作用［J］．2020（22）：44－45．

［14］陈正芹．党建引领基层共建共治共享——基于上海市浦东新区北蔡镇路长制的考察［J］．上海党史与党建，2021（03）：80－83．

［15］徐谦，蒋德权．国家审计赋能乡村振兴战略路径研究［J］．财会通讯，2024（17）：113－117．

我国沙漠治理绩效审计的实践困境与纾解对策

摘　要：生态文明建设是当今社会发展的重要方向，资源环境审计是其关键环节之一。沙漠治理绩效审计作为资源环境审计的重要组成部分，对于保护生态环境和可持续发展至关重要。本文以沙漠治理绩效审计为研究对象，从实践出发，结合法律法规、评价指标、信息系统等五个维度，对当前沙漠治理绩效审计面临的主要困境进行了系统分析，并提出针对性的优化对策。研究旨在探讨绩效审计在资源环境治理中的应用路径，丰富相关理论框架，为提升审计在生态保护和可持续发展中的作用提供借鉴。

关键词：沙漠治理绩效审计；资源环境审计；协同治理

一、引言

生态文明建设是我国社会发展的重要方向，而沙漠治理是生态保护中的关键任务之一。习近平总书记在党的十九大报告中指出，"开展国土绿化行动，推进荒漠化、石漠化、水土流失综合治理"，这为沙漠治理工作指明了方向。生态环境是最普惠的民生，沙漠治理不仅是环境问题，还是民生问题。探索沙漠审计问题，践行国之大者。荒漠化与气候变化、生物多样性减少并称为全球三大生态环境问题，是人类生存和可持续发展面临的最严峻挑战之一。当前，人口、资源与环境之间的矛盾日益严峻，土地荒漠化是影响人类生存与可持续发展的全球挑战之一[1]。据联合国 126 个会员国的 2022 年国家报告数据，全球 15.5% 的土地已经退化，在过去几年中增加了 4%。我国情况更加严峻，据宁夏沙漠博物馆 2023 年数据显示，中国荒漠化土地约占国土面积 1/3，约 4 亿人口遭受荒漠化危害。土地荒漠化被称为地球的"癌症"，荒漠化地区由于植被稀少，水土流失，导致水量逐年减少，使地区内的沙尘暴灾害和旱灾日益严重，荒漠化地区风沙危害严重、自然灾害频发、土地生产力较差，给当地及周边地区的政府和人民造成巨大的经济损失，严重损害当地及周边地区人民的生产与生活环境质量。此外，沙漠垃圾填埋和沙漠排污事件屡见不鲜，给防沙治沙工作增加了难度。"治黄之难，唯沙为首"，沙漠治理不仅有助于改善沙区生态环境，同时还能通过治沙、控沙，促进黄河治理。沙漠治理不仅对促进我国经济高质量发展具有重要意义，而且是构建人类命运共同体需要重点关注的议题。沙漠治理绩效审计作为重要监管工具，应加强对沙漠治理的监督控制，为落实我国大政方针助力。

无审计，不治理。党的十八大以来，我国防沙治沙工作取得显著成效，重点治理区实现了由"沙进人退"到"绿进沙退"的历史性转变，而审计在其中发挥了重要作用。2023 年 7 月，鄂托克旗审计局启动了对黄河流域生态保护专项资金的管理与使用情况的审计，支持鄂尔多斯市率先构建黄河流域生态保护和高质量发展的先行区；2024 年 7 月，锡林浩特市审计局对浑善达克沙地治理资金进行了专项审计，推动了内蒙古地区沙漠治理的新进展。沙漠治理绩效审计作为资源环境审计的关键组成部分，与传统审计在目的和方法上有所区别。传统审计侧重于对资源使用的合法性与合规性进行审查，而沙漠治理绩效审计则更侧重于评估生态治理的长期效果、环境修复的进程及其社会经济影响。具体而言，沙漠治理绩效审计不仅需要评估治理措施是否达成预定的生态恢复目标，还要考量其对社会民生及经济可持续性的影响。近年来，我国资源环境审计发展迅速，林长制审计、河长制审计等不断出现在公众视野。沙漠治理审计是资源环境审计的重要组成部分，但由于其区域性特征，在整个资源环境审计系统中发展较为缓慢。因此，沙漠治理审计在现实中的实践状况仍然处于探索阶段，亟须加强制度建设和技术手段等方面的支持。沙漠治理绩效审计作为资源环境审计的关键组成部分，不仅是改善国土生态环境的紧迫任务，还对推动我国经济高质量发展和构建人类命运共同体具有重要意义。当前，沙漠治理审计在我国的研究和实践中尚处于探索阶段，审计在沙漠治理中的具体作用、方法和标准尚未完全明确。本文将以审计促进沙漠治理为导向，结合法律法规、评价指标、信息系统、跨区域审计和人才培养等因素，探索沙漠治理绩效审计存在的问题和纾解对策，以完善沙漠治理监管体系，推动生态平衡恢复，并促进社会经济的可持续发展。

二、文献回顾

沙漠治理绩效审计是资源环境审计的重要组成部分。我国治沙70年来在防沙治沙方面积累了大量研究和实践，沙漠治理技术和方法逐渐完善，但这一领域的研究仍处于发展初期，相关理论和实践体系尚未完善。本文将从资源环境审计和沙漠治理两个角度进行文献回顾。

（一）资源环境审计研究现状

资源环境审计的相关研究围绕环境审计内涵、特点、作用、审计评价指标体系、法规准则、实施路径等展开。陈婷等[2]回顾了我国资源环境审计的发展历程，分析了新时代资源环境审计发展的背景，提出新时代资源环境审计具有政治属性强、法治化程度高、审计系统性强等特点。同样，吴勋等[3]通过实证研究发现，政府环境审计与环境污染呈显著负相关，表明政府环境审计能够显著促进环境改善；政府环境审计的作用在财政压力较小、审计问责力度较大与法治环境较差的地区更加显著，但其讨论较为宏观，未能深入分析沙漠治理审计如何针对性地解决治理中的具体问题。与此同时，李兆东等[4]认为政府信任是环境治理实现的基础，资源环境审计是环境治理中政府信任保障工具。王海兵等[5]从河长制法律法规、审计方法、信息技术、评价指标、审计报告、人力资源六个维度，分析我国河长制水资源管理绩效审计现状与问题，探索构建河长制水资源管理绩效审计体系。这些研究共同强调了审计在保障生态治理目标和提高政策执行力中的核心作用。进一步的研究，如徐素波[6]在详细梳理现有专家学者有关生态文明绩效审计研究观点基础上，结合黑龙江省实际情况，采用压力—状态—响应（PSR）模型构建生态文明绩效审计评价指标体系。与此同时，刘惠萍等[7]通过构建两个生态文明建设国家审计指标体系，不仅有助于生态环境治理的实现，还能为保障经济社会健康运行提供理论支持。此外，程婷[8]提出，在制定环境审计准则时，应结合不同审计主体的特点，确保审计标准与现有审计体系的有机衔接，这一观点为制定适用于不同层次治理的审计规则提供了理论依据。时军[9]分析了国外环境审计政策法规发展情况，对我国目前环境审计政策法规情况发展进行剖析，提出在新常态经济背景下，如何更科学、合理地借鉴国外环境审计政策法规的经验，发展适合我国的环境审计政策法规。尹长萍和蒋水全等[10]则从我国林长制政策的实施背景出发，尝试构建林长制政策跟踪审计的内容框架与运行模式，进一步丰富了我国环境审计体系。

（二）我国沙漠治理研究现状

根据我国林草局发布的数据，我国荒漠化土地总面积257.37万平方公里，占国土面积的26.81%，沙化土地面积168.78万平方公里，占国土面积的17.58%。目前，我国土地荒漠化依然呈增加趋势。我国自20世纪50年代开始大规模治沙，迄今已有70余年。沙漠治理属于生态治理问题，生态治理是国家治理的重要组成部分，重视沙漠治理就是促进国家治理。我国学者关于沙漠治理的研究多集中在治理技术和沙漠监测方面，而审计参与沙漠治理方面的研究匮乏。近年来，大量新材料、新技术和科研力量的投入，为荒漠化治理提供了全新思路。例如，闫德仁等[11]对内蒙古流动沙地治理技术的总结相契合，闫德仁等指出，从沙障固沙技术到沙漠光伏应用及水溶性固沙剂的使用，内蒙古的治沙技术不断更新和进步，显示了该地区在沙漠治理技术上的创新。杨建华等[12]也认为治沙技术应该与时俱进，他们介绍了一种新型的"工程治沙"模式——机械化专业技术服务队的概念，这是一种结合现代化技术和机械化操作的高效治沙新策略。在沙漠治理的科技发展方面，肖建华等[13]强调了中国在沙漠治理、生态恢复及沙漠资源开发等领域的快速科技进步。特别是在沙漠监测方面，遥感技术的应用日趋成熟，并且与治沙技术的不断进步相辅相成，推动了整体治理效果的提升。这一点也得到了蒋超亮等[14]的验证，蒋超亮等通过遥感生态指数对古尔班通古特沙漠生态变化进行评估，指出湿度和绿度对生态环境质量的正向作用，而热度和干度则对其产生负面影响。此外，常茜等[15]通过分析沙漠遥感影像，认为气候变化对沙漠面积变化有直接影响，但林业生态建设工程、退耕还林还草等措施也与之有一定关系。赵菊花等[16]以神木市为研究对象，引入遥感生态指数模型对神木市生态环境质量进行了评价，为神木市生态安全建设与沙漠丘陵区生态网络构建提供参考。这些研究展示了沙漠治理技术的多样性及其在不同地区的适用性，同时也强调了遥感技术和生态恢复措施在沙漠治理中的关键作用。尽管各项技术和方法在实施过程中面临不同的挑战，但它们共同推动了沙漠治理效果的提升，并为未来的生态恢复与可持续发展提供了宝贵的经验和数据支持。审计参与沙漠治理，需要在业审融合的基础上进行。上述沙漠治理成果，为我们开展沙漠治理审计提供了业务及技术支持。

综上所述，我国学者在资源环境审计方面的研究成果丰富，现有文献的讨论多侧重于对治理技术和政策框架的分析，为沙漠治理绩效审计研究提供了丰富的论域，但缺乏对沙漠治理绩效审计具体方法和实践的深入研究，仍需在审计方法、标准制定和评价体系等方面进行更加系统的深入探讨。尽管近年来沙漠治理绩效审计逐渐得到关注，但这一领域的研究仍处于发展初期，相关理论和实践体系尚未完善。尽管已有部分学者探讨了沙漠治理与审计的结合，但在沙漠治理绩效审计的具体方法、标准和评估体系方面，国内外的研究仍然较为有限，亟待进一步深化和扩展。尽管我国的沙漠治理技术已走在世界前沿，但在国家层面上，沙漠治理的监管体系尚未完善，与沙漠治理相关的考核评价体系更为稀缺。因此，本文将基于当前资源环境审计和沙漠治理的研究现状，以审计促进沙漠治理为导向，结合评价指标和信息系统等因素，探索优化沙漠治理绩效审计的路径。旨在丰富环境绩效审计领域的内容，提高沙漠治理效率，为生态保护和国家治理贡献力量。

三、我国沙漠治理绩效审计的实践困境

目前我国对于资源环境审计和沙漠治理的研究成果已经比较丰富。但缺乏与沙漠治理绩效审计相关的理论研究，沙漠治理绩效审计实践。近年来，我国青海省、内蒙古自治区、新疆维吾尔自治区、宁夏回族自治区等土地荒漠化较为严重的地区已经将审计工作运用于沙漠治理的过程中，取

得了一定成效。但是这些实践过程并不完善且具有较强局限性,在全国范围内推广沙漠治理绩效审计是一项复杂的任务。当前,虽然部分地区已经开始进行沙漠治理绩效审计,但整体审计体系尚未完全建立,审计标准和方法滞后,且缺乏统一的评价体系。在实际操作中,沙漠治理审计实践主要聚焦于专项治理资金审计,尚未触及更深层次的制度问题以及综合评价指标体系。沙漠治理绩效审计实践仍存在诸多挑战。

(一) 沙漠治理绩效审计法规制度不明确

沙漠治理要求加强沙漠环境保护力度和沙漠治理强度[17]。沙漠治理绩效审计相关的法律法规就是加强"力度"和"强度"的重要基础,是规范沙漠治理工作的监督工具,更是审计人员开展审计工作的制度依据。我国治沙70年以来,相继颁布实施了《森林法》《草原法》《水土保持法》《中华人民共和国防沙治沙法》以及多项防沙治沙政策文件(见表1)。2001年,我国颁布了《中华人民共和国防沙治沙法》,这一举措标志着我国成为世界上首个专门针对荒漠化防治进行立法的国家,为我国防沙治沙事业奠定了良好的法律基础。该法对于防沙治沙工作的各项规定颇为详细,但在权责划分和违法责任方面的条款相对比较笼统,未形成系统化框架。此外,该法未涉及绩效考核机制,在很大程度上降低了防沙治沙工作的整体效能。目前的法规政策文件整体体现出"沙漠中无审计,审计中无沙漠"的现象。

表1 沙漠治理绩效审计相关政策文件

发布年份	政策文件
2001	《中华人民共和国防沙治沙法》
2002	《京津风沙源治理工程规划(2001—2010)》
2006	《全国土地利用总体规划纲要(2006—2020)》
2010	《全国主体功能区规划》
2011	《全国防沙治沙规划(2011—2020)》
2011	《全国防沙治沙综合示范区建设规划(2011—2020)》
2013	《全国生态保护与建设规划(2013—2020)》
2015	《中共中央、国务院关于加快推进生态文明建设的意见》
2016	《国家沙漠公园发展规划(2016—2025年)》

续表

发布年份	政策文件
2016	《沙化土地封禁保护修复制度方案》
2017	《领导干部自然资源资产离任审计规定（试行）》
2017	《全国国土规划纲要（2016—2030）》
2020	《创建全国防沙治沙综合示范区实施方案》
2020	《全国防沙治沙综合示范区考核验收办法》
2020	《全国重要生态系统保护和修复重大工程总体规划（2021—2035）》
2021	《"十四五"国家审计工作发展规划》
2021	《全国防沙治沙规划（2021—2030 年)》
2022	《全国沙产业发展指南》

审计参与沙漠治理工作并非新兴实践，但缺乏与之相关的指导文件。2011 年审计署发布了关于铁路沿线沙漠治理情况的文件，该文件简要描述了审计人员针对荒漠化现状、治沙措施、费用支出以及沙漠对铁路运行安全的影响等方面展开的调查与了解。随后，审计实践在沙漠治理领域不断深化。2022 年，巴彦淖尔市审计局针对乌梁素海流域的沙漠生态修复项目跟踪审计，进一步丰富了沙漠治理绩效审计的实践经验。2023 年青海省依托《黄河青海流域林草生态保护与建设规划》，开展了黄河青海流域的专项审计工作，这些实践不仅体现了审计监督在生态保护中的重要作用，还为其他地区提供了有益的借鉴。但现有的审计项目多具有区域性特点，难以形成统一的标准和流程，这在很大程度上限制了沙漠治理绩效审计的发展。当前沙漠治理绩效审计仍缺乏一套全面、系统的指导条例。总之，国家层面的统筹和协调对于形成系统化的沙漠治理绩效审计体系至关重要，健全沙漠治理绩效审计法律法规体系法定依据是促进沙漠治理绩效审计发展的必由之路。

（二）沙漠治理绩效审计评价指标体系不健全

目前我国资源环境绩效审计主要通过对环保资金的拨付、分配以及使用情况、管理情况的合理性和有效性进行审计，以发现其中的薄弱环节和需要改善的问题，促使相关单位提高资金使用效率和效果，以期改善环境绩效。绩效审计评价指标是开展绩效审计工作的基础，但是沙漠治理绩效审计评价指标难以量化，制约了审计效力的发挥，影响审计公信力[18]。随着我国对资源环境审计的重视程度越来越高,河长制、林长制、大气环境等都开始注重绩效审计,也在陆续建立其绩效审计指标体系和绩效审计模式。如王海兵等[19]分析了我国林长制森林资源管理绩效审计的现状和实践困境,并从六个维度探索其实践的优化路径。邱月[20]等借鉴环境绩效审计评价的PSR模型,从水资源审计及河长责任进行分析,构建基于河长责任的审计评价指标。王海兵和张蓉莲[21]构建科学合理的大气环境治理绩效审计框架,对大气环境治理绩效审计的审计环境、目标、主体、对象、程序、方法、标准和报告进行详细分析。Yu Yaguai等[22]基于PSR模型和审计客体理论,构建了领导干部海洋资源资产离任审计指标体系。他们作为资源环境审计的一部分,其绩效审计指标体系与资源环境绩效审计存在共通之处。当前的绩效审计不仅更加注重资金的使用效益,对于一个环境项目,也强调该项目带来的环境效益和社会效益。近年来,各地区开始关注沙漠治理绩效情况,但还停留在传统绩效审计层面,其审计重点依旧是财政资金使用的合规性。例如,甘肃省明确规定,凡用于防沙治沙工程建设相关资金,必须专款专用。尽管这一举措已初见成效,但其评价高度还没有完全到达经济效益层面,对社会效益和环境效益则更加缺乏重视。沙漠治理绩效审计应效仿河长制审计、林长制审计建立自己的绩效审计指标体系。沙漠治理绩效审计其作为资源环境绩效审计的组成部分,也应是民生审计的一个重要组成部分,民生主要体现在社会效益上,涉及公众满意度、参与度等。环境效益主要体现在沙漠治理修复方面,涉及沙漠治理面积、植树造林数量等。由于这些指标未成体系,资料搜集困难,且不能精准量化,制约了绩效审计工作。

(三)沙漠治理绩效审计信息系统尚未建立

沙漠治理绩效审计信息系统对于数据的有效整合具有重要的作用。沙漠治理的数据来源多样,涉及广泛的环境监测数据,涵盖国土、环保、农林等多个领域。同时涵盖了各个渠道和平台,跨越多个部门、机构和地域。这种多元来源的数据特征使得数据表现形式多样,涉及的格式、标准以及数据结构可能存在差异,这样的差异性使得数据呈现出碎片化特征,难以进行有效的整合和统一。不仅如此,近年来各种防沙治沙新技术和新方式不断涌现,其中3S技术即地理信息系统(Geographic Information System，GIS）、遥感技术（Remote Sensing，RS）、全球定位系统（Global Positioning Systems，GPS）为相关防治工作的开展提供了数量庞大的监测数据。此外，不同地区的荒漠化程度和治理措施存在差异，这使得各地的沙漠治理数据记录和关注点不同，进一步加剧了数据的碎片化。这些问题制约了沙漠治理绩效审计的开展和效果评估，尤其是在协调不同地区和部门之间的合作时，信息共享的障碍尤为突出。因此，为了促进沙漠治理绩效审计工作的顺利开展，亟须国家层面统筹协调，通过建立专属的信息系统、标准化数据收集、建立统一的数据标准和规范，提升数据管理和整合能力，推动差异化环境下的沙漠治理工作，为科技强审添砖加瓦。

（四）沙漠跨区域协同治理情况下绩效审计难度大

沙漠和荒漠化地区面积大，跨区域率高的特征，这就要求各级政府需要打破行政区域界线并进行协同合作，对沙漠及荒漠化地区开展跨区域综合治理。近年来，国家日益注重沙漠跨区域协同治理。我国2022年印发《黄河生态保护治理攻坚战行动方案》的通知。2023年，黄河"几字弯"攻坚战正式启动，在攻坚战的带动下，不少地区开展了沙漠联防联治新格局。例如，2023年10月鄂尔多斯市、榆林市、庆阳市、石嘴山市、吴忠市五地签署联防联治合作协议，建立跨行政区域荒漠化联防联治机制，构建毛乌素沙地跨区域联防联治新格局。2024年巴彦淖尔市与阿拉善盟签署乌兰布和沙漠区域联防联治合作协议，共同推进乌兰布和沙漠盟市交界区域生态治理，助力打好黄河"几字弯"攻坚战。沙漠跨域治理是荒漠化地区发展的必然要求，但多个城市联合治理容易产生"机会主义""搭便车"等问题，久而久之各行政区域间利益的摩擦会让城市联合治理失去本心。这体现出沙漠治理绩效审计工作的重要性。但是跨区域的沙漠绩效审计难度较高，主要表现在以下两个方面：其一，地域差异和信息不对称是开展沙漠治理绩效审计工作的难点之一。由于不同地区的经济、法律、政策等环境存在差异，审计人员需要对这些差异进行深入了解和适应。信息不对称导致审计人员难以全面掌握被审计单位所在地区的具体情况，可能导致审计判断出现偏差。其二，各单位的沟通协调也是开展审计工作的一大难点。跨区域绩效审计工作涉及多个地区不同层级的审计机关。由于地域、文化、处事风格、政策标准等方面的差异可能让沟通协调变得困难，影响审计工作。另外，跨区域审计的成本更高。审计人员需要在异地开展审计工作，因此需要支付额外的食宿费、差旅费等费用。这些费用可能会增加审计项目的总成本，对审计机关的财务造成一定压力。上述难点都会在不同程度上影响审计取证，严重制约了跨区域沙漠治理绩效审计工作。

（五）沙漠治理绩效审计复合型审计人才匮乏

在当前的时代背景下，审计环境越来越复杂，审计内容涉及面广且综合性强，给审计工作和审计职业带来了很多影响，尤其对新时代审计人员的能力有了更高层次的需求。具备多学科多领域知识和技能的高素质审计人才是开展沙漠治理绩效审计工作的基础。沙漠治理的首要工作是沙漠生态修复。然而，各地防沙治沙的方式各不相同，防沙治沙技术也越来越先进。这就要求审计人员具备沙漠治理相关的专业知识，了解各种防沙治沙技术的原理，以判断可能出现的审计问题。此外，审计人员的大数据审计能力有待全面提升，审计人员需要熟悉大数据技术背后的逻辑原理，做到熟悉数据、分析数据、利用数据，以便运用大数据技术开展绩效审计工作，提高审计效率。审计人员在开展审计工作时要做到依法审计，这就要求沙漠治理绩效审计人员在工作时不仅要根据《审计法》等与审计相关法律法规，还需要了解《防沙治沙法》等与沙漠治理相关的法律法规。再加上政府资源有限，政府审计机关的人力资源不可能无限膨胀，只能通过加强对现有审计人员生态环境知识方面的培训，提升其在沙漠治理绩效审计中的综合能力和专业水平。当下的沙漠治理绩效审计是一项复杂而又迫切的任务，需要各领域的专业知识和多方面的技能，我国亟须培养沙漠治理绩效审计复合型审计人才。

四、纾解沙漠治理绩效审计实践困境的对策

根据资源环境绩效审计与沙漠治理绩效审计的关系机理寻求理论支撑，并分析沙漠治理绩效审计所面临的实践困境及其内在逻辑关系。在此背景下，完善沙漠治理绩效审计制度被视为解决当前困境的关键基础。审计制度的健全与否直接影响审计评价指标的构建、审计信息系统的建立、跨区域审计的实施以及审计人才的培养。这五个要素之间相互作用、相辅

相成，形成一个有机整体。基于上述逻辑关系，本文提出以下纾解对策，以期促进沙漠治理，助力沙漠生态的可持续发展。

（一）完善沙漠治理绩效审计制度

法律和制度环境是构建审计环境的重要一环，更是开展审计工作的前提和保障。我国沙漠治理和审计工作虽然都有相应的法律法规和制度指导，但缺乏直接与沙漠治理绩效审计相关的法律法规。目前，沙漠治理考核问责机制多表现为地方和部门的自发探索，缺乏国家层面内容完善、结构健全的设计方案。为健全沙漠治理绩效审计制度，首先需要明确审计主体。即国家审计机关作为环境绩效审计的主体，也应是沙漠治理绩效审计的审计主体。国家审计机关应当为各级政府在沙漠治理绩效审计方面提供决策和制度依据，并加强与其他政府部门之间的沟通与协作，以促进沙漠治理绩效审计经验的共享和政策制定的协调。其次是明确审计范围。沙漠治理绩效审计不仅是对财政财务收支进行审计，还应该重视环境效益和社会效益。审计主体应在审计范围内考察监督被审计单位的工作执行情况，制定相对应的制度，对被审计单位不作为乱作为的现象明确其法律责任，做到审计有法可依、有法必依、执法必严、违法必究。最后是对沙漠治理绩效审计程序作出统一规范，为审计实务工作制定行为指南，明确工作方向。具体可以通过加强国际交流与合作，借鉴国际先进经验，参与国际合作项目，提高我国沙漠治理绩效审计的水平和影响力。新制定的法规制度可以开展试点和示范项目，在部分地区开展沙漠治理绩效审计试点，总结经验和教训，逐步推广和完善审计制度。沙漠治理绩效审计不仅是对财政资金进行监管，更重要的是评价沙漠治理带来的社会效益和环境效益。我国应尽快完善沙漠治理的法律法规和绩效审计的法律法规，建立二者之间的有机联系。结合生态环境保护政策，制定专门针对沙漠治理绩效审计的法律法规和制度框架，堵塞政策漏洞，真正发挥审计"防未病"的作用。

（二）构建沙漠治理绩效审计评价指标体系

借鉴环境绩效审计和财政资金绩效审计评价指标体系的编制方法和模型，结合环境效益、社会效益和经济效益三个维度构建沙漠治理绩效审计评价指标体系（见表2）。构建沙漠治理评价指标体系不仅是一种有效管理和评估治理项目的工具，Sari Dwi Amalia[23]等将绩效审计作为评估可持续发展目标实施情况的新方法，有助于推动生态可持续发展、国家社会责任实现和财政资金透明化管理。经济效益通常是绩效审计的侧重点，也是产生环境效益和社会效益的重要基础。资金是开展沙漠治理项目活动的血液，贯穿始终。我国沙漠治理的资金主要来源于财政拨款，地方预算需由上级评估批准，再拨付资金到下级的方式。这个过程涉及资金预算情况和资金使用合规情况等。通过对表2中三项指标进行评价，可以有效评价沙漠治理项目的经济效益。环境效益的提高是沙漠治理的内在要求和主要目标，环境效益的好坏直接决定了一个沙漠治理项目的成败。因此，沙漠治理绩效审计需要着重评价环境效益。环境效益的评价指标主要有六个方面，沙漠治理的首要任务是抑制沙漠扩张，其次，生物多样性、植被覆盖率、土壤质量、水资源利用情况和气候变化也是环境效益的重要体现，应当作为评价指标。社会效益体现在沙漠治理创造的环境效益最终会改善人民生活环境，使公众受益，为可持续发展目标添砖加瓦。评价社会效益有赖于公众对于沙漠治理效果的满意度、居民健康改善情况等五个方面。值得一提的是，沙漠土壤化是实现沙地生态作物产业化的基础，经过改良的沙漠土壤可以用于种植土豆、玉米等多种高产农作物，创造经济效益和环境效益，同时提供更多就业岗位，具有社会效益。通过建立多维度的环境指标体系，涉及防沙治沙、护沙用沙、建立可循环的沙地生态产业模式等方面，系统性地评估沙漠治理的长期效果。

表2　　　　　　　　　沙漠治理绩效审计评价指标

一级指标	二级指标	指标内容说明	指标性质
经济效益	资金预算执行情况	实际财政拨款与预算资金总额的比值	定量指标
	资金使用合规情况	合规使用资金与实际到位资金的比值	定量指标
	沙产业的投资收益情况	沙产业所带来的收益和投入的比例	定量指标
环境效益	荒漠化抑制情况	衡量治理措施对荒漠扩张的抑制效果	定性指标
	生物多样性情况	评估治理活动对濒危物种的保护程度	定性指标
	植被覆盖情况	对比治理前后沙漠地区的植被覆盖率	定量指标
	土壤质量改善情况	评估治理措施对土壤肥力的改善率	定量指标
	水资源管理情况	比较治理前后地下水位上升程度	定量指标
	气候变化情况	对比治理前后的沙尘暴频率及持续时间	定量指标

续表

一级指标	二级指标	指标内容说明	指标性质
社会效益	公众满意度	公众对沙漠治理效果的满意度	定量指标
	居民健康改善情况	沙漠尘肺等沙漠高发病的发病率降低情况	定量指标
	居民教育改善情况	学校建设、教育培训机会的增长比例	定量指标
	就业与生计改善	治理项目创造的就业机会数量及增长比例	定量指标
	沙产业发展情况	沙产业带来的GDP增长率	定量指标

沙漠治理绩效审计评价指标体系的构建，不仅是对传统审计方法的拓展，而且通过引入多维度的评估框架，全面提升对沙漠治理效果的衡量精度与深度，在理论上丰富了沙漠治理绩效审计的内涵，在实践中为沙漠治理政策的优化与实施提供了科学依据。通过该指标体系，能够在审计工作中对沙漠治理项目进行有效的监控与评估，推动治理效果的持续提升，最终实现生态保护与社会经济发展的双赢。

（三）建立沙漠治理绩效审计信息系统

审计领域因大数据时代的到来而获得了新的发展，而原有的审计流程和方法也在多方面遭遇了新的冲击。为了适应大数据时代，沙漠治理绩效审计亟须建立专属的信息系统。通过借鉴人工智能技术和方法，结合物联网大数据分析，在资源环境审计项目中开展监测采样、信息采集、后期数据处理优化等工作，为自然资源环境审计的发展带来新的契机，有助于提高审计工作的效率[24]。

首先，沙漠治理绩效审计信息系统可以有效整合各类信息和数据。例如，通过3S技术获取的监测数据可以直接上传到该系统，从而避免数据碎片化现象。该系统由审计人员进行实时监管，通过持续收集数据和反馈，有助于不断改进和优化项目执行过程，提高效率和绩效。其次，沙漠治理审计信息系统能够实现信息共享，促进中央与地方数据的互通。通过融合全国沙漠生态综合监测数据与各地方沙漠生态大数据，实现沙漠资源的"一张图"管理。这不仅有助于各地互相参考沙漠治理经验和教训，共同研究和创新治理模式和技术，还能有效解决信息不对称问题。此外，该系统通过向公众透明地展示数据和治理进展，可以增强社会各界对沙漠保护的重视，促进公众的行动和支持。一个运行良好的沙漠治理绩效审计信息系统可以推动法律法规和评价指标的完善,加快复合型人才的培养。总之,创立沙漠治理绩效审计信息系统对于保护沙漠生态环境、促进可持续发展以及实现沙漠良好治理都具有重要的价值和意义。

(四)探索绩效审计参与沙漠跨区域协同治理的新路径

目前我国尚未系统开展跨区域沙漠治理的绩效审计,面对广袤且复杂的荒漠化区域,单一地区的努力往往难以全面应对挑战,跨区域协同治理成为必然选择。在此背景下,我国亟须探索出绩效审计参与沙漠跨区域协同治理的新路径。党的十八大以来,中央规划了京津冀协同发展、长三角一体化发展和粤港澳大湾区建设等战略性城市群。我国在城市群协同治理方面积攒了良好经验,包括坚持中央统筹、鼓励地方联动、重点带动突破等一系列重要经验。绩效审计参与沙漠跨区域协同治理的新路径可以在这些经验的基础上进行探索。

首先,沙漠跨域治理绩效审计需要坚持中央统筹。中央层面应对跨区域沙漠治理绩效审计所涉及的城市进行整体谋划,出台综合性和专项性的政策文件,明确跨区域沙漠治理绩效审计的原则、范围、重点以及各城市审计机关的责任。其次,跨区域沙漠治理绩效审计工作需要鼓励地方联动,联席会商机制可以作为重要参考。通过政府机构、社会组织和专家学者等共同参与的制定和协商制度,可以提高政策制定质量,增强政策的社会效果。此外,跨区域沙漠治理绩效审计需要重点带动突破。黄河"几字弯"攻坚战的成功实施为跨区域沙漠治理提供了宝贵的经验和示范作用。然而,跨区域沙漠治理绩效审计尚未启动,我国亟须开展属于跨区域沙漠治理绩效审计的攻坚战。最后,审计人员在进行跨区域沙漠治理绩效审计之前,应充分了解被审计单位所在地区的经济、法律和政策环境,制定详细的审计计划和方案。在此基础上,加强与被审计单位及相关审计机构之间的沟通协调,建立良好的合作关系,确保审计工作的顺利进行。

(五)培养沙漠治理绩效审计复合型人才

审计人才是沙漠治理绩效审计的重要基础。随着大数据技术的发展和审计范围的拓宽,迫切需要培养沙漠治理绩效审计的复合型人才。沙漠治理绩效审计复合型人才在多个方面与审计工作密切相关,包括审计信息系统的建立与运行维护、审计效率和质量等。沙漠治理绩效审计的复合型人才不仅需要精通审计知识，还需具备环境科学、地质学、生态学、土地管理、水资源管理和气候变化等领域的跨学科知识。此外，在大数据时代，审计人员还需掌握一定的大数据审计技术。提高沙漠治理绩效审计人才培养质量的方法主要包括高等院校的学历教育和审计机关的内部培训两个方面。

学校在学历教育上应该涵盖跨学科教育、社会实践和大数据技术教学等方面。首先，高等院校可以设计涵盖沙漠治理、审计、大数据技术等方面的跨学科课程，以帮助学生全面理解和掌握相关领域的知识。其次，学校可以提供实践机会。例如，实地考察、研究项目、实习等。让学生亲身参与沙漠治理实践和审计过程，了解实际问题，并学习解决方案。这种实践可以增强他们的综合技能和对实际工作的理解。此外，学校还应该提供针对大数据技术和审计工具的系统培训。让学生掌握数据分析、统计技能和相关软件的使用方法。审计机关应针对沙漠治理绩效审计所需的技能和知识进行系统培训。首先，应设立专项培训项目，涵盖沙漠生态系统基本知识、环境监测和评估方法、绩效审计工具和技术等。鉴于审计人员需要跨学科知识来综合评估沙漠治理方案，审计机关应为现有审计人员提供包括环境科学、土地管理、生态学和数据分析等领域的跨学科教育。同时，审计机关应强调数据分析和技术应用的重要性。提供关于3S技术、光伏治沙等新兴治沙技术及大数据处理的培训，使审计人员能够有效利用数据进行分析和评估。以审代培是培养复合型人才的重要方法，审计人员应多接触沙漠治理相关的审计项目，以实现以审代培的目标。此外，审计机关应建立合作网络和知识共享平台，与科研机构、行业组织和其他审计机关建立合作关系，促进信息和资源的共享，从而提高沙漠治理绩效审计的整体水平。最后，审计机关必须加强审计人员职业道德素质的培养。尽管职业道德是一个常谈的话题，但它是上述所有培训和教育的基础，是审计人才培养的基石。

五、结束语

人与自然是命运共同体，共建万物和谐的美丽世界是人类的共同期盼。沙漠治理的发展是生态文明的发展，亦是国家治理的发展。目前我国沙漠治理绩效审计的理论研究和实践还比较匮乏。沙漠治理绩效审计在法规制度、评价指标、信息系统、跨区域协作和审计人才五个层面存在一定实践困难。为纾解这些问题，应完善相关制度法规，建立综合性评价指标体系和审计信息系统，加强绩效审计跨区域协作，并培养具备沙漠治理专业知识和大数据审计能力的复合型人才。沙漠治理绩效审计作为有效监管和评价沙漠治理绩效的重要保障，对于控制沙漠治理风险、提升沙漠治理效益具有重要意义，也是审计参与国家治理的重要体现。探究沙漠治理绩效审计实践的优化路径，以促进沙漠治理良性发展，为我国生态文明建设添砖加瓦。此外也为我国资源环境保护审计和绩效审计理论的创新发展作出了贡献，深化审计的作用，以推动国家治理体系和现代治理能力向前迈进。

未来的研究需要聚焦于细化沙漠治理绩效审计的优化路径。包括但不限于以下方面：研究数字化技术环境下沙漠治理绩效审计的实现机理，实证检验我国沙漠治理的绩效问题；探索国家统筹下的沙漠治理监管信息中心的构建方法和运行模式。最终建立以国家层面统筹协调，各级政府分类执行的多元化沙漠治理模式，开创多种审计力量共同参与的沙漠治理绩效审计新局面。本文的研究可以扩展到沙漠治理经济责任审计、沙产业审计、沙漠生态环境保护审计、沙漠灾害治理审计等领域，统筹沙漠审计项目和审计组织方式，创新沙漠审计管理机制和模式，做到一审多项、一审多果、一果多用，为构建我国沙漠治理大审计监督体系奠定基础。

参考文献：

[1] 包岩峰，杨柳，龙超，等. 中国防沙治沙60年回顾与展望 [J]. 中国水土保持科学，2018，16（02）：144 – 150.

[2] 陈婷，张洪伟. 新时代资源环境审计回顾与展望 [J]. 审计研究，2022（06）：26 – 30.

[3] 吴勋，姚卜丹. 政府环境审计、媒体监督与环境污染 [J]. 审计研究，2024（03）：14 – 26.

[4] 李兆东，李雪颖. 环境治理、信任危机与资源环境审计 [J]. 财会月刊，2021（10）：108 – 114.

[5] 王海兵，周垚. 河长制水资源管理绩效审计体系构建研究 [J].

会计之友, 2022 (10): 68-75.

［6］徐素波. 生态文明绩效审计评价指标体系构建研究［J］. 会计之友, 2022 (19): 2-11.

［7］刘惠萍, 魏明慧, 赵影. 生态文明建设国家审计评价指标体系构建研究［J］. 会计之友, 2021 (01): 106-112.

［8］程亭. 我国环境审计准则和指南的构建思路与基本框架［J］. 财会通讯, 2018 (19): 10-13, 129.

［9］时军. 新常态经济背景下环境审计政策法规发展研究［J］. 中国注册会计师, 2015 (07): 52-56.

［10］尹长萍, 蒋水全, 孙芳城. 生态文明战略下林长制政策跟踪审计模式探析［J］. 财会月刊, 2022 (24): 92-98.

［11］闫德仁, 闫婷. 内蒙古流动沙地治理技术发展回顾［J］. 中国沙漠, 2022, 42 (01): 66-70.

［12］杨建华, 刘恒, 戴蕙泽, 等. "工程治沙"新模式：机械化专业技术服务队［J/OL］. 林业机械与木工设备, 1-10 [2024-11-24].

［13］肖建华, 屈建军, 姚正毅, 等. 新时期中国沙漠地区综合治理现状、问题及发展战略［J］. 水土保持通报, 2022, 42 (02): 377-385.

［14］蒋超亮, 吴玲, 刘丹, 等. 干旱荒漠区生态环境质量遥感动态监测——以古尔班通古特沙漠为例［J］. 应用生态学报, 2019, 30 (03): 877-883.

［15］常茜, 鹿化煜, 吕娜娜, 等. 1992—2015 年中国沙漠面积变化的遥感监测与气候影响分析［J］. 中国沙漠, 2020, 40 (01): 57-63.

［16］赵菊花, 王玉杰, 杨永崇, 等. 基于遥感生态指数和 MCR 模型的沙漠丘陵区生态网络构建［J］. 西安理工大学学报, 2023, 39 (04): 464-475.

［17］田冠军, 谭璐, 刘诗雨. 基于 BSC 的环保资金绩效审计评价指标体系构建［J］. 重庆理工大学学报（社会科学）, 2015, 29 (10): 80-85.

［18］审计署深圳特派办理论研究会课题组, 胡尊锴, 李忠, 等. 财政专项资金绩效审计现状及策略研究［J］. 审计研究, 2020 (01): 7-15.

［19］王海兵, 张雅婷. 林长制森林资源管理绩效审计的实践困境与对策［J］. 财务与会计, 2023 (17): 46-49.

[20] 邱月, 曹小红. 基于PSR模型的河长责任审计评价指标的构建——以汾河河长责任审计为例 [J]. 会计之友, 2020 (04): 26-32.

[21] 王海兵, 张蓉莲. 大气环境治理绩效审计框架构建研究 [J]. 会计之友, 2022 (22): 111-119.

[22] Yaguai Y, Yinzi B, Qin Z, et al. Evaluation of marine resources environmental responsibility audit based on PSR framework [J]. Ocean and Coastal Management, 2023, 245.

[23] Amalia D S, Chris M, She H L, et al. Performance Auditing to Assess the Implementation of the Sustainable Development Goals (SDGs) in Indonesia [J]. Sustainability, 2022, 14 (19): 12772-12772.

[24] Yuhui W. Research on Performance Optimization Algorithm of Resource and Environment Audit Based on Computer Technology [J]. Computational Intelligence and Neuroscience, 2022, 2022 4288729-4288729.

我国沙产业管理绩效审计初探

摘　要：随着生态环境保护意识的增强，沙漠地区的生态治理与经济发展日益受到关注。发展沙产业有助于改善沙漠生态、促进经济增长、保障民生福祉。结合不同沙漠地区的气候条件和治理目标，构建沙漠风险导向审计、沙漠治理导向审计和沙漠价值导向审计沙漠审计模式。当前我国沙产业管理绩效审计在法律法规、数据平台、评价指标等方面存在不足，通过构建沙产业管理绩效审计框架，推动沙产业管理绩效审计发展，完善沙漠地区监督体系，助力美丽中国愿景实现。

关键词：沙产业；沙漠治理；管理绩效审计框架

一、引言

随着中国特色社会主义进入新时代，我国的经济发展正从粗放型向高质量绿色发展模式转变。然而，长期以来企业"重效益，轻环保"的发展理念根深蒂固，这不仅不利于企业的可持续发展，还严重损害生态环境，尤其是在脆弱的沙漠环境中。沙漠生态系统很脆弱，自身的修复能力差，因此即使是看似微小的污染，也可能引发整个沙漠生态系统的崩溃，因此沙漠环境保护迫在眉睫。党的二十大以来，习近平总书记多次强调生态环境保护的重要性，在参加内蒙古代表团审议时指出要"统筹山水林田湖草沙系统治理"。我国荒漠化地区面积接近国土总面积的1/3，面临治理难度大、修复过程漫长的挑战，中央和各沙漠地区政府部门积极展开防沙治沙工作。新疆喀什麦盖提县打造百万亩防风固沙生态林工程，已经筑起了一道绿色屏障，有效抵御了沙漠侵袭。审计部门积极开展环境审计监督，鄂托克旗审计局以黄河流域生态保护和高质量发展为主题进行荒漠化防治审计。杭州市试行《领导干部自然资源资产审计重点事项清单》，探索规范自然资源离任审计流程。在自然资源离任审计蓬勃开展的过程中，进一步推动沙漠治理绩效审计不仅能考核政府治理行为和效果，还能激励政府治理心态，有益于沙漠环境的治理和修复。

随着沙漠治理工作的推进，沙漠治理模式正由"防沙治沙"向"沙产业治理"转变。建设沙产业是对"美丽中国""乡村振兴""高质量发展"三大政策的积极响应，是在保护环境前提下，充分利用沙漠地区的光能、热能等可再生资源，实现生态建设与经济建设的可持续发展（王岳等，2019）[1]。为促进沙产业的绿色健康发展和沙漠环境的长效治理，通辽市审计局对绿色农牧业、沙产业、蒙中医药产业等重点产业集群进行跟踪审计督查。开展沙产业绩效审计既能回答沙漠治理绩效审计关切的问题，又能将有限的审计资源合理配置到重点问题上。因此，应在各地积极推广沙产业管理绩效审计。然而，沙产业管理绩效审计仍缺乏一套标准规范的审计理论体系。本文探索构建沙产业管理绩效审计框架，旨在促进对沙产业企业进行全面的管理绩效审计，推动"治沙"和"治穷"的有机结合。

二、实施沙产业管理绩效审计的必要性分析

沙产业是治理沙漠环境与带动地方经济双重效应的关键产业，其管理效能直接影响到沙区的生态安全和居民福祉（史培军等，2003）[2]。实施沙产业管理绩效审计，不仅是衡量和提升当地政府在沙漠治理方面工作成效的工具，更是识别和弥合绩效差异的有效途径。

（一）通过沙产业管理绩效审计贯彻落实美丽中国倡议

沙漠环境保护与沙区经济发展不仅关乎民生问题，还是乡村振兴和高质量发展的重要体现。沙区的可持续经济增长和生态环境改善是实现内地安全和经济稳定的重要因素。根据《"十四五"规划和2035年远景目标纲

要》，国家强调科学推进水土流失、荒漠化与石漠化的综合治理。在这一政策背景下，沙产业的健康发展不仅牵动着沙区的经济发展和就业问题，还关乎生态环境的改善治理（姜辰蓉等，2024）[3]。通过实施沙产业管理绩效审计，我们不仅能深入了解和评价地方政府在沙漠治理方面的绩效表现，还能促进环境政策与美丽中国愿景的有效契合。沙产业管理绩效审计作为一种监督工具，确保相关政策稳定落地，并及时调整审计重点，应对治理中出现的问题和挑战，从而推动国家生态文明建设，书写沙区环境治理和经济发展的和谐篇章。

（二）通过沙产业管理绩效审计实现长效价值创造

当前沙产业管理面临诸多挑战，存在管理风险和混乱现象。沙产业管理绩效审计能有效控制管理风险，实现沙产业的长效价值。2014年腾格里沙漠污染事件中，8家公司非法倾倒有毒化工废料，严重污染地下水源，暴露出沙产业管理漏洞。政府过度关注经济效益而忽视环境保护，对违规企业的放任加剧了沙区生态风险。在媒体的曝光下，政府被迫采取补救措施，体现出审计督察和监管体系的薄弱。2019年再度爆出宁夏美利纸业集团非法排污事件，表明沙产业管理绩效审计仍未得到有效落实。因此，尽管沙产业管理已受到公众关注，但要实现生态保护与经济发展的平衡，还需深入改革沙产业相关监督管理体系，加速绩效审计落地。

（三）通过沙产业管理绩效审计倒逼相关政策法规优化

实施沙产业管理绩效审计能够全面了解区域内沙产业的发展情况和建设问题，为当地政府提供增量信息，补齐政策短板。2022年12月，国家林业和草原局、发改委、财政部、自然资源部、生态环境部、水利部、农业农村部联合印发《全国防沙治沙规划（2021—2030年）》指出，全国规划治理沙化土地任务总计1239.82万公顷，分配给了全国26个省级地区。内蒙古和新疆地区的任务占比超过50%。同时，提出要"适度发展绿色生态沙产业"，涵盖种植业、林草特色养殖业、精深加工业、景观生态旅游业、新能源开发、林草种苗业。治理和适度利用相结合。各省市级单位陆续开展防沙治沙规划编制工作。这些法律法规，为沙产业管理绩效审计提供了制度基础和参照。在这一框架下，沙产业管理绩效审计能够为沙产业的结构性调整和科学规划提供决策支持,包括税收优惠政策、融资支持措施等方面,这些调整有助于沙漠治理更具针对性。同时依据绩效审计结果,可以制定目标明确的政策文件及地方性法规,回应审计中发现的具体问题,更精确地解决沙产业发展中的问题。为此,绩效审计不仅增强了政策的适应性和有效性,也确保了政策实施的科学性和针对性,为实现可持续的沙漠治理策略提供坚实基础。

三、沙产业管理绩效审计模式构想

沙产业管理绩效审计是指根据每片沙漠区域的独特气候特点和治理理念,设定具有差异度的审计指标和评估方法,涵盖资源利用、环境影响、社会贡献和经济产出等方面的综合指标。特别关注环境污染、资源浪费和社会不公等问题,并提出改进建议,以优化管理并提升绩效(郝春旭等,2018)[4]。为此,本文基于三种不同环境条件设计审计模式框架,确保审计工作的高效开展。

(一)实施"沙漠风险导向审计"模式,保障地区生态安全

"沙漠风险导向审计"模式致力于防止荒漠化范围的扩大,维护各地区的生态安全,并降低荒漠化可能导致的多重风险。考虑到生态安全是国家安全的重要组成部分,关乎国家运行和社会发展的稳定,习近平总书记多次强调生态安全的重要性。在半干旱和半湿润区,由于其相对较高的水分和湿度条件,通过发展节水型农业和种植绿色作物,不仅完成了防风固沙任务,还逐步转化了沙质土地,实现了"人进沙退"的目标(李发明等,2012)[5],从而保障了沙漠地区的生态安全,同时为内地提供坚实的生态屏障。例如,内蒙古鄂尔多斯市杭锦旗与重庆交通大学科研团队合作,建立了沙漠土壤化产业示范基地。通过科学技术手段将沙漠转化为适合作物生长的土壤,进而利用滴灌技术实现了20多种农作物的种植与量产。在此基础上,审计团队应重点监测滴灌技术的实际效果,确保水资源得到合理使用,避免浪费发生。同时,应定期测量土壤的盐碱化程度,防止因过度追求产量而导致土壤质量退化。新疆则积极发展以酿酒葡萄、肉苁蓉、沙棘为主的特色沙生植物种植及加工产业,推动了药品、果品饮

料、保健品等一系列沙产品的生产，促进了贮藏、运输、销售等相关产业链的发展。面对绿色食品精加工产业未能形成产业集群效应和产业规划缺失的问题，审计人员应详细了解中小型食品加工企业的业务规模和主营活动。通过审计建议的方式，推动企业间的整合并购，降低交易成本，并促进加工技术的升级，从而形成沙产业集群，推动沙产业做大做强。此外，审计应对沙产业食品加工企业的生产计划展开全面评估，避免同类企业出现"羊群效应"和恶性竞争行为。

（二）构建"沙漠治理导向审计"模式，促进环境生态修复

"沙漠治理导向审计"模式重点关注因过度开垦和畜牧等不合理活动致使退化的区域。本模式的核心在于区分自然沙漠与人为退化土地，目标不在于改造原生沙漠，而是修复由人类活动造成的"人造"沙漠。例如，锡林郭勒盟多伦县实施樟子松造林项目，不仅修复了退化土地，还优化了以往的植树造林模式，采用"谁种植谁所有，谁运营谁受益"的原则，有效提升了项目的持续性和社区参与度。阿拉善盟通过合作社模式和合同制造林等方式，进一步激发了公众参与植树的热情，推动了造林产业的商业化进程。在赤峰市翁牛特旗，采用科技手段如复合沙障和机械沙障技术，特别是利用可降解纤维沙袋和聚乙烯纱网沙障，显著提升了环境恢复工作的效率和经济性。此外，沙漠治理已被整合入"山水林田湖草沙"综合治理计划，能够确保各项治理活动的统一协调。特别是对原生沙漠的保护，实行严格的生产活动限制和生态红线管理，保持原生沙漠的自然状态。审计过程中，审计团队应实地检查造林地区的植被管理和土地利用情况，评估林下经济的发展潜力，并监测地下水位，以防止过度利用导致的水资源枯竭。同时，应邀请林业专家参与审计，提供树木种植和培育的技术指导，确保造林项目达到预期的生态恢复效果，从而使"沙漠治理导向审计"模式实现最大化。

（三）探索"沙漠价值导向审计"模式，赋能沙区经济高质量发展

"沙漠价值导向审计"模式即深度挖掘沙漠可利用价值，推动沙漠地区实现经济高质量发展。为深入贯彻新发展理念，践行习近平生态文明思想是"沙漠价值导向审计"模式的重要指引，要意识到沙漠戈壁也是"遍

地黄金",充分发挥沙漠的独特性,形成"沙漠增绿、资源增值、企业增效、政府增税"的和谐愿景。如何唤醒沉睡的沙漠资源并有效产出其价值,各地积极实施相关举措。宁夏中卫沙坡头采用"旅游+"发展模式,与娱乐、文化、康养等产业结合,创设旅游度假区,开展吉普冲沙、骆驼骑行、滑沙、儿童沙乐园等活动,建造沙漠星星酒店为天文爱好者提供观星场所。沙疗康养中心为风湿病人提供全新诊疗方案。同时,沙漠文艺创作和电影拍摄、沙雕沙画等文创产品弘扬沙漠文化。随着"一带一路"倡议的不断深化,沙漠旅游产业需利用沙产业管理绩效审计,调整经营方案,整合资源,打造文旅IP,通过互联网和社媒传播文化,合理配置资金,防范经营风险。审计人员应与景区负责人和游客沟通,了解开发运营和旅客体验,形成专题报告提交审计部门,充分发挥监督和服务职能。对于旅游资源匮乏地区,利用丰富的太阳能和风能资源发展清洁型风电光伏产业是可行之举。甘肃武威市建成50万千瓦光伏电站,利用光伏板下空间栽植沙生植物,实现"板上发电、板间种植、板下修复"的立体经济。新疆若羌罗布庄风电场二期工程年发电量达两亿度,带动单晶硅、钢铁等生产企业发展。审计人员需全面审计项目财务状况,确保财务运作合规透明,监督企业的环境风险管理,深化上游原材料生产商的产能审计,促进光伏产业协同发展(钱贵霞等,2020)[6]。

综上所述,以上三种审计模式不仅有效践行了价值挖掘和生态安全的理念,还积极响应了高质量发展和高水平保护的要求。高水平保护是高质量发展的重要支撑,只有依靠高水平保护才能实现生态优先、绿色低碳的高质量发展。发展沙产业是对国家政策的积极响应,也是环境与社会协同发展的利器,通过制定差异化的审计计划,使得三种治理模式达成有机互动,推动沙产业绿色循环经济体系构建,实现人类与沙漠的和谐共生。

四、我国沙产业管理绩效审计存在的问题

沙产业管理绩效审计关注沙产业的发展动态和布局规划,评估沙产业企业的治理行为,但当前沙产业管理绩效审计仍存在不足之处,间接导致沙产业管理乱象频发,为此亟须构建沙产业管理绩效审计框架,补齐沙产业管理绩效审计短板。

（一）沙产业管理绩效审计法律体系不健全

依法治国是习近平新时代中国特色社会主义思想的核心要义，依法审计同样是沙产业管理绩效审计的精神指引。完善的法律体系为沙产业管理绩效审计提供制度保障，赋予审计主体清晰的审计权限，使审计人员具备可靠的审计依据，提高审计效率。然而，《中华人民共和国环境保护法》和《中华人民共和国防沙治沙法》中没有明确赋予审计主体对沙产业企业环境和社会数据进行审计的权限（李兆东，2019）[7]。由于审计依据不足，审计人员常被质疑越权，这不仅影响后续工作，更会降低审计证据的真实性和可靠性，增加部门间的沟通成本（闫天池等，2009）[8]。同时存在着权责边界不明晰和职能部门缺乏协同机制的问题，导致政府内部重复监督，难以形成审计合力。为此，审计机关作为党和国家的监督体系的重要组成部分，应在沙产业管理绩效审计中发挥建设性作用，关注政策完善情况，深入分析原因，从政策法规方面提出合理建议，为沙漠治理攻坚战作出积极贡献。

（二）未建立沙产业管理绩效审计大数据平台

沙产业管理绩效审计大数据平台依托于沙产业大数据平台，为审计工作提供数据信息支撑。通过分析环境效益、社会效益和经济效益数据，提升审计程序效率，促进沙产业企业健康发展。国务院在2022年颁布《全国一体化政务大数据体系建设指南》，肯定了生态环保数据库的贡献。内蒙古自治区采用"大数据+大平台"模式，建立内蒙古沙漠大数据中心体系，带动沙区周边经济发展，并建立沙产业专利大数据服务平台，保护知识产权，提升企业的创新竞争力，并汇总了部分经济效益数据。然而，沙产业社会效益数据系统建设不完善，已有的大数据平台未能汇总环境、社会和经济三方数据。当前的主要困难在于政府不同职能部门之间的大数据平台存在差异，导致数据不互通，审计人员需登录不同平台逐一收集和整合，严重影响审计效率，造成资源利用效果低下。此外，数据系统设计差异化导致整合数据时出现关键字段缺失和数据类型不一致，增加了汇总信息时的难度和风险，影响审计质效。

（三）沙产业管理绩效审计评价指标不合理

沙产业管理绩效审计评价指标是制定审计程序和设计审计计划的重要

参考依据。以政府为主导构建统一的沙产业管理绩效审计评价指标，有利于提高审计质量，助推沙产业健康绿色发展。然而，目前我国尚未出台相关规范文件对沙产业管理绩效审计评价指标的设计进行指导。甘肃省发布的《推进绿色生态产业发展规划指标》主要考虑了环境效益和经济效益，但缺乏对社会效益的考量，存在不全面的问题，环境效益指标也不具体，未包含沙漠地表修复的考核，降低了审计评价指标的整体质量。此外，当前评价指标过于重视定量数据，忽视了定性分析数据，影响发现新评价指标的路径，不利于提高审计成果的质量。在政策遵循和制度建设方面的评价考核不够细致，缺乏详细的评价指标，无法真实反映政府部门的服务管理情况，导致个别部门可能通过低成本造假应付绩效审计，掩盖沙产业发展中的问题，不利于沙产业发展和沙漠治理工作的推进。

（四）缺失沙产业管理绩效审计报告

沙产业管理绩效审计报告应反映沙产业企业的建设和运行状况，是评价当地政府沙漠治理工作状况的重要依据。报告应多层次全方位地考核沙产业企业和各级政府，剖析问题背后潜在的制度层面缺陷，将研究型审计思维贯穿审计全过程。然而，目前对沙产业管理绩效审计的重视不足，导致大多数政府审计部门未编制相关报告，不利于国家审计整体评估沙产业发展状况，削弱相关法律法规的时效性。现有的沙产业管理绩效审计报告多被包含在环境审计报告中，其内容简单，未贯彻研究型审计的倡议，仅就问题论问题，未深入挖掘现象背后的原因，提出的多为常规性审计意见且实际操作性不强。此外，地方政府对沙产业管理绩效审计信息的公示披露较少，公众难以获取沙产业企业的有效信息，无法发挥社会监督职能，削弱了沙产业企业的改革动力。

（五）沙产业管理绩效审计复合型人才匮乏

据不完全统计，我国政府机关的审计人员总数约为 8.6 万人，但具备资源环境学背景的审计人员极少，对沙漠生态环境了解得更为匮乏。沙产业企业的首要原则是环境保护，因此在环境效益方面的表现尤为重要。首先，沙产业管理绩效审计要求审计人员不仅要掌握法律、审计、财会等专业知识，还要广泛了解生态学、环境学和社会学。目前，审计人员普遍缺乏环境学知识，导致对环境审计数据的解读可能出现纰漏和理解不到位的问题。其次，在不同生态环境下进行审计时，应参考具体环境法规，但许多审计人员缺乏相关学习，降低了审计成果的准确性。最后，在数智化时代，审计人员需提升大数据信息系统的熟练度，掌握数据对比分析等技能，逐步向复合型人才发展，才能满足沙产业管理绩效审计的复合需求。

五、我国沙产业管理绩效审计体系框架构建

构建沙产业管理绩效审计体系框架的整体思路是，法律层、标准层和报告层构成总体设计层面，模式层、技术层和人才层构成业务执行层面。总体设计层面依托法律法规提供制度保障，采用管理绩效审计评价指标确保审计质量，并制定管理绩效审计报告标准作为决策参考，为业务执行层面提供引领与支持。业务执行层面则设计管理绩效审计模式提供审计依据，开发管理绩效审计大数据平台完善操作工具，培养管理绩效审计复合型人才提供创新驱动。两个层面相互支持与反馈，在动态交互与协调配合中形成多元循环矩阵，在这一矩阵中总体设计层面提供的法律、标准和报告为业务执行层面的模式设计、技术开发和人才培养提供方向和支持。而业务执行层面在具体实施过程中积累的经验和数据，又会反馈到总体设计层面，帮助其不断优化和调整。这种双向互动不仅确保了管理绩效审计体系的科学性和有效性，还能使其适应不断变化的审计需求，从而实现持续改进和动态平衡。通过这种循环机制，沙产业管理绩效审计体系能够更加灵活和高效地应对实际工作中的各种挑战和变化（见图1）。

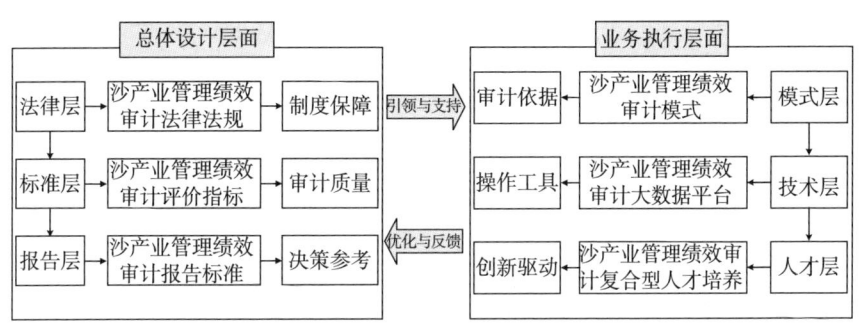

图1　沙产业管理绩效审计框架

(一) 健全沙产业管理绩效审计法律体系

完善沙产业管理绩效审计法律法规，从顶层设计上为审计工作提供法律支持。《中华人民共和国审计法》应明确沙产业管理绩效审计的法律地位，确立环境保护优先的审计要求，必要时单独设定沙产业企业的审计流程。同时，应修改《中华人民共和国环境保护法》中不适用的法规条例。地方政府可根据当地沙产业发展情况，制定针对性的规章条例，如建立负面准入清单，对破坏环境的企业进行严格惩处，对发展循环经济、兼顾环保与经济发展的沙产业企业采取税收优惠等。此外，《中华人民共和国环境保护法》和《中华人民共和国审计法》应明确政府审计机关在环境管理中的地位、权限、职责和工作范围，提升审计执行力度，增强审计权威性，以确保审计工作有序进行，为沙产业管理绩效审计提供有力的法律支持。

(二) 建立沙产业管理绩效审计大数据平台

数据信息的安全畅通共享在很大程度上决定了审计效率，为此应加快大数据平台的建设。沙产业管理绩效审计大数据平台由输入层、应用层、输出层三部分构成，其中输入层通过对接沙产业大数据平台，传输所需的各类数据，而沙产业大数据平台则要整合环境、民生、财政等部门平台的数据，形成"互联互访"的效果，保证数据的动态性和时效性，为实现持续审计提供有力支撑。应用层对沙产业数据进行解读处理，沙产业对当地环境的影响程度，是否带动地区内的经济发展以及企业自身的经营状况和发展潜力进行考核审计。输出层的业务流程为审计人员将应用层处理得到的结果作为编制沙产业管理绩效审计报告的依据，并与实地考察等了解的实际情况相结合，最终生成沙产业管理绩效审计报告（见图2）。

在输入层中传输的沙产业数据信息是沙产业管理绩效审计大数据平台的核心，如果数据的真实性和安全性受到篡改和攻击，将会干扰审计人员的决策判断，不利于沙产业的健康发展。为此，需要规范数据采集过程中的技术操作，确保数据信息的安全有效。首先，负责环境数据收集的政府职能部门充分利用遥感、地理信息系统、全球定位系统等地理信息系统技

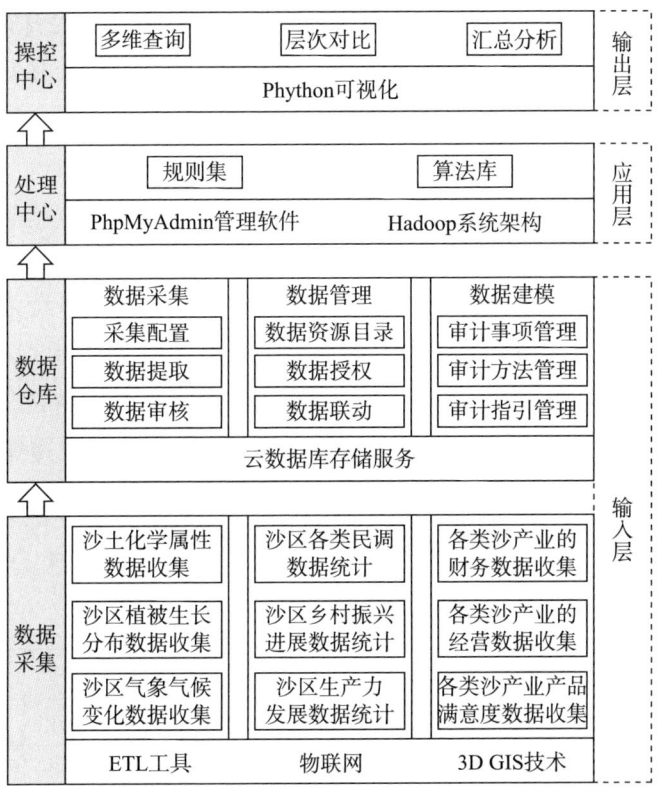

图2 沙产业管理绩效审计大数据平台

术,在户外传感器上采用精确的环境学监测技术,对沙产业企业的环境信息进行采集。其次,通过ETL(Extract – Transform – Load)工具的"抽取—转换—加载"模式进行数据预处理,将传感器上收集到的不同信息转换为适合的数据存储类型,实时加载到以阿里云为代表的云数据库中。数据处理阶段使用配置后的规则集和算法库,配置原则为沙产业管理绩效审计评价指标的需求,执行必要的数据筛选和二次加工计算等操作,以此来减少数据采集的盲目性,提高后续流程的审计效率。最后,利用Python可视化技术将云数据库中的数据绘制成动态前端网页,形成全面的沙产业管理绩效审计大数据平台。在构建过程中,ETL工具的使用确保数据类型的匹配,避免了数据类型的不匹配造成的数据缺失问题,维护了数据的真实性。另外与传统的自建数据库相比,云数据库通过Ddos防御、加密传输等方式更有利于提升数据的安全性。与此同时,云数据库还可以解决沙产业大数据平台融合环境、社会、经济三方数据的问题，以阿里云为代表的云数据库开发的双中台技术，将打破数据孤岛，将不同平台的数据连接起来创造更大的价值。

（三）构建沙产业管理绩效审计评价指标体系

构建沙产业管理绩效审计评价指标体系，了解沙漠治理的推进情况，强化对沙产业企业经营活动的监督，进而推动沙漠地区可持续发展（孙志宏等，2020）[9]。要明确沙产业是统筹沙区生态环境建设和区域绿色经济发展的系统性工程，我们要以"生态效益是基础，社会效益是归宿，经济效益是关键"的思想为指导（陶明等，2010）[10]，从政策遵循、制度建设、环境效益、经济效益、社会效益五个方面，采用定量和定性结合的评价方法，构建沙产业管理绩效审计评价指标体系（见表1）。

表1　　　　　　　　沙产业管理绩效审计评价指标体系

一级指标	审计内容	二级指标	指标性质
政策遵循与合规性	政策遵循程度评价	是否制定沙产业管理政策	定性指标
		沙产业相关政策的执行情况	定性指标
		是否对沙产业管理政策改进优化	定性指标
	内部制度建设程度评价	沙产业管理的内部制度完善程度	定性指标
		沙产业管理的内部制度有效程度	定性指标
环境效益	土地资源评价	沙区生物结皮面积及厚度	定量指标
		退化土地修复率	定量指标
		沙土中有机质含量	定量指标
	荒漠化状况评价	植被覆盖率	定量指标
		土壤沙化减少率	定量指标
	植被资源评价	植被均匀度指数	定量指标
		植物光能利用率	定量指标
	生态系统评价	沙区物种相对丰富度	定量指标
		地下水储蓄量及水位线变化幅度	定量指标
		年沙尘暴日减少率	定量指标
		沙产业碳汇贡献率	定量指标

续表

一级指标	审计内容	二级指标	指标性质
经济效益	现代生态农业产业评价	沙区绿色农业认证比例	定量指标
		沙地养分储量变化率	定量指标
	食品精加工型产业评价	销售订单量行业比较指数	定量指标
		成果利润率	定量指标
	光伏能源产业评价	投入产出效益	定量指标
		投资回收期	定量指标
	沙区特色旅游产业评价	绿色消费支出占比	定量指标
		好评率及复游频率	定量指标
社会效益	居民满意度评价	当地居民对环境治理情况的意见	定性指标
		当地居民对生产生活改善情况的意见	定性指标
	乡村振兴效果评价	沙区总体失业率	定量指标
		绿色就业岗位占比	定量指标
		沙区居民可支配收入增长率	定量指标
	生产力发展效果评价	沙区各类产业人员的技术生产水平	定量指标
		沙产业生产过程中的单位GDP水耗	定量指标
		沙产业整体劳动生产率	定量指标

首先，严格的政策遵循和完备的制度建设是沙产业健康发展的基础。评估是否制定了沙产业管理政策，政策是否落实到位，以及是否根据反馈对政策进行了优化（刘惠萍等，2021）[11]。从规范和效果两方面测度制度建设情况（王海兵和张蓉莲，2022）[12]，是对内部制度的完整性和有效性进行的考察。例如，为沙产业企业提供宽松的融资条件、环保补贴和税收减免、生产指导和创新技术扶持等政策是否真正惠及企业，这将是政策遵循和制度建设的考察重点。其次，基于三重底线理论，从环境效益、经济效益、社会效益三方面对沙产业的发展成果进行综合审计（王海兵和张蓉莲，2024）[13]。环境效益是沙产业发展的初衷和基础，重点关注其对沙区环境治理的效果。对各种生物学和环境学指标进行定量评价（陶明等，2010）[10]，如植被均匀度指数、植物光能利用率、物种相对丰富度和年沙尘暴日减少率等。经济效益指标重点关注沙产业的经营状况和发展潜力。针对不同主营业务的企业制定不同的审计评价指标，以提高审计结果的准确性。社会效益指标则关注沙产业在促进沙区经济发展的同时，如何改善

当地居民的生活质量。例如，居民满意度评价考察沙区百姓的幸福感，乡村振兴效果评价关注百姓的获得感（赵军锋等，2023）[14]，生产力发展效果评价关注百姓的收入状况。各地依据沙产业管理绩效审计评价指标体系，结合当地生态环境情况，对各项指标打分评价。评审专家将各项指标分值与权重比结合，汇总出最终分数，并根据总评度量表给出评价结果。需要注意的是，在对沙产业环境效益指标打分时，应设定"环境效益最低标准分数"。如果达不到该标准，则说明沙产业未能有效保护和改善沙漠生态环境，违背了沙产业发展的初衷，不再对其他方面进行评价，直接出具要求整改的审计意见。若达到环境效益最低标准分数，再对经济、社会、制度和政策四方面进行打分，得到总评分数。通过对比当期和近期总得分并结合单项指标分数，给出最终的审计意见。

（四）制定沙产业管理绩效审计报告标准

制定沙产业管理绩效审计报告标准有利于以"问题风险"为导向，促进沙产业在优化生态环境的基础上良性健康发展。首先，国家应尽快出台相关法律规范，制定沙产业管理绩效审计报告标准，贯彻落实研究型审计思维，明确审计报告应是一个有机整体，而不是简单问题的罗列堆叠。要系统梳理问题，分清主次，透过现象看本质，广泛听取专家意见，深入了解问题的本质原因，认真研究被审计单位的反馈意见，从多角度多层次规范审计标准。地方政府审计部门基于以上要求，秉持客观性、及时性、适度性原则依法编写本地区沙产业管理绩效审计报告并进行信息披露。此外，审计职能机构应探索创新审计报告形式，除了文字，还应增加图表等形象化要素，方便中央政府派出机构在进行沙漠环境绩效审计时快速获得高质量的决策信息（王海兵和周垚，2022）[15]。其次，严格督导沙产业管理绩效审计报告信息披露后的落实整改环节，对只追求经济利益、对沙漠环境产生污染破坏的沙产业公司进行严厉处罚，将其纳入"准入黑名单"，并强制要求企业恢复所在地区原有的生态环境。2018年甘肃省发布《推进绿色生态产业发展规划》，并制定了《甘肃省国家重点生态功能区产业准入负面清单》。这些规章政策的实施不仅保护了沙漠生态环境，更促进了沙产业的绿色创新发展。同时对政策遵循不到位、制度建设不完善的政府部门进行通报批评，严厉打击"懒政"和临时突击应付检查的行为，为沙产业发展提供积极向上的制度环境。最后，沙产业管理绩效审计报告的信息披露应面向社会，服务大众，通过主流媒体和政府门户网站发布，提高社会大众对沙产业绿色环保发展的关注，积极发挥社会监督力量，协助地方政府监督不良沙产业行为和违规举动。

（五）加快培养沙产业管理绩效审计复合型人才

人才是第一资源，尤其是复合型人才，是推动沙产业管理绩效审计有效落实和促进沙产业健康发展的基石。加速复合型审计人才的培养，首先，审计人员需要掌握沙漠环境的生态学常识，并了解沙产业企业的主要经营活动，将其与审计程序联系起来，制定个性化的审计计划。为此，人力资源管理部门应补充具有自然资源科学背景的专业人才，充实审计团队。同时，建立沙产业管理专家库，外聘环境、资源等方面的专家，解决审计队伍专业背景不足的问题。还需加强职后教育，由具备资源环境和审计双重专业背景的教研人员为审计人员制定适合的规培体系，持续提升其综合能力。其次，审计人员应深入研读与环境保护相关的法律法规，从而依法依规对企业进行全面审计（王海兵和周垚，2022）[15]。政府审计部门应多组织环境法律培训，帮助审计人员解读法条释义并讨论如何在审计实务中的执行操作。同时，推行环境部门和审计部门的轮岗交流，完善交流互动机制。再次，提升审计人员操作数据处理平台的熟练度，使其掌握数据分析基本方法，熟练应用沙产业管理绩效审计大数据平台，从而更好地评价沙产业的发展状况和当地政府的绩效工作。为此，应开展以数据平台为主题的常态化学习培训，提升审计人员在应用端的数据分析能力，并建立绩效考核机制，评价审计人员的数据操作能力，以达到监督激励的效果。最后，在实地审计过程中，应建立联合审计模式，联合审计部门、会计部门、环境保护部门专家和社会学专家，利用其知识和技能，在实践中拓宽审计人员的思路和视野，最终培养更多复合型审计人才。

六、结束语

从古时"野云万里无城郭，雨雪纷纷连大漠"的荒凉，到如今"来到沙海观星河"的浪漫，这是社会的进步，也是民族的复兴。建设富强民主文明和谐美丽的社会主义现代化强国，沙漠治理是重要一环。本文结合不同沙漠地区的气候条件和治理方向，构建沙漠风险导向审计、沙漠治理导向审计和沙漠价值导向审计三种沙漠审计模式。在分析沙产业管理绩效审计现实问题的基础上，提出建设路径，提高了沙产业管理绩效审计工作的可操作性，加速我国治理体系和治理能力现代化建设之路。

未来研究需要对沙产业管理绩效审计框架进行细化和延伸。可以借鉴不同地区沙漠治理的成功经验，结合沙产业管理绩效审计体系，以国家审计机关为主导，联合相关政府部门、沙产业管理部门和实施单位，共同参与沙产业管理绩效审计工作，从局部试点逐步推广至全部沙漠化地区，形成系统化、差异化和层级化的审计路径。推动科学、全面、系统的沙产业管理绩效审计报告的形成，并将审计结果应用于实际管理中。此外，应加强国际合作与交流，借鉴国外先进的审计理论和方法，丰富我国沙产业管理绩效审计的相关研究和实践。通过这些措施，未来的沙产业管理绩效审计将更加全面、科学、系统，为我国沙产业的绿色健康发展提供有力保障，达成生态环境保护与经济社会发展的双赢目标，实现"黄沙"变"黄金"、"荒漠"变"绿洲"、"孤寂"变"赞歌"的美好愿景。

参考文献：

[1] 王岳，刘学敏，哈斯额尔敦，等．中国沙产业研究评述［J］．中国沙漠，2019，39（04）：27-34．

[2] 史培军，刘学敏．生态建设产业化 产业发展生态化［J］．求是，2003（04）：32-34．

[3] 姜辰蓉，魏婧宇，马丽娟，付瑞霞．从"沙进人退"到"沙里掘金"——我国沙漠治理带动产业发展观察［N］．新华社，2024-06-11．

[4] 郝春旭，葛察忠，董战峰，等．中国环境审计制度建设框架与路线图［J］．中国注册会计师，2018（03）：85-89，3．

[5] 李发明，张莹花，贺访印，等．沙产业的发展历程和前景分析［J］．中国沙漠，2012，32（06）：1765-1772．

[6] 钱贵霞，田欣．不同发展模式的沙区生态产业价值链特征及其综合效益［J］．干旱区资源与环境，2020，34（12）：25-34．

[7] 李兆东. 影响我国政府资源环境审计开展的十个问题 [J]. 财会月刊, 2019 (05): 106-113.

[8] 闫天池, 张庆龙. 资源环境审计: 问题与对策 [J]. 中央财经大学学报, 2009 (01): 84-88.

[9] 孙志宏, 贾云洁, 张旭光, 等. 沙区生态产业技术适用性评价指标体系的构建 [J]. 干旱区资源与环境, 2020, 34 (12): 9-16.

[10] 陶明, 黄高宝. 河西走廊沙产业效益评价初探 [J]. 中国沙漠, 2010, 30 (02): 260-266.

[11] 刘惠萍, 魏明慧, 赵影. 生态文明建设国家审计评价指标体系构建研究 [J]. 会计之友, 2021 (01): 106-112.

[12] 王海兵, 张蓉莲. 大气环境治理绩效审计框架构建研究 [J]. 会计之友, 2022 (22): 111-119.

[13] 王海兵, 张蓉莲. 基于三重底线理论的企业社会责任审计体系构建 [J]. 重庆理工大学学报 (社会科学), 2024, 38 (02): 74-87.

[14] 赵军锋, 张淑缘. 共同富裕导向下乡村振兴项目绩效审计指标构建 [J]. 华东经济管理, 2023, 37 (06): 1-10.

[15] 王海兵, 周垚. 河长制水资源管理绩效审计体系构建研究 [J]. 会计之友, 2022 (10): 68-75.

基于 BSC 的土壤污染防治资金绩效审计评价指标体系构建研究

摘 要：近年来，我国生态环境保护力度持续加大。国家和相关部门密集出台了一系列政策法规，对土壤污染防治工作提出了更为严格的标准。在当前严峻的环保形势下，土壤污染防治资金的管理、使用和监督面临着更大的挑战，而对资金进行绩效审计评价显得尤为关键。为推动土壤污染防治工作综合能力的提升，需进一步健全资金的使用管理体制机制，而建立一套科学、完善、合理的资金绩效审计评价指标体系就显得非常重要。在借鉴已有的研究成果基础上，基于BSC 构建了以"持续深入打好净土保卫战"为战略目标，一、二、三级指标耦合协同的多维立体绩效审计评价体系，供相关部门推进土壤污染防治和资金绩效审计评价借鉴参考。

关键词：平衡计分卡；土壤污染防治资金；绩效审计；评价指标

一、引言

2023 年 7 月，习近平总书记在全国生态环境保护大会上指出，净土保卫战重在强化污染风险管控[1]。简言之，既要防患于未然，避免出现新污染源；又要着手治理已存在的问题，解决严重污染土壤和水资源的历史遗留问题。土壤污染防治作为筑牢民族复兴生态根基、人与自然和谐共生、推进中国式现代化的集中体现，涉及生态环境、粮食安全、住房保障和社会公众健康等多个领域，要求我国的法制体系和道德文化建设要拥有更高水准。党的十八届四中全会审议通过的《中共中央关于全面推进依法治国若干重大问题的决定》，首次鲜明提出要在立法层面加强土壤、水、大气污染等防治，将保护生态环境列为全面推进依法治国的重要内容之一。土壤污染防治成为抓好我国生态文明制度建设、加快生态文明体制改革的核心任务。

为督促指导各地管好用好土壤污染防治资金，《国务院关于印发土壤污染防治行动计划的通知》《中华人民共和国土壤污染防治法》《中共中央、国务院关于深入打好污染防治攻坚战的意见》等政策法律法规相继出台，各省区市区也相继制定符合地方实际的《土壤污染防治条例》，土壤污染防治工作在全国各地广泛铺开。财政部联合生态环境部等部门牵头制定了《土壤污染防治专项资金绩效评价管理暂行办法》（财资环〔2020〕11号）、《土壤污染防治资金管理办法》（财资环〔2022〕28号）等文件，指出土壤污染防治资金绩效评价是基于项目前预定的绩效目标通过采用科学合理、量化明确的评价方法与指标，以及相应的评价标准，进行系统考量，实现财政支出全过程的闭环管理，确保对经济合理性、运作效率、实际质效及社会公平进行全面、公正的评价。《土壤污染防治资金管理办法》等规范性文件在防治资金绩效评价的原则、方法和内容等方面有较详细的介绍，随中央预算资金下达的土壤污染防治资金整体绩效目标表也列出了一、二、三级评价指标，为各地方结合实际开展绩效评价提供了样本资料。虽然上述文件均提供了部分评价指标，但都过于宽泛和模糊，且考核方式较单一、未能有效联系防治目标和过程。因此，必须尽快建立健全土壤污染防治资金绩效审计评价体系，以保证更准确、更全面的评估效果，深化评价结果应用。

我国正处于推进党的二十大精神落地生根，持续深入打好污染防治攻坚战等"六项重大任务"的重要历史节点，也是有效发挥防治资金效用的关键时期。锚定土壤污染防治资金的使用管理监督，应深入理解"习近平生态文明思想"的实质要求。在此过程中，绩效审计评价工作至关重要，需融合防治资金的合理分配、有效使用等财务指标，以及生态效益、利益相关者满意度等非财务指标的影响。充分发挥绩效审计评价的"指挥棒"作用，促进土壤污染防治工作效率提升、管理规范和整体发展，才能为切实践行"两山论"铺设坚实的基石并提供有力依据。本文以"持续深入打好净土保卫战"为战略目标,结合平衡计分卡进行研究,进一步促进和优化土壤污染防治资金的使用效率与管理监督,为全面开展土壤污染防治资金绩效审计提供有益的思路和方法。

二、文献综述

目前国内很少有学者开展土壤污染防治资金绩效审计评价指标体系构建研究,本文拟从资源环境审计、土壤污染防治绩效审计、BSC 与财政资金的相关研究进行文献回顾,探索构建相关评价指标体系。

(一)资源环境审计研究

学者对资源环境审计的研究逐渐趋于完善,该领域的理论研究已成为审计学研究中备受关注的热门议题。Thomson 在 1987 年提出,资源环境审计是资源环境体系管理中的关键组成部分,重点关注组织如何开展资源环境的开发与管理。到了 1998 年,审计署成立了农业与资源环保审计司,各省市审计机构也对标顶层设计挂牌成立了专门开展资源环境审计的部门,并根据资源环境审计职能职责开展工作。《审计署 2008 至 2012 年审计工作发展规划》首次将资源环境审计列入六大审计类型。审计署分别在 2009 年和 2010 年吸纳扩展更多单位成为环境审计协调领导小组的成员单位,构建了一个以资源环境审计为中心的资源共享和协作平台,资源环境审计范围得以进一步拓宽,标志着资源环境审计进入了多元化发展的新阶段。资源环境审计的研究角度是监督与评价,研究目的是服务生态文明建设和推动可持续发展,在直接对生态环境保护制度的执行情况进行评估、考核及奖惩以及倡导全体公众共同维护生态环境等方面发挥了一定的积极作用。土壤污染防治,事关老百姓米袋子、菜篮子、水缸子,是我国环境保护战略的关键一环。鉴于此,通过审视资源环境审计的当前研究状况,可以深入探讨并构建土壤污染防治资金绩效审计评价指标体系。为了缓解环境资源约束与经济发展之间的矛盾,唐勇军等(2018)、王海兵等(2019)结合"五大发展新理念",建立囊括财务、合规和绩效审计在内的多元资源环境保护审计体系,充分发挥企业、政府、CPA 协同效应,强化审计信息化体系建设[2][3]。徐薇和陈鑫（2018）认为生态文明建设上升为国家战略后，当前政府环境审计仍存在审计理念、审计技术、审计规范和国际合作等方面的不足，并针对性地提出了优化完善措施，赋能政府环境审计服务于国家环境治理[4]。王海兵和周垚（2022）从环境资源保护审计的战略性、系统性、适应性、合规性和效益性原则，以河长制水资源管理绩效审计目标为主线，从法律法规、审计方法、信息技术、评价指标、审计报告和人力资源六个维度，系统构建河长制水资源管理绩效审计体系，优化了评价体系[5]。由于资源环境审计的学科交叉性，被审计对象有别于传统的财务审计，段辉军（2020）和何秀芝等（2020）认为资源环境审计大数据技术应用有助于更加高效开展审计工作，例如对 GIS 和空间数据库等地理学、环境学技术的合理引入，审计效能得以显著提高[6][7]。徐素波（2022）结合生态文明建设特点和具体案例，从经济性、效率性、效果性、公平性、环境性五个角度探索构建了我国生态文明绩效审计评价指标体系[8]。

（二）土壤污染防治绩效审计研究

截至 2024 年 10 月，在中国知网数据库以"土壤污染防治审计"为主题词能够检索到 25 篇相关文献。这些文献中，多数研究内容聚焦于土壤污染防治基金制度的探讨，而对审计的专门研究则相对较少，仅有的少数审计研究主要集中于资金使用管理以及审计评价指标等方面。在资金使用管理方面，卢玉秋等（2021）认为广西土壤污染防治专项资金项目在效果评估、审计等方面协同联动机制不畅、工作迟滞，要加强第三方审计及财务决算等环节的项目管理和制度建设[9]。在政策跟踪审计方面，王友平和李潜（2023）梳理农用地土壤污染防治政策跟踪审计存在数据共享难、治理效果难评定、治理责任难界定等堵点，提出了四个方面的审计建议[10]。在审计评价指标方面，李兆东（2019）认为资源禀赋信息和环境保护信息是影响我国政府资源环境审计开展的十个问题之一，而非财务信息的收集认定是审计最主要的工作，重要程度已超过了财务报表包含的财务信息[11]。马志娟等（2020）认为当前的审计实践工作缺乏对土地资源管理流程性和系统性的深入考虑，审计人员未能全面展开审计工作，故而应该从不同层面综合考虑构建土地资源审计实施框架[12]。刘国歌等（2020）认为由人大来发起或主导评价能更有效开展监督，构建了污染防治专项资金绩效评价体系[13]。宋玲玲等（2020）指出我国包括土壤污染防治专项资金在内的中央财政生态环保专项资金存在绩效评价制度不健全、绩效管理技术体系不完善、绩效评价质量不高等问题，从全面预算管理的视角构建了绩效管理体系[14]。2021年南京市审计局在镇江市开展土壤污染防治专项审计时，为了审查农用地土壤质量、开展土壤污染责任人认定，既利用遥感影像、监测点位图像数据分析等信息化技术，又走进一线开展实地调研考察，揭示了资金"趴窝"、工作缓慢等问题，审计收回资金千余万元[15]。除此之外，其他研究人员结合具体土壤污染防治项目和土壤污染防治审计案例，探索性构建了土壤污染防治项目绩效审计评价体系，揭示了审计中存在的问题，并提出了相应的对策建议，丰富了相关案例研究，以上为我国开展土壤污染防治资金绩效审计评价实践提供了借鉴参考。

（三）BSC与财政资金的相关研究

Kaplan和Norton（1992）在前期对12家绩效评价方面领先的公司进行调研的基础上，发表了《平衡计分卡——驱动业绩的衡量体系》，平衡计分卡理论横空出世[16]。自该理论提出以来，对企业的绩效管理和战略管理都产生了巨大的影响。Dobrzeniecki等（2004）创新性地将政府财政资金绩效评估和平衡计分卡结合起来，应用效果明显，并且从学习与成长、内部运营、服务选民和财务状况等四个方面，对平衡计分卡的维度和结构进行了相应的优化[17]。Umashankar和Dutta（2007）强调，平衡计分卡应用于非营利组织，能在高效运营中实现组织配置最优化、绩效最大化，完成"满足客户需求、完成社会服务"方面的考核[18]。2016年，财政部发布了《管理会计基本指引》，其中明确指出平衡计分卡是应用于绩效管理领域的管理会计工具之一。陈小燕等（2017）认为平衡计分卡应用于生态环境治理应予以修正，构建的模型可以实现治理过程与治理结果、短期目标与长期目标等四个维度的平衡[19]。钟振强（2019）从平衡计分卡理论的四个维度，构建了指标体系来评价衡量财政支农支出在城乡经济一体化发展中发挥的作用[20]。李天勇（2019）在研究中修正了平衡计分卡的组成，分别用"民众、经济发展与环境保护、工作流程"替换了"财务、客户、内部运营"[21]。

(四) 研究述评

综上所述，资源环境审计、土壤污染防治绩效审计以及 BSC 与财政资金的相关研究，能在理论和实践方面为本文构建土壤污染防治资金绩效审计评价指标体系提供充分的研究资料，但目前我国对于土壤污染防治方面的研究主要聚焦于制度构建与政策演变方面，在环境绩效审计体系方面的研究主要集中在水和大气环境治理、领导干部自然资源资产离任审计等方面，很少有学者研究土壤污染防治资金绩效审计评价，土壤污染防治资金绩效审计评价尚未形成系统的理论研究框架和管理实践体系，具体案例的研究成果非常少，反映出相关理论研究和审计实务之间未能有机衔接。土壤污染涉及范围广泛，污染物来源多而杂，污染传播途径包括水、空气及生物等，由此导致的环境风险难以管控。因此，在开展绩效审计评价工作时，不仅要关注土壤本身的污染状况，还需深入考虑其对整体生态环境所造成的影响程度，对土壤污染防治资金绩效审计进行深入研究很有必要。本次研究在充分回顾相关研究的基础上，以 BSC 为理论模型，层次分析法作为数据工具，构建具有实践意义、可操作性强的土壤污染防治资金绩效审计评价指标体系，为政府部门牵头推进土壤污染防治提供参考，对土壤污染防治资金绩效审计评价的理论和实务发展具有一定的启发意义和实用价值。

三、基于 BSC 的土壤污染防治资金绩效审计评价指标体系构建

(一) 确定选取原则

遵循多项原则以确保评价的准确性和有效性是基于 BSC 构建土壤污染防治资金绩效审计评价指标体系的重要前期工作。这些原则包括战略一致性、客观性、定量分析与定性判断结合、平衡性、重要性、可操作性、公平性、可比性、全面覆盖以及动态调整与持续改进。所选指标应与战略目标一致，全面反映资金全过程使用管理监督，结合定量与定性分析，客观公正，注重各维度平衡，并抓住关键性指标。同时，保障评价公平公正，

具有统计意义,且易于获取、便于纵横比较。随着战略目标和环境变化,指标体系还应及时调整优化,以满足土壤污染防治工作要求和土壤环境变化。

(二) 确定评价维度

基于 BSC 来对土壤污染防治资金以及效果进行绩效评价较为全面。本文通过适应性调整,明确基于 BSC 的土壤污染防治资金绩效审计评价体系的四个维度,即评价体系的一级指标,如图 1 所示。

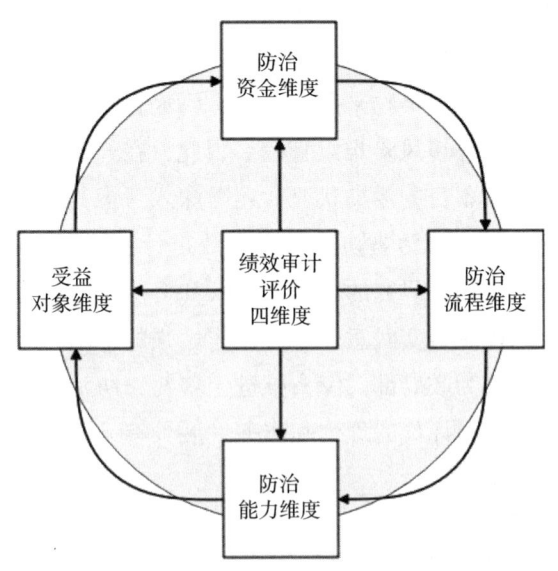

图 1 基于 BSC 的土壤污染防治资金绩效审计评价指标体系

1. 防治资金维度

财务指标是评价土壤污染防治资金绩效审计评价的基础指标。土壤污染防治工作的主体从本质意义上而言,属于政府等非营利性组织,这也造成土壤污染防治资金绩效审计评价的主要职能是管理监督检查和整改反馈运用,所有的活动均围绕这一职能展开。对于土壤污染防治资金,审计部门的核心任务是核查资金的合法性、合规性、风险性和效益性,具体涵盖资金的筹集、使用及管理三大阶段。在筹集阶段,重点在于确认中央预算资金和相关配套资金到位情况,并检查是否存在如超预算收入、短缺、截留或挪用等不当行为。进入使用阶段,则侧重于评估资金的使用情况、资金用途是否符合预算方案，同时考察资金是否依据预算规定进行拨付。在管理阶段，重点核查项目主管单位或资金管理单位是否高效运用资金以达到预设效果，管理制度是否健全，财务核算是否规范，有无虚列支出的现象，有无因预算编制不全面而导致财政资金浪费的情况。

2. 受益对象维度

平衡计分卡的原始构想旨在确保顾客服务的满意度，而在土壤污染防治的语境下，"客户"一词被赋予了新的含义，包括能从土壤污染防治中获得直接和间接利益的相关社会主体，直接和间接利益包括通过参与相关项目获得劳动报酬收入、享受更绿色的生态环境和更宜居的生活条件。随着生活水平的提升，相关社会主体对于居住环境的期望也日益增长，土壤环境的质量直接影响到其物质和精神活动的各方面。土壤污染防治的核心目标，在于满足相关社会主体对于环境权益的需求，类似于企业将顾客满意度作为衡量工作成效的最终标尺，土壤污染防治的效果也应当由相关社会主体来评判，即满意度成为最终的衡量标准。这里的满意度，是指他们对于土壤污染防治工作的主观感受与评价，它能够为土壤污染防治的参与者，特别是政府部门，提供一个直观了解防治现状的窗口，从而进行更为真实客观的评价，这对于推动政府在生态环境治理取得新成效上至关重要。因此，在构建土壤污染防治资金绩效审计评价体系时，将受益对象的反馈纳入考量范畴是不可或缺的一环，包括公众对防治成果的满意度、对防治资金使用透明度的评价、对政府行政效率的认可程度，以及参与防治工作所带来的劳务收入增长情况等。通过这些指标，可以更加全面准确地评估土壤污染防治工作的成效。因此，在受益对象的基础上构建评价体系，成为评估土壤污染防治资金绩效的关键部分，有助于确保土壤污染防治工作不仅满足当前的需求，而且实现长期的可持续发展目标，同时提升公众对环境治理工作的信任和满意度。

3. 防治流程维度

土壤污染防治工作的顺利推进，离不开一整套完善的管理程序，主要包括战略规划、组织实施和监督控制三个关键阶段。在战略规划阶段，重点在于准备资金和人员，保证土壤污染防治工作有坚实的组织保障和硬件基础。例如，在组织保障方面，需要建立专门的领导机构和部门，合理匹配管理层级，充分优化领导机构；否则，将导致规划和实施之间的脱节，形成"两张皮"。在硬件基础方面，充足的资金是项目启动的基本条件，全面的信息是项目推进的关键因素，健全的管理制度是项目顺利进行的有力保障。组织实施阶段围绕资金运用的关键环节展开。项目的实施是一个渐进的过程，由一系列紧密相关的小步骤组成，这些步骤共同作用于最终项目目标的实现。该阶段可反映当年项目资金使用情况和项目进度，具体评价指标包括项目资金实际投入率、土壤环境质量监测点普及率、按时完工率等。监督控制阶段在土壤污染防治的资金管理中起着重要作用。监督控制的核心功能是及时发现和处理偏差，确保项目按计划顺利进行，并在必要时进行调整，以实现预期目标。在设计评价指标时，不仅要注意过程监督，还要注意对人员的监督和对后期效果的监督。土壤污染防治资金绩效审计评价体系流程维度代表土壤污染防治的有效管理过程，有利于对整个防治过程进行监督和问效，必须健全完整。

4. 防治能力维度

学习和成长能促进土壤污染防治工作管理人员、审计人员不断完善和提升业务能力。学习与成长维度是不断完善和优化防治资金、受益对象、防治流程等维度的重要助力，是土壤污染防治资金充分发挥效益的基石，也是其他三个方面取得卓越表现的驱动力、生态环境可持续发展的原动力。土壤污染防治资金绩效审计评价是对土壤污染防治工作进行项目前、项目中和项目后全过程检查的监督机制，工作内容涉及各个方面，因此对于相关工作人员的综合素质和业务能力要求比较高，对公众生态环保意识的培养也是一个重点。而土壤污染的长效治理，从根本上来说依赖于人们生态意识的提高，这需要加强学习与不断地成长。土壤污染问题的长期有效解决，与公众生态环保意识的增强成正相关，这也需要相关人员在生态环保意识方面加强学习并不断成长。因此在学习与成长维度方面，本文确定了管理人员业务能力、审计人员业务能力、公众参与机制三个二级指标作为评价依据。土壤污染防治资金推动区域生态环境保护与发展，不仅需要协同配合的工作机制、丰富的专业技术知识、适配项目的复合型人才，还需要提升区域内公众的生态保护意识，才能充分发挥土壤污染防治资金绩效审计在生态文明建设中的积极作用，持续助力"持续深入打好净土保卫战"战略目标的实现。基于以上，设置的一、二、三级评价指标如表1所示。

表 1　基于 BSC 的土壤污染防治资金绩效审计评价指标体系

一级指标	二级指标	三级指标	指标性质
防治资金维度	资金筹集环节	资金管理办法的健全性	定性指标
		中央预算资金到位率	定量指标
		项目配套资金落实率	定量指标
		资金结构的合理性	定性指标
	资金使用环节	资金支出合规性	定性指标
		预算执行率	定量指标
		不合理使用资金占比	定量指标
	资金管理环节	预算报告、跟踪机制建立情况	定性指标
		信息公开制度建立及执行情况	定性指标
		专人专账核算情况	定性指标
		支出审批情况	定性指标
受益对象维度	周边居民满意度	公众对防治成效的满意度	定量指标
		污染防治区域群众上访率	定量指标
		公众对资金使用透明情况的满意度	定量指标
		公众对政府行政效率的满意度	定量指标
	周边居民受益情况	受益人口数量比率	定量指标
		农业产值变动百分比	定量指标
		参与防治工作劳务收入增长率	定量指标
	污染防治行业情况	土壤污染防治产业发展情况	定性指标
防治流程维度	战略规划流程	编制预算合理性	定量指标
		第三方机构从业资质及业务质量情况	定性指标
		组织架构健全情况	定性指标
		管理制度健全性	定性指标
	组织实施流程	项目资金实际投入率	定量指标
		防治资金使用跟进程度	定性指标
		土壤环境质量监测点普及率	定量指标
		按时完工率	定量指标
	监督控制流程	使用防治资金监督情况	定性指标
		预算调整率	定量指标
		资金问题处理情况	定性指标
		管理制度执行情况	定性指标

续表

一级指标	二级指标	三级指标	指标性质
防治能力维度	管理人员业务能力	项目防治人才引进落实率	定量指标
		跨专业高层次管理人才占比	定量指标
		运用GIS等技术实时监测土壤数据情况	定性指标
		跨环境保护等学科知识融合培训次数	定量指标
		联席会议与经验分享次数	定量指标
		项目现场检查次数	定量指标
	审计人员业务能力	审计学、生态学、工程学等多学科理论知识复合型审计人才占比	定量指标
		交流培训与同类资金审计项目参与次数	定量指标
		审计人员受教育情况	定量指标
	公众参与机制	土壤环境保护宣传落实率	定量指标
		公众生态环保意识提升情况	定性指标

（三）评价权重的确定

土壤污染防治资金绩效审计评价体系的指标应当以客观性、定量分析与定性判断结合、平衡性等原则为指导，因此本研究将使用层次分析法这种优秀的决策方法来确定一、二、三级指标的权重。详细操作如下：

1. 确立层级框架

在应用层次分析法时，首要步骤是构建层次模型，本研究遵循"土壤污染防治资金绩效审计评价体系的顶层指标—次级指标—具体指标"的递进层次，依次确定一、二、三级指标的权重分配。

2. 设立对比矩阵

以维度权重的确定为例，先设计调查问卷来统计各维度的相对重要性，目标对象包括审计、环保等领域的专家学者，以及地方审计、生态环境、农业农村、自然资源等部门的实务工作者。受邀专家依据个人判断，对4个维度的重要性进行评分，通过两两对比各维度的相对重要性，构建出一个4×4的对比矩阵。矩阵中任意元素 a_{ij} 代表第 i 个维度相较于第 j 个维度的相对重要程度。

$$a_{ij} = \frac{1}{a_{ji}}$$

以上指标间的相对重要程度比较选用"1—9 标度法"（1—9 或其倒数），用于量化指标之间的相对重要性。

3. 计算一级指标权重

（1）结合问卷结果，先利用几何平均法计算出第 i 行的几何均数（$i \geqslant 1$）：

$$C_i^* = \sqrt[n]{a_{i1} \times a_{i2} \times a_{i3} \cdots a_{in}}$$

（2）各指标的重要程度可得出以下判断矩阵：

$$A_i = \begin{bmatrix} & (1) & (2) & (3) & (4) \\ (1) & 1 & C_1^* & C_2^* & C_3^* \\ (2) & \dfrac{1}{C_1^*} & 1 & C_4^* & C_5^* \\ (3) & \dfrac{1}{C_2^*} & \dfrac{1}{C_4^*} & 1 & C_6^* \\ (4) & \dfrac{1}{C_3^*} & \dfrac{1}{C_5^*} & \dfrac{1}{C_6^*} & 1 \end{bmatrix}$$

（3）按步骤计算特征向量 W，特征向量 W 中的各个元素为：

$$W_i = \frac{C_i^*}{\sum_i^n C_i^*}$$

（4）计算矩阵 $D = A \cdot W$，矩阵 D 中的各个元素为：

$$D_i = A_i \cdot W_i$$

（5）计算比较判断矩阵的最大特征值，并做一致性检验：

$$\lambda_{\max} = \frac{1}{n} \sum_i \left(\frac{D_i}{W_i} \right)$$

$$CI = \frac{\lambda_{\max} - n}{n - 1}; \quad RI = 0.89$$

$$CR = \frac{CI}{RI}$$

当 $CR < 0.1$ 时，说明比较判断矩阵的一致性在允许范围内，检验通过。问卷调查结果具有代表性，能够用特征向量 W 代表各维度的权重值。

（6）确定二、三级指标权重。继续沿用层次分析法，通过问卷调查收集专家对二、三级指标相对重要程度的评分，构建相应的判断矩阵，计算出二级指标和三级指标的相对权重，各一级指标权重与各二级、三级指标相对权重的乘积即为二级指标与三级指标的最终权重。

（四）具体的实施步骤

1. 确立核心战略导向

"持续深入打好净土保卫战"战略目标作为土壤污染防治的指南针，明确了资金绩效审计评价的核心方向。因此，在架构土壤污染防治资金绩效审计评价体系之初，首要任务是清晰界定战略目标，并将其细化为可操作的执行目标，以此作为驱动评价工作成效的原动力。

2. 设定并优化评价指标集

遵循 BSC 的核心理念，结合土壤污染防治工作的实际需求与资金状况，把握各项原则、精心设计适宜的绩效审计评价指标，同时确保各项指标的权重分配科学合理。

3. 搭建高效沟通反馈桥梁

基于 BSC 的绩效审计评价体系能否顺利运作并取得成效，其核心在于是否建立了顺畅的沟通反馈机制。这意味着土壤污染防治资金绩效审计评价部门需与项目管理团队、参与人员、审计人员以及受益群体等利益相关者保持密切而有效的沟通，确保战略目标与评价指标间的一致性得以维持。

4. 持续优化评价指标体系

基于 BSC 的土壤污染防治资金绩效审计评价体系，其终极目标在于指导实务。因此，在实践探索中，要主动收集使用者反馈并认真分析适配性，同时紧跟国家法律法规与地方政策的步伐，不断对评价体系进行完善与修订。常态化对指标进行复盘分析和总结评估，以提升平衡计分卡的可行性与合理性，最终将其打造成为能够持续进化的评价利器。

四、结语与展望

土壤是人类生存和发展的基础，对广大人民群众的身体健康和社会经济的可持续发展具有重要意义。目前，我国在土壤污染源头管控方面投入了大量人力，取得显著效果。但我国的土壤污染防治工作未及时开展，防治基础薄弱，并且面临诸多历史遗留问题，同时产业结构偏重、能源构成不合理、新质生产力形成不足、生态保护与经济发展矛盾突出等问题，对生态文明建设的制约很大，土壤污染源头防控面临的形势依然严峻。本文依托 BSC 原理，构建土壤污染防治资金绩效审计评价指标体系，以"持续深入打好净土保卫战"为战略导向，围绕防治资金、受益对象、防治流程、防治能力四个维度展开。该架构能确保土壤污染防治资金绩效审计活动紧密贴合防治工作主线，有机结合财务与非财务评估指标，实现定量评估与定性分析、主观评判与客观衡量间的均衡，整体评价客观、结果可信。

目前绩效审计评价工作存在的问题主要有：评价体系设计不完整、主次失衡；样本不足、主观性较强；数据收集不够全面、利用不充分；新兴信息化技术运用不足、效果不显；生态、社会等长期效益关注不足等。因此，一套卓越的绩效审计评价指标体系必须历经实践的反复检验，不断收集反馈问题，并在此基础上进行持续的优化与调整。陈旭等（2022）深度融合审计与大数据技术，从时间维度、空间维度、人员维度和绩效维度构建了全面的绩效评价指标体系[22]。随着信息技术的不断进步，基于 BSC 的土壤污染防治资金绩效审计评价指标体系有望在多元化和信息化方面取得长足发展。在数字中国背景下，利用云计算、区块链、元宇宙等数智化技术，以及新一代 AI 工具，加强信息集成和互联互通，将线上远程信息化技术和线下实况核查深度融合，将复合型审计人才队伍、人大监督与"纪巡监审"协同监管机制相匹配结合，确保资金绩效信息实现横向可比较、纵向可追溯，从而持续提升土壤污染防治工作的效率和资金绩效，全面推进美丽中国建设。

参考文献：

[1] 习近平. 以美丽中国建设全面推进人与自然和谐共生的现代化[J]. 环境保护，2023，51（24）：8-10.

[2] 唐勇军，赵梦雪，王秀丽. 我国自然资源审计的理论框架与实践路径——基于五大发展新理念的思考[J]. 南京审计大学学报，2018，15（02）：16-24.

［3］王海兵，赵李丽，杜娟．环境资源保护审计体系构建研究［J］．财会通讯，2019（07）：90-95．

［4］徐薇，陈鑫．生态文明建设战略背景下的政府环境审计发展路径研究［J］．审计研究，2018（06）：3-9．

［5］王海兵，周垚．河长制水资源管理绩效审计体系构建研究［J］．会计之友，2022（10）：68-75．

［6］段辉军．基于GIS的资源环境审计技术方法应用探讨［J］．财会通讯，2020（03）：140-143．

［7］何秀芝，李朝旗，丁志．开源GIS软件和空间数据库在资源环境审计中的应用路径［J］．审计研究，2020（02）：22-28．

［8］徐素波．生态文明绩效审计评价指标体系构建研究［J］．会计之友，2022（19）：2-11．

［9］卢玉秋，狄瑜，高何凤，等．广西土壤污染防治专项资金使用管理现状及对策研究［J］．中国资源综合利用，2021，39（12）：37-41．

［10］王友平，李潜．土壤污染防治法下农用地土壤污染防治政策跟踪审计探究［J］．理财，2023（07）：80-82．

［11］李兆东．影响我国政府资源环境审计开展的十个问题［J］．财会月刊，2019（05）：106-113．

［12］马志娟，曾雨，梁思源．土地资源审计探讨［J］．审计研究，2020（05）：10-18，95．

［13］刘国歌，胡学东．污染防治专项资金绩效评价：体系与实证［J］．科技智囊，2020（05）：69-74．

［14］宋玲玲，王兆苏，武娟妮，等．生态环保专项资金的绩效管理体系构建——基于全面预算管理的视角［J］．会计之友，2020（24）：36-41．

［15］林峥．聚焦绿色发展助推长江经济带建设［J］．审计观察，2022（01）：70-73．

［16］卡普兰，诺顿．战略中心型组织［M］．上海博意门咨询有限公司，译．北京：北京联合出版公司，2017：1-3．

［17］DOBRZENIECKI, BARKDOLL. Adapting the balanceds corecard to federal government agencies［J］. PATIMES, 2004（8）.

［18］UMASHANKAR V, DUTTA K. "Balanced scorecards in managing

higher education institutions: an Indian perspective" in International Journalof Educational Management, 2007（1）：54-67.

［19］陈小燕，高园，李敏纳. 基于平衡计分卡的生态环境治理评价［J］. 理论导刊，2017（06）：80-82.

［20］钟振强，宋丹兵. 财政支农支出对城乡经济一体化的绩效评价指标体系构建——基于平衡计分卡角度［J］. 当代经济，2019（12）：100-102.

［21］李天勇. 基于平衡计分卡的政府绩效评估研究［J］. 山东社会科学，2019（09）：166-170.

［22］陈旭，李迪，王海兵. 大数据环境下四维审计模型的构建与应用［J］. 中国注册会计师，2022（02）：36-42.

核与辐射安全管理绩效审计理论框架构建研究

摘　要： 核能作为安全、高效、清洁的重要战略能源，其发展能够助推我国"碳达峰、碳中和"目标的实现，是我国现代化建设过程中不可或缺的一环。建立从财务审计入手，延伸至核与辐射安全管理绩效审计的工作机制是提升核与辐射安全管理水平的重要手段。本文结合环境绩效审计、核与辐射安全监管以及核与辐射安全审计研究现状，基于构建核与辐射安全管理绩效审计理论框架的必要性，对核与辐射安全管理审计的本质、环境、需求、目标、主体、对象、标准、报告展开详细分析，旨在为核与辐射安全管理绩效审计提供理论参考，提升核与辐射安全管理绩效审计工作质效，促进我国核电能源发展战略实现，推进美丽中国建设。

关键词： 环境审计；核与辐射安全管理；绩效审计；绩效审计框架构建

一、引言

自从1986年切尔诺贝利核电事故以来，核电安全问题备受各国关注。2011年日本核电泄漏污染事件，再次向人类敲响警钟。核与辐射安全问题给全球经济发展和社会稳定蒙上阴影，人类文明的发展进程遭受严重威胁。审计作为国家治理工具和重要的经济监督手段，在核与辐射安全监管中应当发挥独特作用。核电作为我国能源体系的重要组成部分，对我国经济的高质量发展至关重要，2022年我国运行核电机组累计发电4177.86亿千瓦时，占到全国累计发电量的4.98%，较2021年同期上升2.52%。2023年日本发生核污水倾泻事件，相关的核与辐射安全资金管理缺乏专业的审计监督，给全球海洋经济和人民生命安全带来潜在风险。2012年国内核电重启，新建核电采用三代核安全标准技术成为了硬性要求。随着核电技术的日益发展，我国关于核与辐射安全的相关法规政策不断跟进完善。2017年环境保护部印发《核安全与放射性污染防治"十三五"规划及2025远景目标》，强调在持续建设核设施基础上提升核安全水平，同年通过《中华人民共和国核安全法》，并于2018年1月1日正式实施。2022年，国家能源局印发《"十四五"现代能源体系规划》，强调"积极安全有序发展核电"。2024年，《中共中央 国务院关于全面推进美丽中国建设的意见》提到要确保核与辐射安全，建设与我国核事业发展相适应的现代化核安全监管体系。我们不仅要在当下打赢提升我国核与辐射安全治理能力的"速决战"，而且要打赢在我国现代化过程中不断强化核与辐射安全的"持久战"。

我国核与辐射安全与核电厂直接挂钩，而我国核电厂均系国家核电技术公司、中国广核集团有限公司和中国核工业集团有限公司等国企央企的下属子公司。2016年12月，中共中央办公厅、国务院办公厅印发《关于深化国有企业和国有资本审计监督的若干意见》，要求"对国有企业、国有资本和国有企业领导人员履行经济责任情况实行审计全覆盖，做到应审尽审"。习近平总书记强调"审计是党和国家监督体系的重要组成部分，是推动国家治理体系和治理能力现代化的重要力量"，将审计引入核与辐射安全监督体系一方面发挥审计事前预防功能，促进我国核与辐射安全监管体系建设和监管能力提升，另一方面助推我国审计全覆盖，实现审计现代化发展。现阶段，我国学界日益关注核与辐射安全以及核与辐射安全审计的相关课题，但尚缺乏关于核与辐射安全绩效审计框架的相关研究成果。通过对环境绩效审计、核与辐射安全监管以及核与辐射安全审计三方面的研究现状展开回顾，构建核与辐射安全绩效审计理论框架，明确审计环境、审计目标、审计主体等多方面的内容，能够为审计人员实施核与辐射安全绩效审计提供理论研究参考，强化核与辐射安全管理绩效审计工作的可操作性，提升我国核与辐射安全监管能力。

二、文献回顾

核与辐射安全绩效审计以环境绩效审计为工作基础，是核与辐射安全审计体系的重要组成部分，有益于推进核与辐射安全监管建设。当前国内核与辐射安全绩效审计的相关研究较为欠缺，故从环境绩效审计、核与辐射安全监管以及核与辐射安全审计三个方面的研究现状进行文献回顾。

（一）环境绩效审计研究现状

环境绩效审计研究现状围绕审计概念、审计动因、审计体系构建及实践路径等方面展开。陈希晖等（2004）明确了环境效益审计的基本定义及其评价范围，指出工作重点在于环保专项资金效益审计和环境项目效益审计[1]。王素梅（2014）认为环境绩效审计以环保资金的使用情况为主线，提出加强环境监督主体之间的协同各自机制、建立健全分行业分项目的针对性环境绩效评价体系等观点[2]。刘家兰等（2005）指出环境绩效审计内容主要包括评价环境相关法规政策制度的科学性和合规性、对环境规划决策的科学合理性的评价等四个板块[3]。姜楠（2014）总结出环境绩效审计动因在于消除信息不对称、保障社会大众基本利益、促进环境资源价值利用与保护以及提升国家治理能力[4]。Cao H 等（2022）发现通过政府审计产生环境效果，改善环境绩效是更为主要的原因[5]。王海兵等立足于环境绩效审计参与环境治理，分别提出了河长制水资源管理绩效审计体系[6]（2022）、大气环境治理绩效审计框架[7]（2022）和林长制森林资源管理绩效审计[8]（2023）。丁镇棠等（2011）提出了大型公共工程环境跟踪审计和多主体合作审计模式[9]。张伟男等（2022）基于针对工业企业开发了风险导向的企业固体废物审计模式，以提升固体废物管理绩效水平[10]。

（二）核与辐射安全监管研究现状

核与辐射安全监管研究现状以现阶段核与辐射安全监管建设为主要内容展开回顾。李光辉等（2020）提出核安全"十四五"规划要以"治未乱"为核心，核与辐射安全监管体系和监管能力现代化是战略目标之一[11]。张京晶等（2021）认为当下核与辐射安全治理体系和治理能力现代化面临着监管技术能力与行业发展不匹配、核工业发展不平衡等挑战[12]。Xiangeng Zhao 等（2023）对核能对环境的影响进行平衡评估，提出要进一步完善面向风险的纵深防御系统、健全核设施选址要求[13]。彭建军等（2020）强调监督执法能力是我国核与辐射安全监管能力之一，指出我国核与辐射安全监管执法存在问题发现能力滞后于核电发展速度、安全事件预防能力欠缺等不足[14]。马荣春（2024）基于总体国家安全刑法观视角提出对"涉核犯罪"的完善建议[15]。Monideep Dey（2024）提出消防安全国际标准以支持完成基于性能的核电站消防安全管理[16]。Orikpete O.F 等（2024）探究了核电厂内人为因素、安全文化、组织绩效和个人绩效间的共生关系，提出在保障核安全需要加强人为因素和安全文化实践[17]。Yanling He 等（2019）基于公众接受核能的视角，提出在核能监管过程中政府需要重视公众信任、根据核设施地理位置不同调整利益分配策略等建议[18]。

（三）核与辐射安全审计研究现状

学术界对于核与辐射安全审计的相关研究较为匮乏，以现有成果明晰核与辐射安全审计概念、工作重点等内容是回顾的主要目标。Elliott R（1997）认为辐射安全管理审计是维护辐射安全计划的重要工具，有助于方案评价、改进以及问题纠正[19]。华金秋（2011）基于美国 GAO 的核安全报告，强调政府审计在保障核安全方面发挥积极作用，充分发挥"免疫系统"功能[20]。胡海波等（2019）参考美国核安全审计，提出了构建中国核安全审计体系的猜想，强调了建立核安全审计监管和协调机制、核安全审计信息披露体系等内容[21]。Haixia Gu 等（2019）提出了一个基于可靠性的映射方案，围绕核电厂进行回顾性的运行审计和安全管理，主要识别核电厂运行过程中潜在的人为错误[22]。赵飞云等（2022）聚焦核能企业内部治理，以上海核工程研究设计院有限公司的内部审计为例，提出通过融入风险导向增值型审计，实现"大监督"机制以提升监督效能[23]。

（四）研究述评

资环审计理论框架和实践为环境绩效审计发展作出了一定的贡献，

安全文化与法治建设的探索为核与辐射安全监管划定了底线,但核与辐射安全管理监督领域相对空白,相关的实务细节探索亟待加强。核电发展作为我国推进现代化建设的重要拼图,驶入大力发展核与辐射事业的"快车道"和系牢安全谨慎建设核电的"安全带"缺一不可。基于对相关研究的梳理,下文构建了核与辐射安全管理绩效审计理论框架,通过核与辐射安全管理绩效审计理论框架实现对审计耦合核与辐射安全管理的探索,以期实现对核与辐射安全管理监督的理论和实践细节探索,助力核与辐射安全管理监督资源的整合,促进核与辐射事业的有序发展。

三、构建核与辐射安全管理绩效审计理论框架的必要性分析

习近平总书记强调"我们要坚持总体国家安全观,以人民安全为宗旨,以政治安全为根本,以经济安全为基础,以军事、文化、社会安全为保障,以促进国际安全为依托,走出一条中国特色国家安全道路"。核安全作为国家安全的重要组成部分,必须"确保核技术和平利用,严格核安全监管,防范核扩散和核恐怖主义威胁",同时,他还强调"审计不仅是经济监督工具,还应服务于总体国家安全观"。因此,在新时代发展背景下推动审计助力我国核与辐射安全事业发展刻不容缓,核与辐射安全管理绩效审计这一工作模式既是应然,更是必然。

作为我国亟待推进的新型审计模式,核与辐射安全管理绩效审计必须坚持理论先行,以成熟的理论基础支持实践落地,审计理论作为一个系统,自应有其组成部分以及各组成部分的组成方式[24],并且应当基于当下我国核与辐射安全管理相关实际问题进行分析探究。第一,根据中国核能电力股份有限公司、中国广核电力股份有限公司等相关核电企业年度财报的披露情况,核与辐射安全的相关内容一般分别出现在业务分析、风险分析、环境与社会责任等多个模块,但尚未有独立的核与辐射安全管理相关审计的统一和专门内容,反映出当前对核与辐射安全管理绩效审计的认识尚未统一。第二,核电厂企业在一方面作为国有经济的重要组成部分,要履行经济责任、社会责任、政治责任,作为中国特色社会主义重要的物质

基础和政治基础长期稳定发展，另一方面也要深刻意识到核电厂企业在科技、环境影响方面的特殊性和重要性。因此，进行核与辐射安全管理绩效审计工作中必须突出政治属性，关注普通人民群众等的传统审计可能忽略的信息需求者。第三，当前的审计工作更多关注财务维度与社会责任维度，对操作安全、设备安全、制度安全等方面关注度有待加强。另外，虽然我国核与辐射相关法规体系日臻完善，但当下我国还没有一套成熟的统一审计标准可供参考，无法为相应的审计业务提供参考依据。因此，必须构建覆盖全面的审计评价标准，基于核与辐射安全管理重新评估审计的覆盖范围。

针对上述问题，参考国家审计理论框架的构建[25]，有必要从审计本质、审计环境、审计目标等方面核与辐射安全管理绩效审计进行探究，通过对相关审计要素及其各部分组成关系的明确，形成核与辐射安全管理绩效审计理论框架，为核与辐射安全管理的审计工作提供理论指导。

四、核与辐射安全管理绩效审计理论框架构建

核与辐射安全管理绩效审计理论框架构围绕四时生态思想构建。依据《周易》"寒往则暑来，暑往则寒来，寒暑相推，而岁成焉"，引入四时生态思想，由"春生、夏长、秋收、冬藏"的四季构建体现审计要素的逻辑联系。通过耦合传统财务审计、合规审计、环境绩效审计以及核与辐射安全等理论，借鉴《周易》"易有太极，是生两仪，两仪生四象，四象生八卦"的理念，构建两维度四层级八要素的核与辐射安全管理绩效审计理论框架（见图1）。由审计本质和审计环境组成基底构筑层、审计需求和审计目标组成逻辑引导层，合为基础理论维度；由审计主体和审计对象组成监控实施层、审计标准和审计报告组成研判传讯层，合为应用理论维度。四大层级映射四时生态思想，形成理论框架内部的有机循环。基底构筑层作为审计工作开展的起点映射春生；逻辑引导层映射夏长，作为起点的延伸发挥指引作用；监控实施层通过界定审计责任和落实具体工作映射秋收；研判传讯层映射冬藏，实现审计工作成果利用，反馈推动基底构筑层优化。

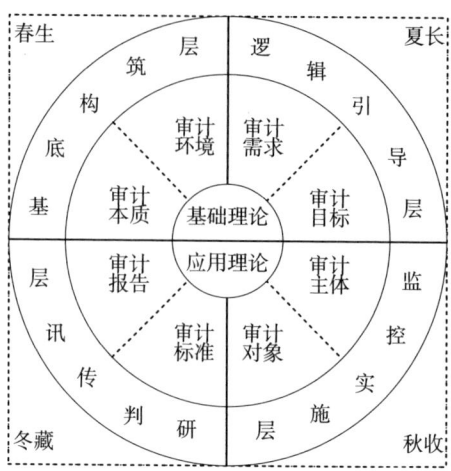

图1 核与辐射安全管理绩效审计生态循环理论框架

（一）核与辐射安全管理绩效审计本质与审计环境

审计本质和审计环境承担核与辐射安全管理绩效审计理论框架的基底构筑工作，通过审计定义和审计定位向内剖析本质，以对审计产生影响的一切因素向外圈定环境，内外结合形成整体。理解核与辐射安全管理绩效审计的本质在于明晰其定义和定位的结合[26]，基于核与辐射安全管理与审计的耦合，围绕核与辐射安全、核与辐射安全管理和绩效审计三个部分展开。核与辐射安全管理涉及核技术、核设施从研发建设到结束或退役后的各阶段，旨在将相关核设施使用或运行的过程中产生的辐射对从业人员、公众和环境的不利影响降至可接受水平，涵盖一系列理论、原则、技术和管理措施。广义的核技术核设施覆盖了核电厂、涉核医疗设备、军工核设施等众多事务，但为聚焦国企监督、环境保护和公众利益，本文将核与辐射安全的范围限定于核电厂的核与辐射安全层面。在此基础上，核与辐射安全管理指贯穿核电厂选址到核电厂退役后的环境恢复过程中，有关核电厂日常运营的从业人员行为、核废水排放、核电厂物料设备管理等事项的全过程安全管理。绩效审计主要由国家审计执行，通过资金审计深入到项目建设情况评价，紧扣"5E"原则（经济性、效率性、效果性、公平性、环境性），有助于针对核与辐射安全管理建立直观评价体系并应用，实现对专项资金使用、项目开发建设合理合规性、项目实施效果等方面的考量。综上,核与辐射安全管理绩效审计定位是针对核电企业的、由国家领导的核与辐射治理体系的重要组成部分,其定义是以国家审计为主导、社会审计和内部审计为辅助,针对核电站公司,围绕其专项资金管理情况、核与辐射安全管理建设情况及生产经营过程中对环境、从业人员、社会公众等方面产生的安全管理问题和安全管理责任的评价和监督。因此核与辐射安全管理绩效审计本质是作为国家审计的组成部分,独立地对核与辐射安全管理受托责任履行情况进行评价监督的外部工具。

核与辐射安全管理绩效审计环境指实施核与辐射安全管理绩效审计过程中,将对审计工作造成影响的客观情况与条件的总和,主要考虑政治环境、经济环境、生态环境、技术环境和文化环境五个方面。(1)政治环境。政治环境传达了国家对相关审计活动开展的承认程度和保护态度,以政治制度体现持久稳定的影响。近年来我国对核与辐射安全愈发重视,制定《核安全与放射性污染防治"十三五"规划及2025年远景目标》,实施《中华人民共和国核安全法》等一系列重要规划指示,为我国核与辐射安全管理绩效审计的发展提供了有力的政治环境保障。(2)经济环境。现代社会对审计的要求已从执行资金监督,升级到需要其发挥对环境保护、安全管理能力的评价监督和治理的功能。核与辐射安全与社会稳定安全息息相关,落实核与辐射安全管理绩效审计以促进核与辐射安全能力提升是我国经济环境的必然需求。(3)生态环境。核与辐射安全管理建设与核电站所处地势的生态环境紧密联系,因而核与辐射安全管理绩效审计工作重点需围绕核电站的环境绩效审计展开,审计实践需考虑核电站选址到退役的生命周期管理、核电站运行环境社会影响以及核电材料处理等方面。(4)技术环境。核与辐射安全管理绩效审计的技术环境主要表现为审计数智化。"AI+RPA"的审计模式可通过整合监测数据、归类分析以及数据共享等方式提升审计质效,同时可利用核电厂内部管理信息平台,助力核与辐射安全管理绩效审计数智化落地。(5)文化环境。一方面,随着我国社会经济发展与廉政建设工作的推进,社会公众对审计的了解和认可程度日渐提升,相关审计活动的开展普遍得到社会支持,有助于核与辐射安全管理绩效审计;另一方面,执行审计过程中,需要进一步考虑到核电厂企业内部核安全文化及内部控制文化建设。因此,核与辐射安全管理绩效审计须扩大审计覆盖范围,考虑文化因素。

(二) 核与辐射安全管理绩效审计需求与审计目标

核与辐射安全管理的审计需求和审计目标经基底构筑层的划定而塑造为逻辑引导层，体现核与辐射安全管理审计的特质，为审计工作实际指明工作方向。审计需求是审计活动开展的前提，包括强制性审计需求和自愿性审计需求两个层次。（1）强制性审计需求。核与辐射安全管理绩效审计针对国企，其强制性需求源自国家、社会以及社会公众等外部单位对核电厂安全运营的需要。核电厂企业作为国企，对社会负有国家资金使用、安全生产和环境保护受托责任、国家对社会公众负有环境保护和生命财产安全保护的公共受托责任，被审计单位的董事长和总经理等高管层之间存在第一类代理冲突。核与辐射安全管理绩效审计通过评价专项资金的筹措管理使用情况、生产人员日常操作规范、环境和社会责任等内容，监督核与辐射安全管理受托责任履行情况并进行相应披露，提升我国核与辐射安全治理效力及国家治理的公众参与度，推动我国核与辐射安全管理能力提升。（2）自愿性审计需求。核与辐射安全管理绩效审计的自愿性审计需求源自核电厂内部核安全文化建设及日常运营管理过程中安全保障的需要。通过实施核与辐射安全管理绩效审计，有助于通过对核电厂内部核安全建设进行客观评价，削弱战略层管理者与精细繁冗的基层工作之间的信息不对称，向核电厂反馈其内部的组织管理情况，加强被审计单位的自我管理和自我约束。

审计目标是审计活动的方向，表明一定条件下审计主体对审计对象进行审查所期望达成的某种结果[27]。一方面，广义的绩效审计以行为中的环保责任、社会责任和管理控制责任等责任以及报告责任中的经营活动报告与经营目标报告为目的[28]；另一方面，核安全具有政治性、社会性和技术性三重属性[29]，因此，核与辐射安全管理绩效审计目标依据不同的战略高度层次划分为总体目标和具体目标。（1）总体目标。核与辐射安全管理绩效审计的总体目标是通过对被审计单位专项资金的管理情况、核与辐射安全管理的建设运行情况及相关受托责任履行情况进行监督、评价与披露，并向国家、社会公众、核电厂管理层等需要了解核与辐射安全管理相关资金、项目及安全管理活动情况的部门、组织和个体报告，加强我国核与辐射安全管理建设。（2）具体目标。核与辐射安全管理绩效审计的具体目标围绕核与辐射安全管理相关资金、核与辐射安全管理建设、人员与环境的安全保护治理展开，指引审计主体落实审计工作的具体业务。主要包括：检查鉴证核与辐射安全管理过程中资金筹措的合规性、资金的分配使用是否符合"5E"原则、是否存在专项资金错报瞒报等舞弊行为；检查评价被审计单位核与辐射相关废弃污染物的排放技术水平及排放情况是否真实合规、环境恢复工作的完成情况、日常经营活动对环境的影响是否合法合规等事项；考察被审计单位是否建立科学严格的安全生产规范并严格执行、是否建立面向公众的必要信息交流渠道并真实及时地披露、核与辐射相关物料保管与使用是否符合生产规范等。针对上述主要的具体审计业务，披露故意瞒报错报的资金舞弊行为等威胁核与辐射安全管理绩效水平的情况并实施处罚，就促进核与辐射安全管理水平提升与审计成果利用提出意见。核与辐射安全管理绩效审计目标具有动态变化性，伴随核与辐射安全管理水平的提升及我国经济社会的发展，审计目标需随审计环境的需要而改进，实现核与辐射安全管理绩效审计的长效治理。

（三）核与辐射安全管理绩效审计主体与审计对象

核与辐射安全管理绩效审计的主体和对象构成了应用理论维度的监控落实层面，通过审计需求和审计目标的指引进行职权划分，成为审计工作实践的基础。核与辐射安全管理绩效审计主体随审计环境的变化而演进。核电厂企业作为央国企，附带独特的政治属性，同时核技术核设施具有潜在影响大、涉密多等特点，作为国家审计的组成部分，核与辐射安全管理绩效审计在执行过程中须保持国家审计的主体地位，可由社会审计和内部审计在不同发展阶段进行辅助工作。基于核与辐射安全管理绩效审计的发展历程展开对审计主体的讨论：第一，国家审计作为单一审计主体的核与辐射安全管理绩效审计建立阶段。此时，核与辐射安全管理绩效审计工作体系尚在建设，审计内容缺乏完整性使得审计覆盖范围较窄，相应的工作量也较少，国家审计作为单一审计主体能够满足审计任务对审计资源和能力的需求。同时，由于审计环境在此时并不稳定，国家审计的强制性和权威性不仅能够促进审计效力的发挥，还有助于实现对被审计单位的责任履行情况进行客观评价与修正，促进行业标杆建立及后续发展。第二，国家审计耦合社会审计的核与辐射安全管理绩效审计发展阶段。在法规制度、社会接受等环境因素进步的背景下，核与辐射安全管理绩效审计内容增加，审计覆盖面扩大，单一审计主体的工作机制将显疲态。国家审计可在审计环境趋于稳定时对社会审计让渡部分权利，利用其专业性强、工作效率高等特点，协助国家审计完成核与辐射安全管理绩效审计工作。同时国家审计的责权主体地位，通过强制性与权威性引导社会审计工作，保障审计工作的方向性和安全性。第三，国家审计、社会审计和内部审计三方协同的核与辐射安全管理绩效审计成熟阶段。在此阶段，核与辐射安全管理绩效审计更加重视监察范围及审计质效的提升，构建三种审计协同联动的工作机制，有助于实现审计资源的互补和高效利用。引入内部审计后，形成由国家审计指导，社会审计执行，内部审计配合的工作格局，国家审计持续把握审计重点与方向，保障审计工作的强制性和权威性；社会审计着眼于执行层面，在国家审计的指导授意下落实具体业务；内部审计从被审计单位内部实现全过程审计，搭建信息交流平台，为社会审计和国家审计提供工作参考，促进审计工作质效提升。

在核与辐射安全管理绩效审计发展初期，根据核与辐射安全管理绩效审计需求与目标，审计对象应重点关注专项资金审计、政策执行审计和内部控制审计三方面。（1）核与辐射安全管理资金审计。核与辐射安全管理资金的筹措、决策、分配、决算对应了项目的建设时间线，通过对专项资金各管理环节执行审计反映核与辐射安全管理资金和项目的经济性、效率性、效果性和合规性。对于资金决策，评价核与辐射安全管理项目资金拨付的科学性及预算契合程度；对于资金筹措，审查筹措过程的合法合规性及资金体量的合规性等方面；对于资金分配，鉴证分配记录的真实性和完整性，重点审查是否存在舞弊等违规情况，同时评价资金使用的效率性和效果性；对于资金决算，重在检查相关资金的截止记录并对项目的整体建设效果做出评价。通过衡量核与辐射安全管理项目建设投入产出的效益效率，审查核与辐射安全管理的资金管理机制是否合理，进而判断核与辐射安全管理项目对安全促进作用和对环境安全的治理效力。（2）核与辐射安全管理政策执行情况审计。核与辐射安全管理政策执行情况审计围绕环境保护政策和核电安全政策展开。针对环境保护政策执行审计，监察核电厂全过程废物排放监控及辐射水平测控完备情况，排放技术及指标达标程度，是否合规执行环境恢复治理项目；针对核电安全政策执行审计，聚焦外部建设规范，评价被审计单位应急安全管理能力水平，审查日常生产经营的规范性、安全管理系统的完备性及对周边社会公众的安全保障措施建设等内容。(3) 被审计单位的核与辐射安全管理内部控制审计。被审计单位的核与辐射安全管理内部控制审计内容包括财务报告内部控制审计和被审计单位内部安全管理控制审计。该内部控制审计对内部安全管理机构设置合规性、责权划分合理性、内部安全管理沟通流畅程度以及内部安全规范建设执行情况等开展审计评价和监督，全面掌握被审计单位内部的核与辐射安全管理建设情况。

(四) 核与辐射安全管理绩效审计标准与审计报告

核与辐射安全管理绩效审计的标准和报告构成研判传讯层，实现审计成果的形成与利用。研判传讯层持续助力基底构筑层优化，使核与辐射安全管理绩效审计理论框架闭环。审计标准是开展核与辐射安全管理绩效审计的必要理论依据，分为宏观的核与辐射安全管理制度体系和微观的核与辐射安全管理指标体系。

1. 核与辐射安全管理制度体系

当下我国核与辐射安全管理绩效审计正处于建立阶段，《核安全法》《环境影响评价法》等分散的法规条例虽能在一定程度上缓解审计评价无据可依的窘境，但相关法律责任划定模糊，工作冗余，审计人员授权缺失等问题是实际工作中不容忽视的隐患，核与辐射安全管理绩效审计的开展需要相应的制度体系至少明确以下三方面内容：(1) 明确审计人员的职权划分。通过清晰的审计人员职责划定，既要授权审计人员以审计活动资格，促进审计活动独立性，又要监督审计活动，保障相关审计责任履行。(2) 明确审计力度。通过促进审计的公正性和权威性，为审计附加强制性属性是推动核与辐射安全管理绩效审计发展的有效途径。(3) 明确信息披露程度。完善信息披露制度，明确相关信息披露的范围和程度，加强核与辐射安全管理公众信息沟通建设的同时保护涉密信息，保障核与辐射安全管理绩效审计报告披露的及时性和完整性，提升审计成果利用效率。

2. 核与辐射安全管理绩效审计评价指标体系

核与辐射安全管理绩效审计评价指标体系围绕财务、环境、社会、制度四个维度构建，区别于传统单一财务角维度指标体系，本文借鉴 ESG 理念，从财务角度和非财务角度完善评价指标体系构建，助力完成核与辐射安全管理资金审计、核与辐射安全管理政策执行审计和内部控制审计（见表1）。财务维度是审计评价指标体系的基础，围绕核与辐射安全管理项目建设过程中的资金管理关键节点展开审查。环境（Environment）维度的评价重点在于被审计单位的核与辐射安全管理安全项目对环境政策的执行情况与效果性，围绕废弃物排放体量、排放物达标比率等指标展开。社会（Society）维度立足于核与辐射安全管理项目的公平性和社会效益，以项目周边居民生活环境及其经济产业发展作为评价依据。制度维度将公司治理（Governance）进一步细化，聚焦具体的业务实施层面，通过安全规范的建设与执行、设备技术的达标情况等评价被审计单位内部制度建设的有效性。

表1　　　　　　核与辐射安全管理绩效审计评价指标

一级指标	审计内容	二级指标	指标性质
财务指标	审查核与辐射安全管理资金筹措使用决算过程中的合规性、合理性	核与辐射安全管理项目预算的合理性	定性指标
		核与辐射安全管理资金筹措金额	定量指标
		核与辐射安全管理筹措资金决算比率	定量指标
		核与辐射安全管理资金分配的合规性	定性指标
		核与辐射安全管理筹措资金使用比率	定量指标
		核与辐射安全管理项目建设的成本费用率	定量指标
		核与辐射安全管理资金决算记录的真实程度	定性指标
		核与辐射安全应急资金流动水平	定量指标
环境指标（E）	评价核与辐射安全管理项目对于环境保护政策执行的情况及其效益性、效果性等	项目建设对执行环境保护政策的符合情况	定性指标
		核电厂全生命周期管理情况	定性指标
		排放物种类、体量、浓度等数据的合规情况	定量指标
		项目实施前后厂区及周边本底涨落范围情况	定性指标
		项目实施前后可免于辐射防护监管的物料中放射性核素活度浓度	定量指标
		项目实施前后放射性废物处置率	定量指标
社会指标（S）	评价核与辐射安全管理社会效益、公众沟通水平及核安全文化建设情况	周边生活区核与辐射水平数据的正常程度	定性指标
		核电厂的应急管理体系建设水平	定性指标
		社会公众对项目建设的了解接受程度	定性指标
		被审计单位关于项目的信息沟通有效程度	定性指标
		周围经济产业发展正常程度	定性指标
		项目建设前后被审计单位经济价值创收对比	定量指标
		区域内人员罹患核与辐射相关疾病的数量	定量指标

续表

一级指标	审计内容	二级指标	指标性质
制度指标（G）	评价被审计单位内部核与辐射安全管理制度建设情况	核电厂全过程质保的执行情况	定性指标
		日常安保监控的合理程度与运行情况	定性指标
		核与辐射监测技术及设备的达标程度	定性指标
		核与辐射安全管理规范建立及执行情况	定性指标
		涉核工作人员专业素质合规情况	定性指标
		核与辐射安全管理职权划分的科学程度	定性指标
		数智化平台构建情况	定性指标
		应急保卫设施的建设数量及达标率	定量指标

核与辐射安全管理绩效审计报告由审计人员协同外部行业专家共同撰写后完整及时地公布于核与辐射安全管理平台、政府信息公开平台等政府权威网站，促进审计成果信息公开透明，进一步强化审计成果利用。具体信息披露层面与传统审计报告存在一定差异，首先，核与辐射安全管理绩效审计报告须注重对被审计单位环境责任和社会责任的履行情况以及审计人员责任的披露。其次，对审计内容的披露须关注以下方面：（1）核与辐射安全管理项目资金管理的合规性和合理性。资金绩效审计是核与辐射安全管理绩效审计的起点，被审计单位是否合理地使用专项资金、是否存在瞒报错报等舞弊情况都需要进行完整披露；（2）被审计单位日常生产运营造成的影响是否合法合规并降至可接受水平。重点相关环境指标进行披露；（3）核与辐射安全管理项目的实施效益。评价核与辐射安全管理项目实施效益是进行审计的主要目的，信息披露需聚焦项目实施前后的监测数据对比、居民健康情况、经济产业发展以及核安全应急响应机制的建立等内容。最后，针对审计意见和后续审计。审计项目组在汇总各方工作成果后出具客观真实的审计意见，规定被审计单位就存在问题在截止时间内进行整改规范并进行后续审计活动，并将拒不整改或整改效果低下的被审计单位报送相应监察机关或国家核安全局、国家能源局、生态环境部等主管行政机关进行处罚，加强审计追责，针对问题企业建立整改台账与销账制度，形成核与辐射安全管理绩效审计整改"回头看"的长效机制。

五、研究结论与展望

提升核与辐射安全的监管力度与管理能力是我国有序发展核电、推进中国式现代化的必经之路。目前关于核与辐射安全治理的研究多集中在行政机制选择、法治完善及核安全文化建设等方面,审计作为八大监督体系之一,却缺乏核与辐射安全审计的研究;而核能作为重要的环保能源,环境绩效审计也鲜有涉及核与辐射安全的课题,确保核与辐射安全作为建设美丽中国的必要环节,环境绩效审计助推核与辐射安全管理监控落地刻不容缓。核与辐射安全管理绩效审计是贯彻落实我国"十四五"现代能源体系规划和核电安全管理政策方针的有效工具,本文结合我国实际情况,构建核与辐射安全管理绩效审计框架,对核与辐射安全管理绩效审计的本质、环境、需求、目标、主体、对象、标准和报告展开详细分析,扩展了核与辐射安全管理绩效审计基础理论体系,为审计人员实施核与辐射安全管理绩效审计提供理论参考。

当前我国处于全面建设社会主义现代化国家的关键时期,贯彻落实安全稳定的可持续发展战略是建设基础,环境保护和治理处在与经济建设相同的战略发展地位上,必须坚决保障环境保护治理的工作力度和成效。核与辐射安全管理绩效审计尚处于提出建立阶段,相关的理论研究和实践研究都相对匮乏,需要借鉴国外核与辐射审计理论和实际操作方法,交换核与辐射审计研究成果及意见,丰富我国核与辐射安全管理绩效审计的研究。后续研究方向包括但不限于以下方面:构建完整的全过程核与辐射安全管理业务审计评价指标体系;探讨核与辐射审计融入环境保护协同治理机制的实践方法。构建审计引领的核与辐射安全监控体系,加速全过程核与辐射安全监控建设,推动我国核电事业基于可持续发展战略下的现代化建设,助力实现建设美丽中国愿景。

参考文献:

[1] 陈希晖,邢祥娟. 论环境绩效审计 [J]. 生态经济,2004 (12):87-90.

[2] 王素梅. 环境绩效审计的发展研究:基于国家治理的视角 [J].

中国行政管理，2014（11）：62-65.

［3］刘家兰，王恩山. 浅谈环境绩效审计的内容［J］. 会计之友，2005（09）：62-63.

［4］姜楠. 我国政府环境绩效审计相关问题探究［D］. 北京：首都经济贸易大学，2014.

［5］Cao H, Zhang L, Qi Y, Yang Z, et al. Government auditing and environmental governance: Evidence from China's auditing system reform［J］. Environmental Impact Assessment Review, 2020 (93): 106705.

［6］王海兵，周垚. 河长制水资源管理绩效审计体系构建研究［J］. 会计之友，2022（10）：68-75.

［7］王海兵，张蓉莲. 大气环境治理绩效审计框架构建研究［J］. 会计之友，2022（22）：111-119.

［8］王海兵，张雅婷. 林长制森林资源管理绩效审计的实践困境与对策［J］. 财务与会计，2023（17）：46-49.

［9］丁镇棠，程书萍，刘小峰. 大型公共工程环境审计研究［J］. 审计研究，2011（06）：51-58.

［10］张伟男，吴丹，苏闯，等. 固体废物管理的信息瓶颈与突破：风险导向固体废物环境审计模式构建与应用［J］. 科技管理研究，2022，42（07）：190-195.

［11］李光辉，邱国盛，李小丁，等. 核安全"十四五"规划的思考与建议［J］. 环境保护，2020，48（Z2）：80-83.

［12］张京晶，朱培，杨春. 推进核与辐射安全治理体系和治理能力现代化的思考［J］. 环境保护，2021，49（24）：38-41.

［13］Xiangeng Zhao, Qizhen Ye, Sébastien Candel, et al. A Chinese-French study on nuclear energy and the environment［J］. Engineering 2023 (26): 159-172.

［14］彭建军，李伯钧. 我国核与辐射安全监督执法能力建设初探［J］. 工业安全与环保，2020，46（03）：54-58.

［15］马荣春. 总体国家安全刑法观的缘起及立法展开［J］. 社会科学战线，2024（05）：200-216.

［16］Dey M. Assuring fire safety in nuclear plants with international standards［J］. Nuclear Engineering and Design，2024，428：113532.

［17］Orikpete O. F.，Ewim D. R. E.. Interplay of human factors and safety culture in nuclear safety for enhanced organisational and individual Performance：A comprehensive review［J］. Nuclear Engineering and Design，2024，416：112797.

［18］Yanling He，Yazhou Li，Dongqin Xia，et al. Moderating effect of regulatory focus on public acceptance of nuclear energy［J］. Nuclear Engineering and Technology，2019，51（8）：2034 - 2041.

［19］Elliott R. Radiation safety audits.［J］. Health physics，1999，77（5 Suppl）.

［20］华金秋. 美国的核安全审计及启示［J］. 中国地质大学学报（社会科学版），2011，11（04）：82 - 85.

［21］胡海波，易志帅. 中国核安全审计体系的构建研究——基于美国实践的启示［J］. 南华大学学报（社会科学版），2019，20（02）：14 - 18.

［22］Haixia Gu，Gaojun Liu，Jixie Li，et al. A Reliability - Based Mapping Scheme for Assessing System Operational Performance With Erroneous Human Behavior at NPPs.［J］. IEEE Access，2019，7：123416 - 123429.

［23］赵飞云，叶文，周俊颖，等. 风险导向增值型审计在核能企业治理中的应用［J］. 财务与会计，2022（22）：23 - 26.

［24］阎金锷，林炳发. 审计理论研究的新起点——审计理论结构探讨［J］. 审计研究，1996（03）：18 - 22.

［25］蔡春，李明，毕铭悦. 构建国家审计理论框架的有关探讨［J］. 审计研究，2013（03）：3 - 10，21.

［26］董大胜. 审计本质：审计定义与审计定位［J］. 审计研究，2015（02）：3 - 6.

［27］程新生. 论审计环境与审计目标［J］. 审计研究，2001（02）：45 - 47.

［28］蔡春，蔡利，朱荣. 关于全面推进我国绩效审计创新发展的十大思考［J］. 审计研究，2011（04）：32 - 38.

［29］殷德健. 从核安全多重属性论促进核安全科学认知［J］. 核安全，2024，23（03）：21 - 24.